Liderança

TÍTULO ORIGINAL
HBR's 10 Must Reads on Leadership

AUTORES
Daniel Goleman, Peter F. Drucker, John P. Kotter, Ronald A. Heifetz, Donald L. Laurie, Robert Goffee, Gareth Jones, Warren G. Bennis, Robert J. Thomas, Jim Collins, David Rooke, William R. Torbert, Bill George, Peter Sims, Andrew N. McLean, Diana Mayer, Deborah Ancona, Thomas W. Malone, Wanda J. Orlikowski, Peter M. Senge

CONJUNTURA ACTUAL EDITORA
Sede: Rua Fernandes Tomás, 76-80, 3000-167 Coimbra
Delegação: Avenida Engenheiro Arantes e Oliveira, 11 – 3.º C - 1900-221 Lisboa - Portugal
www.actualeditora.pt

TRADUÇÃO
Pp. 9-34 (*O que faz um líder?*): Pedro Sequeira e Maria Pereira/João Quina Edições
Restante texto: Pedro Vidal/João Quina Edições

CAPA
FBA, sobre capa original da Harvard Business School Publishing Corporation

PAGINAÇÃO
MA

IMPRESSÃO E ACABAMENTO
PAPELMUNDE

Abril 2017

1.ª edição: junho de 2016

DEPÓSITO LEGAL
n.º 410905/16

Biblioteca Nacional de Portugal – Catalogação na Publicação

DRUCKER, Peter F., 1909-2005, e outros

Liderança / Peter F. Drucker, Daniel Goleman,
William W. George. – (HBR 10 artigos essenciais ; 2)
ISBN 978-989-694-166-6

I – GOLEMAN, Daniel, 1946-
II – GEORGE, William W., 1942-

CDU 005

HBR
10
ARTIGOS
ESSENCIAIS

Liderança

Se nunca leu nada sobre liderança, leia estes artigos fundamentais da **Harvard Business Review.**

ACTUAL

Índice

O que faz um líder?
Daniel Goleman 9

O que torna um executivo eficaz
Peter F. Drucker 35

O que os líderes realmente fazem
John P. Kotter 51

A tarefa da liderança
Ronald A. Heifetz e Donald L. Laurie 73

Por que haveria alguém de ser liderado por si?
Robert Goffee e Gareth Jones 101

Os desafios da liderança
Warren G. Bennis e Robert J. Thomas 123

Liderança de Nível 5: o triunfo da humildade
e da determinação feroz
Jim Collins. 143

Sete transformações de liderança
David Rooke e William R. Torbert 169

À descoberta da vossa liderança autêntica
Bill George, Peter Sims, Andrew N. McLean e Diana Mayer. . 197

Louvor do líder imperfeito
*Deborah Ancona, Thomas W. Malone, Wanda J. Orlikowski
e Peter M. Senge* 215

Acerca dos autores 237

Índice remissivo 239

O que faz um líder?

por Daniel Goleman

TODOS OS QUE LIDAM COM A ÁREA DOS NEGÓCIOS CONHECEM uma história qualquer acerca de um executivo extremamente inteligente, e altamente qualificado, que teve uma promoção para uma posição de liderança e acabou por falhar. E também conhecem uma história qualquer acerca de alguém com capacidades intelectuais e aptidões técnicas comprovadas – embora não extraordinárias –, que recebeu uma promoção para uma posição semelhante e conseguiu brilhar.

Tais histórias, algo anedóticas, apoiam a crença generalizada de que a identificação de indivíduos «que têm o que é preciso» para serem líderes é uma arte, mais do que uma ciência. Em última análise, os estilos pessoais de líderes extraordinários variam: alguns são calmos e analíticos; outros proclamam os seus ditames do alto das montanhas. Contudo, de igual importância é o facto de situações diferentes exigirem tipos de liderança distintos. A maior parte das fusões entre empresas requer um negociador sensível no comando, ao passo que a maioria das restruturações de empresas exige uma autoridade e uma liderança mais firmes.

No entanto, notei que os líderes mais eficazes têm uma característica essencial em comum: todos eles possuem um grau elevado daquilo que se tornou conhecido como «inteligência emocional». Não é que o quociente de inteligência (QI) e as competências técnicas sejam irrelevantes. Ambos são, de facto, importantes, mas como «capacidades de base», principalmente; isto é, constituem os requisitos mínimos para cargos executivos. Mas a minha investigação, em conjunto com outros estudos recentes, mostra claramente que a inteligência emocional é a condição *sine qua non* da liderança. Sem ela, uma pessoa não conseguirá ser um grande líder, mesmo que tenha a melhor formação do mundo, uma mente incisiva e analítica, e uma fonte ilimitada de ideias brilhantes.

No decorrer do ano passado, eu e os meus colegas concentrámo-nos em compreender o modo como a inteligência emocional opera ao nível do trabalho. Examinámos a relação entre a inteligência emocional e o desempenho eficaz, nomeadamente nos líderes. E observámos a forma como a inteligência emocional se manifesta na execução de tarefas. Como poderá uma pessoa saber se alguém tem uma inteligência emocional elevada, por exemplo, e como poderá essa pessoa reconhecer o seu próprio nível de inteligência emocional? Nas páginas seguintes, iremos explorar essas questões, analisando, à vez, cada um dos componentes da inteligência emocional – o autoconhecimento, a autodisciplina, a motivação, a empatia e a aptidão social.

Avaliar a inteligência emocional

Atualmente, a maior parte das grandes empresas emprega psicólogos formados, para que estes desenvolvam os designados «modelos de competências». O intuito destes é o de auxiliar na identificação, formação e promoção de potenciais estrelas no firmamento da liderança. Os psicólogos também desenvolveram tais modelos para cargos de níveis inferiores. Nos últimos anos, analisei modelos de competências de 188 empresas, a maioria das quais era grande e global, incluindo a *Lucent Technologies*, a *British Airways*, e a *Credit Suisse*.

Em resumo

O que distingue os grandes líderes daqueles que são meramente bons? Segundo Daniel Goleman, não é o QI, nem as capacidades técnicas. É a **inteligência emocional (IE)**: um conjunto de cinco aptidões que permitem aos melhores líderes maximizar o seu desempenho *e* o dos seus seguidores. Nos casos em que executivos de topo, de uma dada empresa, possuíam uma massa crítica de capacidades de IE, as divisões que chefiavam conseguiram superar, em 20 por cento, os objetivos de ganhos anuais.

As aptidões de IE são:

- *Autoconhecimento* – conhecer os pontos fortes, fraquezas, motivações, valores, e o seu impacto nos outros.
- *Autodisciplina* – controlar, ou redirecionar, impulsos e estados de espírito radicais.
- *Motivação* – valorizar o alcançar de objetivos por si só.
- *Empatia* – compreender as características emocionais das outras pessoas.
- *Aptidão social* – estabelecer ligações harmoniosas com os outros, para os conduzir na direção pretendida.

Todos nós nascemos com determinados níveis das aptidões de IE. Mas podemos reforçar essas capacidades, através da persistência, da prática e das opiniões de colegas e formadores.

A realização desse estudo, tinha como objetivo determinar quais as capacidades pessoais que conduziram a um desempenho excelente dentro dessas organizações, e em que grau o fizeram. Agrupei as capacidades em três categorias: aptidões puramente técnicas, tais como a contabilidade e o planeamento de negócios; capacidades cognitivas, tal como o raciocínio analítico; e competências demonstrativas de inteligência emocional, tais como a capacidade de trabalhar em equipa e a eficácia em liderar a mudança.

Para criar alguns dos modelos de competências, os psicólogos pediram a gestores de topo, nas empresas, que identificassem as capacidades que tipificavam os líderes mais marcantes da respetiva

Na prática

Compreender os elementos da IE

Elemento da IE	Definição	Características Fundamentais	Exemplo
Autoconhecimento	Conhecer as próprias emoções, fraquezas, pontos fortes, motivações, valores e objetivos – e os seus impactos nos outros.	• Autoconfiança • Autoavaliação realista • Sentido de humor autocrítico • Sede de críticas construtivas	Um gestor sabe que os prazos apertados fazem sobressair as suas piores características. Por isso, ele planeia o seu tempo, para conseguir fazer o trabalho bem e com antecedência.
Autodisciplina	Controlar, ou redirecionar, impulsos e estados de espírito radicais.	• Fiabilidade • Integridade • Confortável perante a ambiguidade e a mudança	Quando uma equipa estraga uma apresentação, o seu líder controla-se para não gritar. Em vez disso, considera razões possíveis para o fracasso, explica as consequências à sua equipa e explora soluções juntamente com ela.
Motivação	Ter vontade de alcançar objetivos somente pelo desejo de os atingir.	• Paixão pelo trabalho em si mesmo e por novos desafios • Energia inesgotável para melhorar • Otimismo perante o fracasso	Uma gestora de carteiras de ativos numa empresa de investimentos vê o seu fundo cair durante três trimestres consecutivos. Os seus clientes principais desertam. Em vez de culpar as circunstâncias externas, ela decide aprender com a experiência – e define um plano para dar a volta.
Empatia	Ter em conta os sentimentos dos outros, especialmente durante a tomada de decisões.	• Perícia em atrair e em reter talentos • Capacidade de contribuir para o desenvolvimento dos outros • Sensibilidade para diferentes culturas	Uma consultora norte-americana e a sua equipa promove um projeto perante um potencial cliente no Japão. A sua equipa interpreta o silêncio do cliente como desaprovação e prepara-se para sair. A consultora lê a linguagem corporal do cliente e perceciona o interesse deste. Ela continua a reunião e a sua equipa consegue o trabalho.

Aptidão social	Gerir as interações sociais de modo a conduzir as pessoas na direção pretendida.	• Eficácia na liderança da mudança • Poder de persuasão • Recurso extensivo a redes humanas • Perícia em construir e em liderar equipas	Um gestor quer que a sua empresa adote uma estratégia melhor, direcionada para a Internet. Ele encontra colaboradores com a mesma opinião e reúne uma equipa adequada para criar um protótipo do sítio virtual da empresa. Convence os seus aliados noutros departamentos a financiarem a participação da empresa numa convenção relevante. A sua empresa forma um departamento para a Internet – e coloca-o no comando do mesmo.

Reforce a sua IE

Use a experiência e os comentários dos outros para reforçar competências específicas de IE.

> ***Exemplo:*** Uma executiva compreendeu, através dos comentários de outros, que não possuía empatia e, em especial, a capacidade de ouvir os demais. Como queria corrigir o problema, pediu a um formador que lhe apontasse as circunstâncias em que demonstrava não estar realmente a ouvir o que lhe diziam. Em seguida, encenou diversos incidentes, para praticar a sua capacidade de reagir melhor às situações; por exemplo, não interromper outra pessoa. Ela também passou a observar os executivos capazes de ouvir – e começou a imitar o seu comportamento.

organização. Para criar outros modelos, os psicólogos usaram critérios objetivos, tais como a rendibilidade do departamento, para diferenciarem as verdadeiras estrelas profissionais de topo, existentes nessas organizações, dos indivíduos com desempenho médio. Esses gestores eram então entrevistados e testados exaustivamente, e as suas capacidades eram comparadas. Este processo resultou na criação de listas de ingredientes para líderes altamente eficazes. As listas variavam de sete a 15 elementos e incluíam ingredientes como a capacidade de iniciativa e a visão estratégica.

Quando analisei todos esses dados, encontrei resultados espetaculares. De facto, o intelecto motivava um desempenho excecional. Capacidades cognitivas, como um raciocínio abrangente e uma visão de longo prazo, eram particularmente importantes. Mas, quando determinei a proporção entre as competências técnicas, o QI e a inteligência emocional, enquanto ingredientes para um desempenho excelente, a inteligência emocional provou ser duas vezes mais importante do que os demais fatores, para o desempenho de cargos em todos os níveis hierárquicos.

Adicionalmente, a minha análise mostrou que a inteligência emocional tem uma importância incrementalmente maior nos níveis hierárquicos superiores da empresa, aqueles em que as diferenças entre as capacidades técnicas dos indivíduos são negligenciáveis. Por outras palavras, quanto mais elevado é o cargo de uma pessoa considerada como um profissional excecional, mais as aptidões de inteligência emocional revelaram ser a razão da sua eficácia. Quando comparei profissionais excecionais com outros de desempenho médio, em posições de liderança de topo, quase 90 por cento da diferença nos respetivos perfis se podia atribuir a fatores de inteligência emocional, e não às capacidades cognitivas.

Outros investigadores confirmaram que a inteligência emocional não só diferencia líderes excecionais, como também pode ser associada a um desempenho forte. Um bom exemplo disso são as conclusões do falecido David McClelland, um investigador reputado no campo do comportamento humano e organizacional. Num estudo realizado em 1996, numa empresa global do sector da

Os cinco elementos da inteligência emocional em ação

	Definição	Características
Autoconhecimento	Capacidade de reconhecer e compreender as próprias disposições, emoções e motivações, bem como o efeito destas nos outros	Autoconfiança Autoavaliação realista Sentido de humor autocrítico
Autodisciplina	Capacidade de controlar, ou de redirecionar, impulsos e estados de espírito radicais Propensão para não julgar imediatamente – pensar antes de agir	Fiabilidade e integridade Confortável perante a ambiguidade Abertura à mudança
Motivação	Paixão por realizar trabalho devido a razões que se encontram para lá do dinheiro e do estatuto Propensão para atingir metas, com energia e persistência	Forte motivação para cumprir objetivos Otimismo, mesmo perante o fracasso Empenho organizacional
Empatia	Capacidade de compreender as características emocionais de outras pessoas Aptidão para interagir com pessoas, de acordo com as reações emotivas destas	Perícia para construir e reter talentos Sensibilidade para diferentes culturas Prestável no serviço de apoio a clientes e consumidores
Aptidão social	Proficiência na gestão das interações sociais e na construção de redes humanas Capacidade de encontrar pontos em comum e de estabelecer a harmonia	Eficácia na liderança da mudança Poder de persuasão Perícia para construir e liderar equipas

alimentação, McClelland constatou que, nos casos em que os gestores de topo possuíam uma massa crítica de capacidades de inteligência emocional, as divisões que chefiavam conseguiram superar, em 20 por cento, as metas de ganhos anuais. Pelo contrário, os líderes de divisão que não possuíam essa massa crítica tiveram um desempenho inferior ao desejado, praticamente na mesma proporção. Curiosamente, as descobertas de McClelland revelaram ser tão verdadeiras para as divisões norte-americanas da empresa como para as divisões situadas na Ásia e Europa.

Em suma, os números sugerem, de uma forma convincente, que o sucesso de uma empresa está ligado à inteligência emocional dos seus líderes. E, igualmente importante, a investigação também está a demonstrar que qualquer indivíduo pode desenvolver a sua inteligência emocional, se optar pela abordagem correta. (Ver a tabela intitulada «Poderá a inteligência emocional ser aprendida?»)

Autoconhecimento

O autoconhecimento é o primeiro elemento da inteligência emocional – o que até faz sentido, se se tiver em conta que, já há milhares de anos, o oráculo de Delfos aconselhava cada indivíduo a «conhecer-se a si próprio». O autoconhecimento implica ter uma compreensão profunda das próprias emoções, pontos fortes, fraquezas, necessidades e motivações. Pessoas com um bom autoconhecimento não são nem excessivamente críticas, nem irrealistamente otimistas. Em vez disso, são honestas – com elas mesmas e com os outros.

Os indivíduos que possuem um elevado grau de autoconhecimento reconhecem o modo como os seus sentimentos os afetam, bem como o impacto destes nas outras pessoas e no seu próprio desempenho profissional. Desta maneira, um indivíduo que se conhece a si mesmo, sabendo que os prazos apertados fazem sobressair as suas piores características, planeia o seu tempo, cuidadosamente, de modo a concluir as tarefas com bastante antecedência. Outra pessoa com um elevado grau de autoconhecimento será capaz de lidar, eficazmente, com clientes exigentes. Compreenderá qual é o impacto dos clientes na sua própria disposição e quais são as razões mais profundas para a frustração que sente. «As exigências triviais dos clientes distraem-nos do trabalho que, verdadeiramente, precisa de ser feito», poderá ela dizer a si própria. E dará um passo mais além, transformando a sua raiva em algo construtivo.

O autoconhecimento engloba a compreensão que uma pessoa tem dos seus valores e objetivos. Um indivíduo que possui um grau elevado de autoconhecimento sabe para onde se dirige e porquê; dessa forma, ele será capaz, por exemplo, de recusar, com firmeza, uma oferta de emprego que, não obstante ser tentadora do ponto de vista financeiro, não se adequa aos seus princípios, ou objetivos de longo prazo. Uma pessoa que não possui autoconhecimento tende a tomar decisões que causam agitação interior, por serem incompatíveis com valores enraizados. «A remuneração parecia boa, por isso assinei o contrato», poderá alguém dizer, após dois anos num determinado emprego, «mas o trabalho diz-me tão pouco, que estou constantemente aborrecido». As decisões dos indivíduos com um elevado grau de autoconhecimento enquadram-se nos seus valores; consequentemente, eles consideram, muitas vezes, o seu trabalho entusiasmante.

Como poderá alguém saber se possui autoconhecimento? Em primeiro lugar, o autoconhecimento revela-se sob a forma de franqueza e da capacidade de realizar uma autoavaliação realista. Pessoas com elevado grau de autoconhecimento são capazes de falar, com precisão e abertura – embora não necessariamente de uma maneira efusiva, ou confessional –, sobre as suas emoções e o impacto que estas têm no seu trabalho. Por exemplo, uma gestora que conheço mostrava-se cética em relação a um novo serviço de compras personalizadas que a sua empresa, uma grande cadeia de armazéns, estava prestes a lançar. Espontaneamente, decidiu explicar o que sentia, à sua equipa e ao seu chefe: «para mim, é difícil apoiar o lançamento deste serviço», admitiu ela, «porque, na verdade, queria

Poderá a inteligência emocional ser aprendida?

HÁ MUITO QUE SE DEBATE se a capacidade de liderança é inata ou adquirida. O mesmo se debate acerca da inteligência emocional. Será que as pessoas nascem, por exemplo, com certos níveis de empatia, ou será que a adquirem devido às suas experiências de vida? A resposta é sim, para ambos os casos. A investigação científica sugere, fortemente, que há uma componente genética envolvida na inteligência emocional. A investigação no campo da psicologia e do desenvolvimento indica que a educação também desempenha um papel importante. Talvez nunca venha a ser conhecida a contribuição exata de cada um destes elementos, mas o estudo e a prática demonstram, claramente, que a inteligência emocional pode ser aprendida.

Uma coisa é certa: a inteligência emocional aumenta com a idade. Existe uma palavra antiquada para esse fenómeno: maturidade. No entanto, até mesmo com maturidade algumas pessoas ainda precisam de treino para aperfeiçoarem a sua inteligência emocional. Infelizmente, muitas ações de formação que alegam desenvolver competências no âmbito da liderança – incluindo a inteligência emocional – são um desperdício de tempo e dinheiro. O problema é simples: eles concentram-se na parte errada do cérebro.

A inteligência emocional depende, em grande parte, dos neurotransmissores do sistema límbico cerebral, que regula sentimentos, impulsos e motivações. A investigação científica sugere que o sistema límbico aprende melhor através da motivação, da prática continuada, e da reação de outras pessoas. Compare-se isto com o tipo de aprendizagem que ocorre no neocórtex, que regula a capacidade analítica e técnica. O neocórtex assimila os conceitos e a lógica. É a zona do cérebro que aprende como usar um computador, ou como fazer uma chamada telefónica comercial, através da leitura de um livro. Sem surpresas – mas erroneamente – esta região do cérebro também é o alvo da maioria das ações de formação destinadas a melhorar a inteligência emocional. A investigação que realizei com o *Consortium for Research on Emotional Intelligence in Organizations* ([1]) mostrou que, quando tais

([1]) «Consórcio para a Investigação sobre a Inteligência Emocional nas Organizações», em tradução livre. (N. do T.)

programas optam, com efeito, por uma abordagem centrada no neocórtex, podem chegar a ter um impacto *negativo* no desempenho profissional dos indivíduos.

Para aperfeiçoar a inteligência emocional, as organizações devem reorientar a sua formação de modo a incluir o sistema límbico. Elas devem auxiliar as pessoas a quebrarem velhos hábitos comportamentais, para estabelecer novos. Isso não só requer muito mais tempo do que as ações de formação convencionais, como também exige uma abordagem individualizada.

Imagine-se uma executiva que, segundo a opinião dos seus colegas, tem pouca empatia. Parte dessa insuficiência manifesta-se sob a forma da incapacidade de ouvir; ela interrompe as pessoas e não presta atenção ao que estas lhe estão a dizer. Para corrigir o problema, a executiva precisa de ser motivada a mudar e, num segunda fase, necessita de praticar e de saber a opinião dos outros funcionários da empresa. Pode pedir-se a um colega, ou a um formador, que dê a conhecer à executiva que foi notado o facto de ela não ouvir os outros. Seria então responsabilidade dela reviver o incidente e tentar reagir de uma maneira melhor, isto é, demonstrar a capacidade de assimilar o que os outros estão a dizer. E a executiva poderia receber orientações no sentido de observar determinados executivos que escutam bem, para imitar o seu comportamento.

Com persistência e prática, tal processo pode conduzir a resultados duradouros. Conheço um executivo de Wall Street que procurou melhorar a sua empatia – nomeadamente, a sua capacidade de compreender as reações das pessoas e perceber a perspetiva delas. Antes de iniciar esta demanda, os subordinados do executivo tinham um medo terrível de trabalhar com ele. As pessoas chegavam a ponto de lhe esconder as más notícias. Como é natural, ele ficou chocado ao ser confrontado, por fim, com estes factos. Foi para casa e contou tudo à família – mas esta limitou-se a confirmar o que ele ouvira no trabalho. Também os familiares tinham medo do executivo, sempre que as suas opiniões, sobre um determinado assunto, eram contrárias à dele.

Com a ajuda de um formador, o executivo dedicou-se ao desenvolvimento da sua empatia, através da prática e da obtenção de reações. O primeiro passo consistiu em passar férias num país estrangeiro, cuja língua ele desconhecia.

Durante a estada, o executivo registou as suas próprias reações ao desconhecido e a sua abertura em relação às pessoas que eram diferentes dele. Quando regressou a casa, sentindo-se mais humilde, devido à semana que passara fora do país, o executivo pediu ao formador para o seguir durante parte do dia, várias vezes por semana, de modo a avaliar o modo como tratava as pessoas que tinham perspetivas inovadoras, ou diferentes das dele. Ao mesmo tempo, o executivo usou, conscientemente, as interações ocorridas no local de trabalho como oportunidades para praticar o «ouvir» ideias que diferiam das dele. Finalmente, o executivo pediu para ser filmado, durante as reuniões, e solicitou a subalternos e colegas que criticassem a sua capacidade de reconhecer e de compreender os sentimentos dos outros. Após vários meses, a inteligência emocional do executivo acabou por se desenvolver e essa melhoria refletiu-se no seu desempenho profissional global.

É importante realçar que o desenvolvimento da inteligência emocional não pode ocorrer – e jamais ocorrerá – sem um desejo sincero e um esforço concertado. Um seminário breve não será suficiente, tal como não o será comprar um manual de autoajuda. É muito mais difícil aprender a sentir empatia – a interiorizar a empatia como uma reação natural para com os outros – do que a tornar-se um perito na análise de regressão. Mas é possível. «Nada de grandioso foi alguma vez alcançado sem entusiasmo», escreveu Ralph Waldo Emerson. Se o seu objetivo é tornar-se um verdadeiro líder, estas palavras podem servir de guia para os seus esforços de desenvolvimento de uma elevada inteligência emocional.

ser a responsável pelo projeto, mas não fui selecionada. Peço que sejam pacientes comigo, enquanto lido com esta situação». A gestora analisou, de facto, os seus sentimentos; uma semana mais tarde, ela já estava a apoiar totalmente o projeto.

Tal autoconhecimento manifesta-se, muitas vezes, durante o processo de contratação. Peça a um candidato que descreva um momento em que se deixou levar pelos seus sentimentos e em que fez algo de que se arrependeu mais tarde. Os candidatos com elevado grau de autoconhecimento serão francos, admitindo a falha – e, frequentemente, contarão a sua história com um sorriso. Uma das características fundamentais do autoconhecimento é o sentido de humor autocrítico.

O autoconhecimento também pode ser identificado durante avaliações de desempenho. As pessoas com elevado grau de autoconhecimento sabem – e sentem-se confortáveis a falar sobre – as suas limitações e os seus pontos fortes, e, muitas vezes, demonstram uma sede por críticas construtivas. Pelo contrário, as pessoas com baixo grau de autoconhecimento, quando recebem a indicação de que precisam de melhorar o seu desempenho, interpretam-na como uma ameaça, ou um sinal de fracasso.

As pessoas com elevado grau de autoconhecimento também podem ser reconhecidas pela sua autoconfiança. Elas têm uma noção firme das suas próprias capacidades e estão menos propensas a condenarem-se ao fracasso, devido à aceitação de demasiadas tarefas, por exemplo. Também sabem quando pedir ajuda. E os riscos profissionais que correm são calculados. Não aceitarão um desafio que reconhecem não ser capazes de enfrentar sozinhas. E apostarão nos seus pontos fortes.

Considerem-se as ações de uma funcionária de nível médio, que foi convidada a assistir a uma reunião de estratégia com os executivos de topo da sua empresa. Embora tivesse uma posição hierárquica mais baixa do que os demais presentes na sala, ela não se limitou a permanecer sentada, em silêncio, aterrada com as circunstâncias. Como sabia que possuía um bom raciocínio lógico e a capacidade de apresentar ideias de forma persuasiva, providenciou sugestões convincentes acerca da estratégia da empresa. Simultaneamente, o seu autoconhecimento impediu-a de enveredar por áreas que sabia não serem o seu forte.

Não obstante o valor inequívoco de ter pessoas com elevado grau de autoconhecimento no local de trabalho, a minha investigação revela que os executivos de topo não costumam dar, ao autoconhecimento, o mérito que este merece, quando procuram potenciais líderes. Muitos executivos confundem a franqueza acerca dos sentimentos com «pieguice» e não dão o devido respeito aos funcionários que reconhecem, abertamente, as suas fraquezas. Tais pessoas são rapidamente descartadas como «não sendo suficientemente fortes» para liderar outros.

De facto, a verdade é o oposto. Em primeiro lugar, as pessoas tendem, geralmente, a admirar e a respeitar a honestidade. Para além disso, os líderes são constantemente forçados a tomar decisões que requerem uma avaliação objetiva de capacidades – das suas próprias e das dos outros. Teremos as competências de gestão necessárias para adquirir um concorrente? Poderemos lançar um produto novo no prazo de seis meses? As pessoas que se avaliam honestamente – isto é, aquelas que possuem um grau elevado de autoconhecimento – também serão capazes de o fazer, relativamente às organizações que gerem.

Autodisciplina

As nossas emoções são regidas pelos impulsos biológicos. Não podemos eliminá-los – mas há muita coisa que se pode fazer para os controlar. A autodisciplina, que é, no fundo, uma conversa interior contínua, é o elemento da inteligência emocional que impede que sejamos prisioneiros dos nossos sentimentos. As pessoas que têm essa conversa sentem-se mal-humoradas e experienciam impulsos emocionais, tal como os restantes indivíduos, mas encontram formas de os controlar e até mesmo de os canalizar de maneiras úteis.

Imagine-se um executivo que acabou de ver uma equipa dos seus funcionários fracassar durante a apresentação de uma análise de dados, perante o conselho de administração da empresa. Na tensão negativa que se segue, o executivo pode sentir-se tentado a bater na mesa, irado, ou a dar um pontapé numa cadeira. Ele poderia levantar-se num salto e gritar ao grupo. Ou poderia manter um silêncio sombrio, fitando todo o grupo antes de abandonar o espaço.

Mas, se tivesse o dom da autodisciplina, ele optaria por uma abordagem diferente. Escolheria as suas palavras cuidadosamente, reconhecendo o mau desempenho da equipa, sem se precipitar a julgá-la. Recuaria, então, para ponderar as causas do fracasso. Seriam elas do foro pessoal – uma falta de empenho? Existiriam quaisquer circunstâncias atenuantes? Qual seria o seu próprio papel no desastre? Após considerar todas essas questões, ele reuniria a equipa, explicaria as consequências do incidente e exporia os seus sentimentos acerca do assunto. Apresentaria, então, a sua análise do problema e uma solução meticulosamente pensada.

Porque será a autodisciplina tão importante para os líderes? Em primeiro lugar, as pessoas que controlam os seus sentimentos e os seus impulsos – ou seja, as pessoas que são razoáveis – conseguem criar um ambiente de confiança e de justiça. Num tal ambiente, as políticas e lutas internas diminuem drasticamente e a produtividade aumenta. As pessoas talentosas serão atraídas para a organização e não se sentirão tentadas a abandoná-la. E a autodisciplina tem um efeito benéfico em cascata. Ninguém quer ser conhecido como um indivíduo impulsivo, quando se tem um chefe que é conhecido pela sua atitude calma. Menos mau humor no topo implica menos mau humor em toda a organização.

Em segundo lugar, a autodisciplina é importante por razões competitivas. Todos sabem que, atualmente, o mundo dos negócios está repleto de ambiguidade e de mudança. As empresas fundem-se e separam-se regularmente. A tecnologia transforma a maneira como trabalhamos, a um ritmo vertiginoso. As pessoas que dominam as suas emoções são capazes de acompanhar essas alterações. Quando um novo programa é anunciado, elas não entram em pânico; em vez disso, são capazes de não se precipitarem a julgar, a procurarem informações e ouvirem os executivos, enquanto estes explicam o novo programa. À medida que a iniciativa avança, estas pessoas conseguem avançar com ela.

Por vezes, até lideram o caminho. Considere-se o caso de uma gestora de uma grande empresa de produção fabril. Tal como os seus colegas, ela utilizara um determinado programa informático durante cinco anos. O programa condicionava o modo como ela recolhia e reportava os dados, bem como a sua forma de pensar sobre a estratégia da empresa. Certo dia, os executivos de topo anunciaram a instalação de um novo programa, que mudaria radicalmente a maneira como a informação era reunida e avaliada dentro da organização. Enquanto muitos dos funcionários na empresa se queixavam, amargamente, sobre quão perturbadora seria a alteração, a gestora refletiu sobre as razões subjacentes à instalação do novo programa e ficou convencida do seu potencial para melhorar o desempenho da empresa. Ela assistiu, com interesse, às sessões de formação – alguns dos seus colegas recusaram-se a fazê-lo – e acabou por ser promovida, ficando a gerir várias divisões, em parte por usar a nova tecnologia de forma tão eficaz.

Quero realçar, ainda mais, a importância da autodisciplina para os líderes, provando que esta aumenta a integridade, a qual é não só uma qualidade pessoal, mas também um ponto forte para as organizações. Muitas das coisas más que ocorrem nas empresas devem-se a comportamentos impulsivos. As pessoas raramente planeiam exagerar lucros, subavaliar despesas, desviar fundos ou abusar do poder com propósitos egoístas. Em vez disso, quando surge uma oportunidade, as pessoas com pouco controlo sobre os seus impulsos aproveitam-na, simplesmente.

Por outro lado, considere-se o comportamento de um executivo de topo de uma grande empresa alimentar. O executivo era escrupulosamente honesto nas suas negociações com os distribuidores locais. Por rotina, ele expunha detalhadamente a sua estrutura de custos, permitindo assim que os distribuidores compreendessem, de forma realista, os preços praticados pela empresa. Esta abordagem implicava que o executivo nem sempre conseguisse obter os lucros ideais. Em certas ocasiões, ele sentiu vontade de aumentar os lucros, ocultando informações sobre os custos da empresa. Mas ele combateu esse impulso – conseguiu perceber que, a longo prazo, fazia mais sentido contrariá-lo. A sua autodisciplina emocional resultou em relações fortes e duradouras com os distribuidores, as quais trouxeram mais benefícios para a empresa, do que os resultantes de quaisquer ganhos financeiros a curto prazo.

Deste modo, os sinais de autodisciplina emocional são fáceis de reconhecer: a propensão para a reflexão e para a ponderação;

o conforto perante a ambiguidade e a mudança; e a integridade – a capacidade de resistir aos impulsos.

Tal como o autoconhecimento, muitas vezes a autodisciplina não recebe o devido mérito. As pessoas que conseguem dominar as suas emoções são, por vezes, vistas como frias – as suas respostas ponderadas são percecionadas como uma falta de entusiasmo. As pessoas com temperamentos tempestuosos são frequentemente classificadas como líderes «clássicos» – as suas explosões são consideradas características de carisma e poder. Porém, quando tais pessoas alcançam o topo da hierarquia, a sua impulsividade, muitas vezes, pesa contra elas. Na minha investigação, as demonstrações extremas de emoções negativas nunca surgiram como um indicador de boa liderança.

Motivação

Se há uma característica que praticamente todos os líderes eficazes possuem, é a motivação. Eles são movidos pela vontade de alcançar objetivos e de ultrapassar as expectativas – as suas próprias e as dos outros. Aqui, a palavra-chave é *alcançar.* Muitas pessoas são motivadas por fatores externos, tais como um salário avultado, o estatuto associado a um título sonante, ou o fazer parte de uma empresa de prestígio. Em contraste, os indivíduos com potencial de liderança são unicamente motivados pelo desejo, profundamente enraizado, de alcançarem objetivos.

Na procura de líderes, como se poderá identificar as pessoas que se sentem motivadas, exclusivamente, pelo desejo de atingir objetivos, e não por compensações externas? O primeiro sinal é uma paixão pelo trabalho em si – estes indivíduos procuram desafios criativos, adoram aprender e orgulham-se imensamente, de uma tarefa bem executada. Também exibem uma energia inesgotável para fazer as coisas melhor. Pessoas com tal energia parecem, muitas vezes, inconformadas com o *status quo.* São persistentes nas suas questões acerca da razão pela qual as coisas são feitas de uma maneira, e não de outra; anseiam constantemente por explorar novas abordagens ao seu trabalho.

Por exemplo, um gestor de uma empresa de cosméticos sentia-se frustrado por ter de esperar duas semanas para obter os resultados das vendas fornecidos pelos comerciais. Acabou por encontrar um sistema telefónico automático capaz de alertar todos os seus comerciais às 17:00, diariamente. Em seguida, uma mensagem automática pedia-lhes que inserissem os números da sua atividade – quantas chamadas e vendas haviam feito nesse dia. O sistema reduziu o tempo de comunicação dos resultados de vendas, de semanas para horas.

Essa história ilustra duas características comuns nas pessoas que se sentem motivadas pelo desejo de alcançar objetivos. Estão sempre a elevar a fasquia do desempenho e gostam de monitorizar os resultados atingidos. Começaremos por abordar a questão da fasquia. Durante as avaliações de desempenho, as pessoas com elevado nível de motivação poderão pedir, aos seus superiores, que lhes proponham objetivos mais ambiciosos. Obviamente, um funcionário que combina o autoconhecimento com a motivação interna saberá reconhecer os seus limites – mas não se contentará com objetivos que pareçam demasiado fáceis de atingir.

E, naturalmente, os indivíduos que querem sempre fazer melhor também desejam ter uma forma de acompanhar o progresso – o próprio, o das suas equipas, e o da sua empresa. Enquanto as pessoas com um nível reduzido de motivação são, muitas vezes, vagas relativamente aos resultados, as que possuem um nível elevado de motivação monitorizam, frequentemente, o seu progresso, através de medidas objetivas, tais como o lucro, ou a quota de mercado. Conheço um gestor financeiro que começa e termina o seu dia, na Internet, a avaliar a evolução do seu fundo de ações, empregando quatro parâmetros de referência definidos pelo sector.

Curiosamente, as pessoas com um nível elevado de motivação permanecem otimistas, mesmo quando as probabilidades estão contra elas. Em tais casos, a combinação da autodisciplina com a motivação permite-lhes superar a frustração e a depressão que surgem após um revés, ou um fracasso. Considere-se o caso de uma gestora de carteiras de ativos numa grande empresa de investimento. Após vários anos de sucesso, o seu fundo caiu durante três trimestres consecutivos, fazendo que três grandes clientes institucionais mudassem os seus ativos para outro lugar.

Alguns executivos teriam atribuído a culpa pela queda abrupta do fundo a circunstâncias fora do seu controlo; outros poderiam ter considerado o revés uma evidência do seu fracasso pessoal. No entanto, esta gestora de carteiras de ativos viu uma oportunidade de provar que conseguia dar a volta por cima. Dois anos mais tarde, quando foi promovida a um cargo no nível hierárquico mais elevado na empresa, ela descreveu a experiência como «a melhor coisa que já me aconteceu; aprendi bastante com o sucedido».

Os executivos que tentam reconhecer um nível elevado de motivação nos seus colaboradores poderão procurar uma última prova da sua existência: a dedicação à organização. Quando as pessoas simplesmente adoram o trabalho que realizam, sentem, muitas vezes, uma forte dedicação para com as organizações que tornam esse trabalho possível. Os funcionários dedicados têm maior propensão a permanecerem numa organização, até mesmo quando são perseguidos por caçadores de cabeças que os aliciam com promessas de mais dinheiro.

Não é difícil compreender como, e por que razão, a motivação se traduz numa liderança forte. Quando um indivíduo coloca uma fasquia alta para si próprio, fará o mesmo em relação à organização, se estiver numa posição que lho permita. Da mesma maneira, a motivação para ultrapassar os objetivos e o interesse em acompanhar os resultados podem ser contagiosos. Os líderes com estas características conseguem, muitas vezes, reunir uma equipa de gestores, em torno de si, com os mesmos traços de personalidade. E, é claro, o otimismo e a dedicação organizacional são fundamentais para a liderança – tente-se imaginar o que seria dirigir uma empresa sem eles.

Empatia

De todas as facetas da inteligência emocional, a empatia é a que se reconhece mais facilmente. Já todos sentimos a empatia de um professor, ou de um amigo sensível; já todos experienciámos a sua ausência num treinador, ou chefe, insensível. Mas quando se trata de negócios, raramente ouvimos as pessoas serem elogiadas, e muito menos recompensadas, pela sua empatia. A própria palavra parece ser incompatível com os negócios, estando deslocada no meio da realidade dura do mercado.

Mas a empatia não quer dizer uma lamechice do género: «eu estou bem, tu estás bem». Isto é, para um líder, a empatia não significa adotar as emoções de outras pessoas, como se fossem as dele próprio, e tentar agradar a todos. Tal seria um pesadelo – tornaria qualquer ação impossível. Em vez disso, entende-se por empatia a consideração cuidadosa dos sentimentos dos colaboradores – juntamente com outros fatores –, aquando do processo de tomada de decisões inteligentes.

Como exemplo da empatia em ação, veja-se o que aconteceu quando duas corretoras gigantes se fundiram, originando postos de trabalho redundantes em todas as suas divisões. Um gestor de uma divisão reuniu os seus funcionários e fez um discurso sombrio, em que realçou o número de pessoas que seriam despedidas em breve. O gestor de uma outra divisão fez aos seus funcionários um género diferente de discurso. Foi frontal sobre as suas próprias preocupações e confusão, e prometeu manter os funcionários informados e tratar todos de um modo justo.

A diferença entre estes dois gestores residia na empatia. O primeiro gestor estava demasiado preocupado com o seu próprio destino para ter em conta os sentimentos dos seus colegas ansiosos. O segundo sabia, intuitivamente, o que os seus funcionários estavam a sentir e refletiu os medos destes nas suas próprias palavras. Será surpreendente que o primeiro gestor tenha assistido à queda da sua divisão à medida que muitas pessoas desmoralizadas, em especial as mais talentosas, partiam? Pelo contrário, o segundo gestor continuou a ser um líder forte, os seus melhores funcionários permaneceram na empresa e a sua divisão continuou tão produtiva como sempre.

Atualmente, a empatia é particularmente importante como uma característica da liderança, por, pelo menos, três razões: o uso incremental de equipas, o ritmo rápido da globalização e a necessidade crescente de reter talentos.

Considere-se o desafio de liderar uma equipa. Como alguém que já tenha feito parte de uma poderá atestar, as equipas são caldeirões de emoções fervilhantes. Muitas vezes são incumbidas de alcançar um consenso – coisa que já é difícil com duas pessoas e se torna ainda mais complicada, à medida que o seu número aumenta. Até mesmo em grupos com apenas quatro ou cinco membros formam-se alianças e surgem propósitos incompatíveis. O líder de uma equipa tem de conseguir perceber e compreender os pontos de vista de todos os que se encontram à mesa.

Foi precisamente isso que uma gestora de *marketing* de uma grande empresa de tecnologias de informação conseguiu fazer, quando foi nomeada para liderar uma equipa com problemas. O grupo estava em tumulto, sobrecarregado de trabalho e a falhar prazos. A tensão era elevada entre os seus membros. Alterar os procedimentos não foi suficiente para compatibilizar o grupo e torná-lo uma parte eficaz da empresa.

Por esse motivo, a gestora deu vários passos. Numa série de sessões individuais, ela dedicou tempo a ouvir todos os membros do grupo – o que os estava a frustrar, como classificavam os seus colegas e se sentiam que tinham sido ignorados. Posteriormente, ela orientou a equipa de uma maneira que a uniu: encorajou as pessoas a falarem mais abertamente sobre as suas frustrações e ajudou-as a tecerem críticas construtivas durante as reuniões. Em suma, a sua empatia permitiu-lhe compreender a composição emocional da sua equipa. Isso resultou não só numa melhor colaboração entre os membros, mas também na atração de mais negócio, dado que a equipa passou a ser chamada para auxiliar uma leque mais vasto de clientes internos.

A globalização é outra razão para a importância crescente da empatia na liderança empresarial. O diálogo intercultural pode conduzir, facilmente, a equívocos e mal-entendidos. A empatia é um antídoto. As pessoas que a têm estão atentas a subtilezas na linguagem corporal; conseguem ouvir a mensagem escondida sob as palavras proferidas. Para além disso, têm uma compreensão profunda da existência e da importância das diferenças culturais e étnicas.

Considere-se o caso de uma consultora norte-americana cuja equipa acabara de promover um projeto perante um potencial cliente japonês. Nas suas negociações com americanos, a equipa estava habituada a ser bombardeada com perguntas após a apresentação da proposta. Contudo, desta feita, recebeu apenas um longo silêncio. Os outros membros da equipa, interpretando o silêncio como desaprovação, estavam prontos para arrumar as malas e sair. A consultora fez-lhes sinal para que parassem. Embora não estivesse particularmente familiarizada com a cultura japonesa, lera a expressão e a atitude do cliente, e percecionara interesse, não rejeição – até mesmo uma consideração profunda. Estava certa: quando o cliente falou, por fim, fê-lo no sentido de consignar o trabalho à empresa de consultoria.

Finalmente, a empatia desempenha um papel fundamental na retenção de talentos, em especial na atual economia de informação. Os líderes sempre precisaram da empatia para desenvolverem e manterem bons funcionários, mas, hoje em dia, os riscos são maiores. Quando os bons funcionários abandonam a empresa, levam o conhecimento desta com eles.

É aqui que a formação e a orientação entram em cena. Tem-se demonstrado, repetidamente, que a formação e a orientação compensam, possibilitando não só um desempenho melhor, mas também uma satisfação profissional maior e uma rotação de funcionários menor. Mas o que faz a formação e a orientação terem melhores resultados é a natureza da relação estabelecida. Os formadores e orientadores excecionais conseguem entrar na cabeça das pessoas que estão a ajudar. Conseguem perceber como poderão dar indicações eficazes. Sabem quando insistir no sentido de um melhor desempenho e quando se devem refrear. Na forma como motivam os seus protegidos, eles demonstram a empatia em ação.

Naquilo que poderá, neste ponto, parecer já um chavão, deixem--me repetir que a empatia não granjeia muito respeito no mundo dos negócios. As pessoas perguntam-se como poderão os líderes tomar decisões difíceis, se sentirem «compaixão» por todas as pessoas que serão afetadas. Mas os líderes com empatia fazem mais do que simpatizar com as pessoas que os rodeiam: eles usam o seu conhecimento para melhorarem as suas empresas de maneiras subtis, mas importantes.

Aptidão social

Os três primeiros elementos da inteligência emocional correspondem a capacidades de autogestão. Os últimos dois, a empatia e a aptidão social, dizem respeito à capacidade de um indivíduo para gerir as suas interações com os outros. Como elemento da inteligência emocional, a aptidão social não é tão simples como parece. Não se trata somente de ser amigável, embora as pessoas com elevado nível de aptidão social raramente sejam mesquinhas. Pelo contrário, a aptidão social consiste em ser simpático com um propósito: direcionar as pessoas para onde se pretende, quer se trate de chegar a um acordo sobre uma nova estratégia de *marketing*, quer se trate de criar entusiasmo acerca de um novo produto.

As pessoas socialmente aptas tendem a ter um vasto círculo de conhecidos e possuem um talento especial para encontrarem pontos em comum com pessoas de todos os tipos – um talento especial para estabelecerem relações harmoniosas. Isso não implica que estejam continuamente a socializar; significa que trabalham segundo o pressuposto de que nada de importante se faz sozinho. Essas pessoas têm uma rede humana preparada para o momento em que for necessário passar à ação.

A aptidão social é o culminar das outras facetas da inteligência emocional. As pessoas tendem a ser bastante eficazes na gestão das interações sociais (ou relações humanas), quando conseguem compreender e controlar as suas próprias emoções e sentir empatia para com os sentimentos dos outros. Até mesmo a motivação contribui para a aptidão social. Recorde-se que os indivíduos que se sentem mais motivados para alcançarem objetivos tendem a ser otimistas, mesmo perante contratempos, ou fracassos. As pessoas que são otimistas radiam o seu «entusiasmo» durante as conversas e outros encontros sociais. Elas são populares, e por boas razões.

Dado a aptidão social ser a combinação das outras facetas da inteligência emocional, é possível reconhecê-la, no contexto do trabalho, sob múltiplas formas, as quais, por esta altura, já lhe parecerão familiares. Por exemplo, os indivíduos socialmente aptos são hábeis na gestão de equipas – isso deve-se à sua empatia em ação. Da mesma maneira, são peritos na persuasão – uma manifestação da confluência do autoconhecimento, da autodisciplina e da empatia. Dadas essas capacidades, os bons persuasores sabem, por exemplo, quando devem apelar à emoção e quando devem apelar à razão. E a motivação, nos casos em que é publicamente visível, torna tais pessoas excelentes colaboradoras; a sua paixão pelo trabalho disseminar-se-á pelos restantes funcionários e a equipa sentir-se-á motivada para encontrar soluções.

No entanto, em determinadas circunstâncias, a aptidão social manifesta-se sob formas não observadas nos outros elementos da inteligência emocional. Por exemplo, as pessoas socialmente aptas podem, por vezes, parecer não estarem a trabalhar durante o período de trabalho. Aparentam estar, ociosamente, a fazer conversa nos corredores com os colegas, ou a gracejar com pessoas que nem sequer estão ligadas aos seus «verdadeiros» postos de trabalho. Contudo, as pessoas socialmente aptas não consideram que faça sentido limitar, arbitrariamente, o âmbito das suas interações sociais. Elas constroem laços abrangentes, porque sabem que, nestes tempos de incerteza profissional, podem vir a precisar, mais tarde, da ajuda de pessoas que acabaram de conhecer.

Por exemplo, considere-se o caso de um executivo que trabalhava no departamento de estratégia de uma fabricante mundial de computadores. Em 1993, ele estava convencido de que o futuro da empresa residia na Internet. Ao longo do ano seguinte, encontrou colaboradores com a mesma opinião e usou a sua aptidão social para reunir uma comunidade virtual que abrangia diversos níveis hierárquicos, divisões e países. Numa segunda fase, ele usou essa equipa feita à medida para criar um protótipo do sítio virtual da empresa, que foi um dos primeiros a serem lançados por grandes organizações. E, por sua própria iniciativa, sem orçamento, nem estatuto formal, ele inscreveu a empresa numa convenção anual do sector da Internet. Ao apelar aos seus aliados e ao persuadir vários departamentos a doarem fundos, ele conseguiu recrutar mais de 50 pessoas, provenientes de uma dúzia de unidades diferentes, para representarem a empresa na convenção.

A administração da empresa reconheceu o esforço: decorrido um ano desde a conferência, a equipa do executivo formou a base para o primeiro departamento de Internet da empresa e ele foi formalmente colocado no seu comando. Para atingir o seu objetivo, o executivo ignorara as fronteiras convencionais, forjando e mantendo ligações com pessoas de todos os recessos da organização.

Será a aptidão social considerada uma capacidade fundamental de liderança na maior parte das empresas? A resposta é sim, especialmente quando comparada com os outros elementos da inteligência emocional. As pessoas parecem saber, intuitivamente, que os líderes precisam de gerir as relações de forma eficaz; nenhum líder é uma ilha. Afinal de contas, a tarefa do líder é conseguir que o trabalho seja feito através de outras pessoas, e a aptidão social torna isso possível. Um líder que não seja capaz de expressar a sua empatia pode muito bem não a ter, de todo. E a motivação de um líder será inútil se não conseguir comunicar a sua paixão à organização. A aptidão social permite que os líderes coloquem a sua inteligência emocional em ação.

Seria insensato afirmar que o QI e as competências técnicas, os indicadores tradicionalmente usados, não são ingredientes importantes para uma liderança forte. Mas a receita não ficaria completa sem a inteligência emocional. Antigamente, pensava-se que os componentes da inteligência emocional eram «características interessantes» nos líderes empresariais. Mas agora sabemos que, a bem do desempenho, esses ingredientes são neles «características essenciais».

E, assim sendo, é uma sorte o facto de a inteligência emocional poder ser aprendida. O processo não é fácil. É preciso tempo e, acima de tudo, empenho. Mas os benefícios que advêm, tanto para o indivíduo, como para a organização, de se possuir uma inteligência emocional bem desenvolvida compensam o esforço.

Publicado, originalmente, em junho de 1996. Reimpressão R0401H

O que torna um executivo eficaz

por Peter F. Drucker

UM EXECUTIVO EFICAZ NÃO TEM de ser um líder no sentido em que a palavra é agora mais vulgarmente usada. Harry Truman não tinha um grama de carisma, por exemplo, contudo encontra-se entre os mais eficazes chefes executivos da história dos EUA. De modo semelhante, alguns dos melhores diretores executivos empresariais e não-empresariais com quem trabalhei durante uma carreira consultiva de 65 anos não eram líderes estereotipados. Eram todos muito diferentes em termos das suas personalidades, atitudes, valores, forças e fraquezas. Iam dos extrovertidos aos quase solitários, dos descontraídos aos controladores, dos generosos aos parcimoniosos.

O que os tornava a todos eficazes era o facto de seguirem as mesmas oito práticas:

- Perguntavam: «O que precisa de ser feito?»
- Perguntavam: «O que está certo para a empresa?»
- Desenvolviam planos de ação.

- Assumiam a responsabilidade pelas decisões.
- Assumiam a responsabilidade pela comunicação.
- Focavam-se nas oportunidades e não nos problemas.
- Dirigiam reuniões produtivas.
- Pensavam e diziam «nós» e não «eu».

As primeiras duas práticas davam-lhes o conhecimento de que precisavam. As quatro seguintes ajudavam-nos a converter esse conhecimento numa ação efetiva. As duas últimas asseguravam que a organização se sentisse responsável e responsabilizável.

Obter o conhecimento de que precisa

A primeira prática consiste em perguntar o que é preciso fazer. Note-se que a pergunta não é «O que é que eu quero fazer?» Perguntar o que é preciso fazer e levar a pergunta a sério é crucial para o sucesso da gestão. Não fazer esta pergunta tornará ineficiente mesmo o mais capaz dos executivos.

Quando Truman se tornou presidente em 1945, sabia exatamente aquilo que queria fazer: completar as reformas económicas e sociais do New Deal de Roosevelt, que fora postergado pela Segunda Guerra Mundial. Assim que perguntou o que era preciso fazer, porém, Truman percebeu que as relações internacionais tinham absoluta prioridade. Organizou o seu dia de trabalho de modo a começar com tutoriais sobre política externa pelos ministros dos Negócios Estrangeiros e da Defesa. Em resultado disso, tornou-se o mais eficaz presidente em relações externas que os Estados Unidos alguma vez tiveram. Conteve o comunismo tanto na Europa como na Ásia e, com o Plano Marshall, espoletou 50 anos de crescimento económico em todo o mundo.

De modo semelhante, Jack Welch compreendeu que aquilo que tinha de ser feito na General Electric quando se tornou diretor executivo não era a expansão para o estrangeiro que desejava fazer.

Em resumo

Preocupado por não ter já nascido líder? Por lhe faltar carisma, os talentos apropriados, ou qualquer outro ingrediente secreto? Não é preciso: a liderança não tem que ver nem com personalidade nem com talento. De facto, os melhores líderes exibem personalidades, atitudes, valores e forças completamente diferentes – são extrovertidos ou metidos para dentro, descontraídos ou controladores, generosos ou parcimoniosos, orientados para os números ou visionários.

Então, o que é que os líderes eficazes têm em comum? Conseguem que as coisas certas sejam feitas da maneira certa seguindo oito regras simples:

- Pergunte o que precisa de ser feito.
- Pergunte o que está certo para a empresa.
- Desenvolva planos de ação.
- Designe a responsabilidade pelas decisões.
- Foque-se nas oportunidades e não nos problemas.
- Dirija reuniões produtivas.
- Pense e diga «nós» e não «eu».

Ao usarmos a disciplina para aplicar estas regras, adquirimos o conhecimento de que precisamos para tomar decisões inteligentes, convertemos esse conhecimento em ação efetiva e asseguramos a responsabilização através de toda a nossa organização.

Era sim ver-se livre dos negócios da GE que, por muito lucrativos que fossem, não conseguiam ser os primeiros nem os segundos nessa área.

A resposta à pergunta «O que precisa de ser feito?» contém quase sempre mais do que uma tarefa urgente. Mas os executivos eficazes não se dispersam. Se for possível, concentram-se apenas numa tarefa. Se estiverem entre aquelas pessoas – uma considerável minoria – que trabalham melhor com uma mudança de ritmo no seu dia de trabalho, escolhem duas tarefas. Nunca encontrei um executivo que se mantivesse eficaz ao lidar com mais de duas tarefas ao mesmo

Na prática

Obtenha o conhecimento de que precisa.

Pergunte o que precisa de ser feito.
Quando Jack Welch fez esta pergunta no momento em que se tornou diretor executivo da General Electric, percebeu que era essencial desistir dos negócios da GE em que esta não conseguisse ser a primeira ou a segunda nas suas áreas – se quisesse concretizar a expansão no exterior que projetava. Quando souber aquilo que tem de ser feito, identifique as tarefas em que é melhor, concentrando-se numa de cada vez. Depois de terminar uma tarefa, restabeleça as prioridades baseando-se nas novas realidades.

Pergunte aquilo que está certo para a empresa.
Não se ponha a matutar naquilo que será o melhor para os donos, os investidores, os empregados, ou os clientes. As decisões certas para a sua *empresa* acabam por ser as certas para todos os envolvidos.

Converta o seu conhecimento em ação.

Desenvolva planos de ação.
Conceba planos que especifiquem *resultados desejados* e *limitações* (será o curso da ação legal e compatível com a missão, os valores e a política da empresa?). Inclua *pontos de verificação* e *implicações para a forma como ocupará o seu tempo.* E *reveja* os planos para que reflitam novas oportunidades.

Responsabilize pelas decisões.
Garanta para cada decisão um responsável pela sua realização, quando deverá ser implementada, quem será afetado e quem deverá ser informado. Reveja regularmente as decisões, em especial as contratações e as promoções. Isso permitir-lhe-á corrigir decisões defeituosas antes de provocarem verdadeiros danos.

tempo. Assim, depois de ter perguntado o que é preciso fazer, o executivo eficaz estabelece prioridades e respeita-as. Para um diretor executivo, a tarefa prioritária poderá ser a redefinição da missão da empresa. Para um chefe de divisão, poderá ser redefinir a relação da divisão com a sede. Outras tarefas, por muito importantes ou

Assuma a responsabilidade pela comunicação.
Obtenha a reação dos seus superiores, subordinados e colegas sobre os seus planos de ação. Faça saber a cada um qual a informação de que irá precisar para realizar a tarefa. Preste igual atenção às necessidades de informação dos colegas e dos superiores.

Concentre-se nas oportunidades e não nos problemas.
Obtêm-se resultados explorando as oportunidades e não através da solução de problemas. Identifique as mudanças no interior e no exterior da sua organização (novas tecnologias, inovações de produto, novas estruturas de mercado), perguntando: «Como podemos explorar esta mudança para beneficiar a nossa empresa?» Depois, faça corresponder as melhores pessoas às melhores oportunidades.

Garanta a responsabilização ao nível de toda a empresa.

Dirija reuniões produtivas.
Enuncie cada objetivo da reunião (Fazer um anúncio? Apresentar um relatório?). Termine a reunião assim que o objetivo seja alcançado. Prossiga com curtas comunicações sintetizando a discussão, estabelecendo novas tarefas e prazos para que sejam completadas. O diretor executivo da General Motors, Alfred Sloan, com a sua lendária mestria no seguimento das reuniões ajudou a manter o domínio industrial da GM em meados do século XX.

Pense e diga «nós» e não «eu».
A sua autoridade advém da confiança que a organização deposita em si. Para obter os melhores resultados, considere sempre as necessidades e as oportunidades da sua organização antes das suas.

sedutoras que sejam, são adiadas. Contudo, depois de completar a tarefa originalmente prioritária, o executivo restabelece as prioridades em vez de passar à segunda da lista inicial. Pergunta: «O que precisa de ser feito agora?» Normalmente, tal resulta em novas e diferentes prioridades.

Para referirmos de novo o mais conhecido diretor executivo da América: de cinco em cinco anos, de acordo com a sua autobiografia, Jack Welch perguntava a si próprio: «O que é preciso fazer *agora*?» e, de todas as vezes, descobria uma nova e diferente prioridade.

Mas Welch pensava também noutra questão antes de decidir onde concentrar os seus esforços durante os cinco anos seguintes. Perguntava a si mesmo em relação a qual das duas ou três tarefas do topo da lista ele estaria melhor preparado. Depois, concentrava-se nessa tarefa; as outras, delegava. Os executivos eficazes tentam focar-se em tarefas que fazem especialmente bem. Sabem que as empresas têm um bom desempenho se a gestão de topo o tiver – e que não o têm se a gestão de topo não o tiver.

A segunda prática dos executivos eficazes – tão importante como a primeira – é perguntar: «Será esta a coisa certa para a empresa?» Não perguntam se está certo para os donos, o mercado, os empregados, ou os executivos. Claro que sabem que os acionistas, os trabalhadores e os executivos são partes interessadas importantes que têm de apoiar a decisão, ou pelo menos concordar com ela, para que a escolha se torne efetiva. Sabem que o preço das ações é importante não apenas para os acionistas mas também para a empresa, uma vez que o rácio preço/lucro estabelece o custo do capital. Mas sabem também que uma decisão que não seja a adequada para a empresa acabará por não ser também a certa para nenhum dos interessados.

A segunda prática é especialmente importante para os executivos numa empresa familiar ou gerida familiarmente – a maioria dos empreendimentos em todos os países – em particular quando tomam decisões acerca das pessoas. Numa empresa familiar de sucesso, um familiar só é promovido se for mensuravelmente superior a todos os não-familiares do mesmo nível. Na DuPont, por exemplo, todos os gestores de topo (exceto o fiscal e o advogado) eram membros da família durante os primeiros anos, quando a empresa era gerida como uma empresa familiar. Todos os descendentes masculinos dos fundadores tinham direito a empregos ao nível mais baixo na empresa. Para além deste nível de entrada, um membro da família só era promovido se um painel composto sobretudo por membros não-familiares julgasse que essa pessoa fosse superior na capacidade e no desempenho a todos os outros funcionários do mesmo nível. A mesma regra foi observada durante um século na altamente bem-sucedida empresa familiar britânica J. Lyons & Company (agora parte de um grande conglomerado), quando dominou as indústrias britânicas alimentares e hoteleiras.

Perguntar «O que está certo para a empresa?» não garante que seja tomada a decisão correta. Mesmo o mais brilhante dos executivos é humano e, portanto, sujeito a erros e preconceitos. Mas não colocar a questão garante virtualmente a decisão *errada*.

Escreva um plano de ação

Os executivos são realizadores; executam. O conhecimento é inútil para os executivos até ser traduzido em atos. Mas, antes de saltar para a ação, o executivo tem de planear o seu curso. Precisa de pensar acerca dos resultados desejados, das prováveis limitações, das futuras revisões, dos pontos de verificação e das implicações sobre como empregará o seu tempo.

Primeiro, o executivo define os resultados desejados perguntando: «Que contributos deverá a empresa esperar de mim durante os próximos 18 meses a dois anos? Com que resultados me comprometerei? Com que prazos?» Depois, considera as limitações à ação: «Esta linha de ação é ética? É aceitável no interior da organização? É legal? É compatível com a missão, os valores e as políticas da organização?» As respostas afirmativas não garantem que a ação será eficaz. Mas violar estas limitações é com certeza torná-la errada e ineficaz.

O plano de ação é mais uma declaração de intenções do que um compromisso. Não deverá tornar-se um colete de forças. Deverá ser frequentemente revisto, pois o seu próprio sucesso cria novas oportunidades. Tal como todos os fracassos. O mesmo se aplica às mudanças no ambiente dos negócios, ao mercado e, especialmente, às pessoas no interior da empresa – todas estas mudanças exigem que o plano seja revisto. Um plano escrito deverá antecipar a necessidade de flexibilidade.

Para além disso, o plano de ação precisa de criar um sistema de verificação dos resultados em relação às expetativas. Os executivos eficazes normalmente incluem duas dessas verificações nos seus planos de ação. A primeira surge a meio do período de tempo do plano; por exemplo, aos nove meses. A segunda ocorre no final, antes de o próximo plano de ação ser concebido.

Por fim, o plano de ação tem de tornar-se a base da gestão do tempo do executivo. O tempo é o recurso mais escasso e precioso do executivo. E as organizações – quer sejam departamentos governamentais, empresas, ou organizações não-lucrativas – são, inerentemente, desperdiçadoras de tempo. O plano de ação só será útil se lhe for permitido determinar a forma como o executivo empregará o seu tempo.

Supostamente, Napoleão terá dito que nenhuma batalha bem-sucedida alguma vez seguiu o seu plano. Contudo, Napoleão também planeou cada uma das suas batalhas, muito mais meticulosamente do que qualquer general antes dele. Sem um plano de ação, o executivo torna-se prisioneiro dos acontecimentos. E, sem verificações para reexaminar o plano à medida que os acontecimentos ocorrem, o executivo não tem maneira de saber quais os acontecimentos que realmente importam e quais não passam de ruído.

Agir

Quando traduzem os planos em ação, os executivos têm de prestar particular atenção à tomada de decisão, à comunicação, às oportunidades (em oposição aos problemas) e às reuniões. Considerarei um ponto de cada vez.

Assumir a responsabilidade pelas decisões

Uma decisão não está tomada até que as pessoas saibam:

- o nome da pessoa responsável pela execução;
- o prazo;
- os nomes das pessoas que serão afetadas pela decisão e, portanto, que tenham de conhecê-la, compreendê-la e aprová-la – ou, pelo menos, não se lhe oporem fortemente – e
- os nomes das pessoas que têm de ser informadas da decisão, mesmo que não sejam diretamente afetadas por ela.

Um extraordinário número de decisões organizacionais tem problemas porque as bases não estão cobertas. Um dos meus clientes, há 30 anos, perdeu a sua posição de liderança num mercado japonês de rápido crescimento porque a empresa, depois de ter decidido um empreendimento conjunto com um sócio japonês, nunca tornou claro quem deveria informar os agentes da compra que o parceiro definira as suas especificações em metros e quilogramas em vez de pés e libras – e nunca ninguém transmitiu a informação.

A revisão periódica das decisões tem tanta importância – numa altura que tenha sido acordada antecipadamente – como fazê-la logo à partida cuidadosamente. Dessa forma, uma má decisão pode ser corrigida antes de produzir verdadeiros danos. Estas revisões poderão cobrir tudo, desde os resultados até aos pressupostos em que a decisão assentou.

Esta revisão é especialmente importante para a mais crucial e difícil de todas as decisões – as de contratar e promover pessoas. Os estudos acerca da decisão sobre as pessoas mostram que apenas um terço dessas opções resultam num verdadeiro sucesso. Outro terço é neutro – nem sucessos nem fracassos declarados. E o outro terço são fracassos, puros e simples. Os executivos eficazes sabem isto e verificam (seis a nove meses depois) os resultados das decisões sobre o seu pessoal. Se veem que uma decisão não teve os resultados desejados, não concluem que a pessoa em causa ainda não teve o desempenho desejado. Concluem, em vez disso, que eles próprios cometeram um erro. Numa empresa bem gerida, compreende-se que as pessoas que falham numa nova tarefa, em especial após uma promoção, poderão não ser as que devem ser censuradas.

Os executivos devem também à organização e aos seus colegas não tolerarem indivíduos com mau desempenho em cargos importantes. Poderá não ser culpa dos empregados o seu baixo desempenho, mas, mesmo assim, terão de ser afastados. As pessoas que falharam numa nova tarefa deverão ter a opção de regressar a uma tarefa com o seu antigo nível e salário. Esta opção raramente é exercida; essas pessoas, em regra, saem voluntariamente, pelo menos quando as suas empregadoras são empresas dos EUA. Mas a própria existência da opção poderá ter um efeito poderoso, encorajando as pessoas a deixarem cargos seguros e confortáveis e a assumirem tarefas arriscadas. O desempenho da organização depende da vontade dos empregados para realizarem essas mudanças.

Uma revisão sistemática das decisões poderá ser também uma poderosa ferramenta para o autodesenvolvimento. Contrapor os resultados de uma decisão às suas expetativas mostra aos executivos quais são os seus pontos fortes, onde precisam de melhorar e onde lhes falta conhecimento ou informação. Mostra-lhes os seus erros de perspetiva. Muito frequentemente, mostra-lhes que as suas decisões não produziram resultados porque eles não colocaram as pessoas certas nos cargos. Nomear as melhores pessoas para as posições certas é uma tarefa crucial e difícil que muitos executivos menosprezam, em parte porque as melhores pessoas estão já muito atarefadas. A revisão sistemática da decisão mostra também aos executivos as suas próprias fraquezas, em particular as áreas em que são simplesmente incompetentes. Nestas áreas, os executivos inteligentes não tomam decisões nem realizam ações. Delegam. Todos têm áreas em que são assim; um génio executivo universal não existe.

A maioria das discussões sobre a tomada de decisão assume que apenas os executivos seniores tomam decisões, ou que apenas as decisões dos executivos seniores têm importância. Este é um erro perigoso. As decisões são tomadas a todos os níveis da organização, a começar pelos contribuidores profissionais individuais e pelos supervisores da linha da frente. Estas decisões aparentemente de baixo nível são extremamente importantes numa organização alicerçada no conhecimento. É suposto os trabalhadores com conhecimento saberem mais sobre as suas áreas de especialização – por exemplo, contabilidade – do que todos os outros, por isso as suas decisões terão provavelmente impacto em toda a empresa. Tomar boas decisões é uma capacidade crucial a qualquer nível. Tem de ser explicitamente ensinada a toda a gente nas organizações baseadas no conhecimento.

Assumir a responsabilidade pela comunicação

Os executivos eficazes certificam-se de que tanto os seus planos de ação como as suas necessidades de informação são bem compreendidos. Especificamente, isto significa que partilham os seus planos e pedem comentários a todos os seus colegas – superiores, subordinados e iguais. Ao mesmo tempo, fazem com que cada pessoa conheça a informação de que precisa para realizar a tarefa. O fluxo de informação do subordinado ao chefe é normalmente aquele que merece maior atenção. Mas os executivos têm de prestar igual atenção às necessidades de informação dos iguais e dos superiores.

Todos sabemos, graças ao clássico de Chester Barnard, de 1938, *The Functions of the Executive*, que as organizações são mantidas coesas mais através da informação do que da propriedade ou do comando. Mesmo assim, demasiados executivos comportam-se como se a informação e o seu fluxo fossem tarefa de um especialista em informação – por exemplo, o contabilista. Em resultado disso, recebem uma enorme quantidade de dados de que não precisam e que não podem utilizar, mas pouca informação da que realmente precisam. A melhor forma de contornar este problema é cada executivo identificar a informação de que precisa, pedi-la e insistir até que a obtenha.

Foco nas oportunidades

Os bons executivos focam-se mais nas oportunidades do que nos problemas. Os problemas têm de ser resolvidos, claro; não devem ser varridos para debaixo do tapete. Mas a resolução de problemas, por muito que seja necessária, não produz resultados. Previne danos. A exploração de oportunidades produz resultados.

Acima de tudo, os executivos eficazes veem a mudança como uma oportunidade e não como uma ameaça. Procuram sistematicamente as mudanças, dentro e fora da corporação, e perguntam: «Como poderemos explorar esta mudança como uma oportunidade para a nossa empresa?» Especificamente, os executivos perscrutam estas sete situações à procura de oportunidades:

- um sucesso ou um fracasso inesperado na sua própria empresa, numa empresa concorrente, ou na sua área de atividade;
- um fosso entre aquilo que existe e aquilo que poderia existir num mercado, num processo, num produto, ou num serviço (por exemplo, no século XIX, a indústria do papel concentrava-se em 10% de cada árvore, que se tornava em pasta de madeira, e negligenciava totalmente as possibilidades dos restantes 90%, que se tornavam desperdício);
- a inovação num processo, produto, ou serviço, quer no interior quer no exterior da empresa, ou na área de atividade;
- mudanças na estrutura da área de atividade e na estrutura do mercado;
- demografia;
- mudanças na predisposição mental, nos valores, na perceção, no humor, ou no significado; e
- um novo conhecimento ou uma nova tecnologia.

Os executivos eficazes asseguram-se também de que os problemas não esmagam as oportunidades. Na maioria das empresas, a primeira página do relatório mensal da gestão lista problemas essenciais. É muito mais sensato listar as oportunidades na primeira página e deixar os problemas para a segunda. A menos que haja uma verdadeira catástrofe, os problemas não são discutidos nas reuniões de gestão até que as oportunidades tenham sido analisadas e devidamente tratadas.

A distribuição de tarefas é outro aspeto importante de estar focado nas oportunidades. Os executivos eficazes colocam as suas melhores pessoas nas oportunidades e não nos problemas. Uma das formas de distribuir tarefas segundo as oportunidades é pedindo a cada membro do grupo de gestão que prepare duas listas de seis em seis meses – uma lista de oportunidades para toda a empresa e uma lista das pessoas com melhor desempenho em toda a empresa. Estas são discutidas, depois fundidas em duas listas principais e as melhores pessoas são cruzadas com as melhores oportunidades. No Japão, a propósito, este cruzamento é considerado uma das principais tarefas dos recursos humanos numa grande corporação ou num departamento governamental; esta prática é uma das principais forças do mundo empresarial japonês.

Tornar as reuniões produtivas

O executivo não-governamental mais visível, poderoso e, possivelmente, mais eficaz da América da Segunda Guerra Mundial não foi um homem de negócios. Foi o Cardeal Francis Spellman, diretor da Arquidiocese Católica Romana de Nova Iorque e conselheiro de vários presidentes dos EUA. Quando Spellman se encarregou dela, a diocese estava falida e totalmente desmoralizada. O seu sucessor herdou a posição de liderança na igreja católica americana. Spellman dizia frequentemente que, durante as suas horas de vigília, apenas estava só duas vezes por dia, durante 25 minutos de cada vez: quando dizia missa na sua capela privada, depois de se levantar de manhã, e quando dizia as suas orações da noite, antes de se deitar. De resto, estava sempre reunido com pessoas, começando ao pequeno-almoço com uma organização católica e acabando ao jantar com outra.

Os executivos de topo não estão tão aprisionados como o arcebispo de uma grande diocese católica. Mas todos os estudos do dia de trabalho dos executivos verificaram que mesmo os executivos juniores e os profissionais estão com outras pessoas – ou seja, numa qualquer espécie de reunião – mais de metade do seu dia de trabalho. As únicas exceções são alguns investigadores seniores. Mesmo uma conversa com apenas outra pessoa é uma reunião. Portanto, se quiserem ser eficazes, os executivos têm de tornar as reuniões produtivas. Terão de se assegurar de que as reuniões são sessões de trabalho e não sessões de conversa mole.

A chave para dirigir uma reunião eficaz é decidir antecipadamente que tipo de reunião será. Diferentes tipos de reunião exigem diferentes formas de preparação e diferentes resultados:

Uma reunião para preparar um depoimento, um anúncio, ou uma declaração à imprensa. Para que seja produtiva, um dos membros terá de preparar um esboço. No final da reunião, um membro previamente designado terá de tomar a responsabilidade pela disseminação do texto final.

Uma reunião para fazer um anúncio – por exemplo, uma mudança organizacional. Esta reunião deverá estar confinada ao anúncio e à sua discussão.

Uma reunião em que um dos membros relata. Apenas o relatório deverá ser discutido.

Uma reunião em que vários ou todos os membros relatam. Ou não deverá haver qualquer discussão, ou a discussão deverá ser limitada às perguntas de clarificação. Alternativamente, para cada relatório deverá haver uma curta discussão em que todos os participantes poderão fazer perguntas. Se for este o formato, o relatório deverá ser distribuído a todos os participantes muito antes da reunião. Neste tipo de reunião, cada relatório deverá ser limitado a um tempo pré-estabelecido – por exemplo, 15 minutos.

Uma reunião para informar o executivo que a convocou. O executivo deverá ouvir e colocar perguntas. Deverá fazer a síntese mas não uma exposição.

Uma reunião cuja única função é permitir a todos os participantes estarem na presença do executivo. As reuniões do Cardeal Spellman durante o pequeno-almoço e o jantar eram desse género. Não há forma de tornar essas reuniões produtivas. São os ossos do ofício. Os executivos seniores são eficazes na medida em que consigam evitar que essas reuniões invadam o seu dia de trabalho. Spellman, por exemplo, era eficaz em grande parte porque confinava essas reuniões ao pequeno-almoço e ao jantar e mantinha o resto do seu dia livre delas.

Tornar uma reunião produtiva requer bastante autodisciplina. Exige que os executivos determinem que tipo de reunião é apropriada e, em seguida, que respeitem esse formato. É também necessário acabar a reunião assim que o seu objetivo específico tenha sido alcançado. Os bons executivos não levantam uma nova questão para ser discutida. Fazem a síntese e terminam.

Um bom seguimento é tão importante como a própria reunião. O grande mestre do seguimento foi Alfred Sloan, o executivo do mundo dos negócios mais eficaz que eu jamais conheci. Sloan, que chefiou a General Motors desde a década de 20 à de 50 do século XX, passava a maior parte dos seus seis dias de trabalho por semana em reuniões – três dias por semana em reuniões de comissão formais com membros designados e os outros três dias em reuniões *ad hoc* com executivos individuais da GM, ou com pequenos grupos de executivos. No início de uma reunião formal, Sloan anunciava o objetivo da reunião. Depois, escutava. Nunca tomava apontamentos e raramente falava, exceto para clarificar algum ponto confuso. No final, fazia a síntese, agradecia aos presentes e ia-se embora. Depois, escrevia de imediato uma curta nota dirigida a um dos participantes na reunião. Nessa nota, sintetizava a discussão e as suas conclusões e descrevia todas as tarefas decididas durante a reunião (incluindo a decisão de convocar nova reunião sobre a matéria ou o estudo em questão). Especificava o prazo e o executivo responsável pela tarefa. Enviava uma cópia da nota a todos que tinham estado presentes na reunião. Foi através destas notas – cada uma uma pequena obra-de-arte – que Sloan se tornou um executivo extraordinariamente eficaz.

Os executivos eficazes sabem que qualquer reunião em particular ou é produtiva, ou então uma pura perda de tempo.

Pensar e dizer «Nós»

A última prática é esta: não dizer nem pensar «eu». Pense e diga «nós». Os executivos eficazes sabem que têm a derradeira responsabilidade, que não pode ser nem partilhada nem delegada. Mas têm autoridade apenas porque têm a confiança da organização. Isto significa que pensam nas necessidades e nas oportunidades da organização antes de pensarem nas suas próprias necessidades e oportunidades. Isto poderá parecer simples; mas não é e tem de ser estritamente observado.

Acabámos de examinar oito práticas dos executivos eficazes. Vou acrescentar uma final, uma prática de bónus. Esta é tão importante que vou elevá-la ao nível de uma regra: *Oiçam primeiro e falem em último lugar.*

Os executivos eficazes diferem largamente nas suas personalidades, forças, fraquezas, valores e crenças. Todos têm em comum fazer com que as coisas certas sejam feitas. Alguns nasceram eficazes. Mas a exigência é demasiado grande para ser satisfeita com um talento extraordinário. A eficácia é uma disciplina. E, como todas as disciplinas, a eficácia *pode* ser aprendida e *deve* ser adquirida.

Originalmente publicado em junho de 2004. Reimpressão R04001H

O que os líderes realmente fazem

por John P. Kotter

A **LIDERANÇA É DIFERENTE DA GESTÃO**, mas não pelas razões que a maioria pensa. A liderança não é mística nem misteriosa. Não tem nada que ver com ter «carisma» ou quaisquer outros traços exóticos da personalidade. Não é o território de alguns eleitos. Nem a liderança é sequer necessariamente melhor do que a gestão ou um seu substituto.

Pelo contrário, a liderança e a gestão são dois sistemas de ação distintos e complementares. Cada uma tem a sua função e as suas atividades características. Ambas são necessárias para o sucesso num mundo dos negócios cada vez mais complexo e volátil.

A maioria das corporações dos EUA, hoje em dia, tem excesso de gestão e défice de liderança. Precisam de desenvolver a sua capacidade para exercer a liderança. As corporações bem-sucedidas não esperam por que os líderes surjam. Procuram ativamente pessoas com potencial de liderança e expõem-nas a experiências de carreira concebidas para desenvolver esse potencial. Na verdade, com uma seleção cuidadosa, apoio e encorajamento, dezenas de

Em resumo

A mais perniciosa das meias--verdades acerca da liderança é que é apenas uma questão de carisma e de visão – ou se tem, ou não se tem. A realidade é que as capacidades de liderança não são inatas. Podem ser adquiridas e aperfeiçoadas. Mas, antes, é preciso ter em conta como se distinguem das capacidades de gestão.

A gestão trata de lidar com a *complexidade*; dá ordem e previsibilidade a uma situação. Mas isso já não chega – para terem sucesso, as empresas têm de ser capazes de se adaptar à mudança. A liderança, portanto, é sobre aprender a lidar com uma rápida *mudança*.

Como é que esta distinção se manifesta?

- A gestão envolve o planeamento e a orçamentação. A liderança envolve o estabelecimento da direção.
- A gestão envolve a organização e o pessoal. A liderança envolve o alinhamento das pessoas.
- A gestão fornece controlo e resolve problemas. A liderança fornece a motivação.

pessoas podem desempenhar importantes papéis de liderança numa organização empresarial.

Mas, ao mesmo tempo que aumentam a sua capacidade de liderança, as empresas têm de recordar que uma liderança forte com uma gestão fraca não é melhor, e por vezes é ainda pior, do que o contrário. O verdadeiro desafio é combinar uma forte liderança e uma forte gestão e usar cada uma delas para equilibrar a outra.

Claro que nem todos poderão ser bons ao mesmo tempo a liderar e a gerir. Algumas pessoas têm a capacidade de se tornar excelentes gestores, mas não líderes fortes. Outros têm o potencial para a liderança, mas, por uma variedade de razões, têm grande dificuldade em se tornar gestores fortes. As empresas inteligentes valorizam ambos os tipos de pessoas e esforçam-se por torná-las partes da equipa.

Mas, quando se trata de preparar pessoas para tarefas executivas, essas empresas ignoram acertadamente a literatura recente que diz que as pessoas não podem gerir *e* liderar. Tentam desenvolver líderes-gestores. Depois de as empresas terem compreendido a diferença fundamental entre liderança e gestão, poderão começar a preparar o seu pessoal de topo para que exerça as duas.

A diferença entre gestão e liderança

A gestão é sobre lidar com a complexidade. As suas práticas e os seus procedimentos são em grande parte uma resposta a um dos desenvolvimentos mais significativos do século XX: o surgimento de grandes organizações. Sem uma boa gestão, as empresas complexas tendem a tornar-se caóticas de maneiras que ameaçam a sua própria existência. Uma boa gestão fornece um grau de ordem e consistência a dimensões essenciais, como a qualidade e a rendibilidade dos produtos.

A liderança, em contrapartida, trata de lidar com a mudança. Parte da razão pela qual se tornou tão importante nos últimos anos reside no facto de o mundo dos negócios se ter tornado mais competitivo e mais volátil. Uma mudança tecnológica mais rápida, uma maior concorrência internacional, a desregulação dos mercados, a capacidade excessiva das indústrias de capital intensivo, um cartel do petróleo instável, incursões com «*junk bonds*» e a mutável demografia da força de trabalho encontram-se entre os muitos fatores que contribuíram para esta viragem. O resultado final é que fazer-se o que se fazia ontem, ou fazê-lo 5% melhor, já não é uma fórmula para o sucesso. Mudanças decisivas são cada vez mais necessárias para sobreviver e competir eficazmente neste novo ambiente. Maior mudança exige sempre maior liderança.

Consideremos uma simples analogia militar: um exército em tempo de paz consegue em geral sobreviver com boa administração e gestão através da hierarquia, juntamente com boa liderança concentrada no topo. Contudo, um exército em tempo de guerra

Na prática

A gestão e a liderança envolvem ambas decidir aquilo que é preciso fazer, criando redes de pessoas que realizem a agenda e assegurando que o trabalho é realmente feito. O seu trabalho é complementar, mas cada sistema de ação aborda as tarefas de formas diferentes.

1. Planeamento e orçamentação *versus* estabelecimento da direção. O objetivo da gestão é a previsibilidade – resultados ordenados. Estabelecer a direção dessa mudança, contudo, é uma tarefa essencial. Não há nada de místico nesta tarefa, mas é mais indutiva do que o planeamento e a orçamentação. Envolve a procura de padrões e relações. E não produz planos detalhados; em vez disso, o estabelecimento da direção resulta em visões e nas estratégias abrangentes para alcançá-las.

Exemplo: Nas atividades estabelecidas, a concorrência crescente em geral impede o crescimento. Mas, na American Express, Lou Gerstner travou esta tendência, construindo com sucesso a visão de uma empresa dinâmica.

A nova direção que ele estabeleceu não era apenas um esquema vistoso – era o resultado da colocação de questões fundamentais acerca do mercado e das forças da concorrência.

precisa de uma liderança competente a todos os níveis. Nunca ninguém descobriu ainda como gerir as pessoas eficazmente no campo de batalha – precisam de ser lideradas.

Estas duas funções diferentes – lidar com a complexidade e lidar com a mudança – moldam as atividades características da gestão e da liderança. Cada sistema de ação envolve a decisão acerca daquilo que tem de ser feito, criando redes de pessoas e de relações que possam cumprir uma agenda e, depois, tentando assegurar que essas pessoas realizam de facto a missão. Mas cada uma executa estas três tarefas de formas diferentes.

2. Organização e pessoal *versus* alinhamento das pessoas. Os gestores procuram o encaixe perfeito entre as pessoas e as tarefas. Isto é essencialmente um problema de conceção: criar sistemas que assegurem que os planos sejam implementados com precisão e eficácia. Os líderes, contudo, procuram o encaixe perfeito entre as pessoas e a visão. É sobretudo um problema de comunicação. É preciso conseguir que um grande número de pessoas, dentro e fora da empresa, acredite primeiro num futuro alternativo – e depois tome a iniciativa com base nessa visão partilhada.

3. Controlar atividades e resolver problemas *versus* motivação e inspiração. A gestão esforça-se para que seja fácil para as pessoas executarem tarefas rotineiras dia após dia. Mas, dado que uma elevada energia é essencial para suplantar os obstáculos à mudança, os líderes tentam tocar as pessoas ao seu nível mais profundo – despertando nelas um sentimento de pertença, de idealismo e de autoestima.

Exemplo: Na divisão de produtos de papel da Procter & Gamble, Richard Nicolosi realçou a mensagem de que «cada um de nós é um líder», fazendo descer a responsabilidade até equipas recentemente formadas. Uma atitude empreendedora criou raízes e os lucros dispararam.

As empresas gerem a complexidade, em primeiro lugar, *pelo planeamento e pela orçamentação* – estabelecendo alvos ou objetivos para o futuro (em geral, para o mês ou para o ano seguinte), estabelecendo passos pormenorizados para alcançar esses objetivos e, em seguida, alocando recursos para a realização desses planos. Em contrapartida, liderar uma organização para uma mudança construtiva começa pelo *estabelecimento de uma direção* – desenvolvendo uma visão do futuro (frequentemente, do futuro distante), juntamente com estratégias que produzam as mudanças necessárias para alcançar essa visão.

A gestão desenvolve a capacidade de cumprir o seu plano através *da organização e do pessoal* – criando uma estrutura organizacional e um conjunto de cargos para cumprir as exigências do plano, preenchendo os cargos com indivíduos qualificados, comunicando o plano a essas pessoas, delegando a responsabilidade para a execução do plano e concebendo sistemas para monitorizar a implementação. A atividade de liderança equivalente, contudo, é *alinhar as pessoas*. Isto significa comunicar a nova direção àqueles que podem criar coligações que compreendam a visão e estejam empenhados na sua realização.

Por fim, a gestão assegura as execuções do plano através *do controlo e da solução de problemas* – monitorizando os resultados em relação ao plano com algum pormenor, tanto formal como informalmente, através de relatórios, reuniões e outros instrumentos; identificando desvios; e, depois, planeando e organizando para resolver os problemas. Mas, para a liderança, concretizar uma visão exige *motivar e inspirar* – manter as pessoas a moverem-se na direção certa, apesar dos grandes obstáculos à mudança, apelando a necessidades, valores e emoções humanas básicas, mas frequentemente ignoradas.

Um exame mais próximo de cada uma destas atividades ajudará a esclarecer as capacidades de que um líder precisa.

Estabelecimento de uma direção *versus* planeamento e orçamentação

Dado que a função da liderança é produzir mudança, estabelecer a direção dessa mudança é fundamental para a liderança. Estabelecer a direção nunca é o mesmo que planear, nem sequer que o planeamento a longo prazo, embora as pessoas confundam frequentemente as duas. O planeamento é um processo de gestão, dedutivo por natureza e concebido para produzir resultados ordenados e não a mudança. O estabelecimento da direção é mais indutivo. Os líderes reúnem um leque alargado de dados e procuram padrões, relações e ligações que ajudem a explicar as coisas. Mais importante, a vertente da liderança que estabelece a direção não produz planos; cria visão e estratégias. Estas descrevem um negócio, uma tecnologia, ou uma cultura empresarial em termos daquilo em que se transformará a longo prazo e articulam uma forma confiável de atingir esse objetivo.

A maioria das discussões acerca da visão tem tendência para resvalar para o místico. A implicação é a de que uma visão é algo de misterioso que os simples mortais, mesmo os talentosos, nunca poderão esperar atingir. Mas desenvolver uma boa direção para os negócios não é um passe de magia. É um processo duro, por vezes extenuante, de reunir e analisar informação. As pessoas que articulam essas visões não são magos, mas pensadores com uma base estratégica abrangente, dispostos a assumir riscos.

Nem sequer as visões e as estratégias têm de ser brilhantemente inovadoras; de facto, a maior parte não é. As visões eficazes de negócios têm habitualmente uma qualidade quase vulgar, consistindo geralmente em ideias já bem conhecidas. A combinação particular ou a esquematização das ideias poderão ser novas, mas por vezes nem isso.

Por exemplo, quando o diretor executivo Jan Carlzon articulou a sua visão para tornar a Scandinavian Airlines System (SAS) a melhor linha aérea do mundo para o viajante de negócios frequente, não estava a dizer nada que toda a gente da indústria aeronáutica não soubesse já. Os viajantes de negócios viajam mais consistentemente do que quaisquer outros segmentos de mercado e estão em geral dispostos a pagar tarifas mais elevadas. Assim, o foco nos viajantes de negócios oferece a uma linha aérea a possibilidade de margens elevadas, de um negócio estável e de um crescimento considerável. Mas, numa indústria conhecida mais pela burocracia do que pela visão, nenhuma empresa juntara antes estas ideias e se dedicara a implementá-las. A SAS fê-lo e resultou.

O que é crucial numa visão não é a originalidade mas em que medida serve os interesses das pessoas envolvidas que mais importam – os clientes, os acionistas, os empregados – e a que ponto poderá ser traduzida com facilidade numa estratégia competitiva realista. As más visões tendem a ignorar as necessidades e os direitos legítimos de partes interessadas importantes – favorecendo, por exemplo, os

Alinhar as pessoas: Chuck Trowbridge e Bob Crandall na Eastman Kodak

A EASTMAN KODAK ENTROU NO NEGÓCIO das fotocópias no início da década de 70, concentrando-se em máquinas tecnicamente sofisticadas, que se vendiam, em média, a 60 000 dólares cada. Durante a década seguinte, o negócio cresceu para quase 100 000 milhões de dólares em receitas. Mas os custos eram elevados, os lucros eram difíceis de obter e havia problemas quase por todo o lado. Em 1984, a Kodak teve de amortizar 40 milhões de dólares em inventário. A maioria das pessoas na empresa sabia que existiam problemas, mas não chegavam a acordo sobre a solução. Então, nos seus primeiros dois meses como diretor da gestão do novo grupo de produtos de cópia, estabelecido em 1984, Chuck Trowbridge reuniu-se com quase todas as pessoas importantes dentro do seu grupo, bem como com outras pessoas da Kodak que poderiam ser importantes para o negócio das fotocópias. Uma área especialmente crucial era a organização da engenharia e do fabrico, chefiada por Bob Crandall.

A visão de Trowbridge e de Crandall para a engenharia e o fabrico era simples: tornarem-se numa operação de fabrico de classe mundial e criar uma organização menos burocrática e mais descentralizada. Contudo, esta mensagem era difícil de transmitir por constituir um corte radical das anteriores comunicações, não apenas nos produtos de cópia, mas através da maioria da Kodak. Assim, Crandall instalou dezenas de veículos para sublinhar a nova direção e alinhar as pessoas com ela: reuniões semanais com os seus 12 relatores diretos; «fóruns de produtos de cópia» mensais em que um diferente empregado de cada um dos seus departamentos se reuniria com ele como grupo; discussões das recentes melhorias e dos novos projetos para conseguirem ainda melhores resultados; e reuniões do «Estado de Departamento» trimestrais, onde os seus gestores se reuniam com toda a gente nos seus próprios departamentos.

Uma vez por mês, Crandall e aqueles que respondiam diretamente perante ele reuniam-se também com 80 a 100 pessoas de determinada área da sua organização para discutirem tudo o que quisessem. Para alinhar o seu maior fornecedor – a Divisão de Aparelhos Kodak, que fornecia um terço das peças usadas no *design* e no fabrico – ele e os seus gestores encontravam-se com a gestão de topo desse grupo durante o almoço, todas as quintas-feiras. Mais tarde, criou um formato chamado «reuniões de negócios», onde os seus gestores se reuniam com 12 a 20 pessoas sobre um tópico específico, como o inventário ou a calendarização geral. O objetivo: envolver todos os seus 1500 empregados em pelo menos uma destas reuniões de negócios específicas todos os anos.

Trowbridge e Crandall recorreram também à informação escrita para a sua causa. Uma «Revista dos Produtos de Cópia», com quatro a oito páginas, era enviada aos empregados uma vez por mês. Um programa chamado «Cartas de Diálogo» dava aos empregados a oportunidade de colocarem anonimamente perguntas a Crandall e aos seus gestores de topo, que eram garantidamente respondidas. Mas as comunicações escritas mais visíveis e poderosas eram os gráficos. Num átrio principal próximo da cafetaria, estes enormes gráficos traduziam com vivacidade a qualidade, o custo e os resultados das entregas para cada produto, medidos em relação a objetivos difíceis de atingir. Uma centena de versões mais reduzidas destes gráficos eram distribuídas pela área de fabrico, apresentando níveis de qualidade e custos para grupos de trabalho específicos.

Os resultados deste processo de alinhamento intensivo começaram a surgir passados seis meses e vieram ainda mais a superfície após um ano. Estes sucessos tornaram a mensagem mais credível e ajudaram a trazer mais pessoas para bordo. Entre 1984 e 1988, a qualidade numa das principais linhas de produção aumentou quase 100 vezes. Os defeitos por unidade passaram de 30 para 0,3. Num período de três anos, os custos de uma outra linha de produção caíram quase 24%. As entregas dentro do prazo aumentaram de 82% em 1985 para 95% em 1987. Os níveis de inventário caíram mais de 50% entre 1984 e 1988, apesar de o volume de produtos aumentar. E a produtividade, medida em unidades por empregado de fábrica, mais do que duplicou entre 1985 e 1988.

Estabelecer uma direção: Lou Gerstner na American Express

QUANDO LOU GERSTNER SE TORNOU PRESIDENTE dos Travel Related Services (TRS), filial da American Express, em 1979, a unidade enfrentava um dos seus maiores desafios na história de 130 anos da AmEx: centenas de bancos a oferecerem ou a planearem introduzir cartões de crédito através do Visa e do MasterCard que competiriam com o cartão da American Express. E mais de duas dúzias de empresas de serviços financeiros estavam a chegar ao negócio dos *traveler's checks*. Num mercado maduro, este aumento da competição reduz em geral as margens e proíbe o crescimento.

Mas não era assim que Gerstner entendia o negócio. Antes de se juntar à American Express, passara cinco anos como consultor da TRS, analisando a divisão deficitária dos *traveler's checks* e a operação dos cartões, cada vez mais competitiva. Gerstner e a sua equipa colocaram perguntas fundamentais acerca da economia, do mercado e da competição e desenvolveram uma profunda compreensão do negócio. Durante este processo, começou a construir uma visão da TRS que não tinha qualquer semelhança com uma empresa de 130 anos numa indústria madura.

Gerstner achava que a TRS tinha o potencial para se transformar numa empresa dinâmica e em crescimento, apesar da agressiva competição da Visa e da MasterCard, através de milhares de bancos. A chave era focarem-se no mercado global e, especificamente, nos clientes relativamente abastados que a American Express tradicionalmente servia com produtos de gama alta. Segmentando mais este mercado, desenvolvendo agressivamente um largo leque de novos produtos e serviços e investindo para aumentar a produtividade e baixar os preços, a TRS poderia fornecer o melhor serviço possível a clientes com rendimentos suficientemente altos para comprarem mais serviços à TRS do que anteriormente.

Após uma semana da sua nomeação, Gerstner reuniu as pessoas que dirigiam a organização dos cartões e questionou todos os princípios pelos quais conduziam a sua atividade. Em particular, pôs em causa duas crenças largamente partilhadas – que a divisão deveria ter apenas um produto, o cartão verde, e que esse produto era limitado no seu potencial de crescimento e inovação.

Gerstner tratou também rapidamente de desenvolver uma cultura mais empreendedora, de contratar e formar pessoas que floresceriam nela e de lhes comunicar claramente a direção geral. Ele e outros gestores de topo recompensavam a tomada de risco inteligente. Para tornar o empreendedorismo mais fácil, desencorajaram a burocracia desnecessária. Elevaram também os padrões de contratação e criaram o TRS Graduate Management Program, que oferecia a jovens de elevado potencial uma formação especial, um enriquecido conjunto de experiências e um invulgar nível de convívio com a gestão de topo. Para encorajar a tomada de risco entre todos os membros da TRS, Gerstner estabeleceu também algo que se chamava programa Great Performers, para reconhecer e recompensar o serviço ao cliente verdadeiramente excecional, uma referência central na visão da organização.

Estes incentivos conduziram rapidamente a novos mercados, produtos e serviços. A TRS expandiu a sua presença no estrangeiro espetacularmente. Em 1988, os cartões AmEx eram emitidos em 29 moedas (em comparação com 11, uma década antes). A unidade focou-se também agressivamente em dois segmentos de mercado que tinham recebido anteriormente pouca atenção: os estudantes universitários e as mulheres. Em 1981, a TRS combinava as suas capacidades de cartão e serviço de viagens para oferecer aos clientes empresariais um sistema unificado para monitorizar e controlar as despesas de viagem. E, em 1988, a AmEx crescera de modo a tornar-se o quinto maior distribuidor de correio direto nos Estados Unidos.

Outros novos produtos e serviços incluíam seguros de 90 dias em todas as compras feitas com o cartão AmEx, um cartão Platinum American Express e um cartão de crédito flexível conhecido como Optima. Em 1988, a empresa mudou também para uma tecnologia de processamento de imagem para a faturação, produzindo um extrato mensal mais conveniente para os clientes e reduzindo os custos de faturação em 25%.

Em resultado destas inovações, o produto líquido da TRS cresceu uns fenomenais 500% entre 1978 e 1987 – uma taxa anual composta de cerca de 18%. A empresa suplantou muitas das chamadas empresas de alta tecnologia/alto crescimento. Com um retorno sobre a equidade, em 1988, de 28%, ultrapassou também a maioria dos empreendimentos de crescimento lento e alta rendibilidade.

empregados em detrimento dos clientes ou dos acionistas. Ou são estrategicamente frágeis. Quando uma empresa que nunca passou de uma fraca concorrente numa indústria começa subitamente a falar de ser a número um, trata-se de um sonho acordado e não de uma visão.

Um dos erros mais frequentes que as corporações com excesso de gestão e défice de liderança cometem é adotar um planeamento a longo prazo como uma panaceia para a sua falta de direção e incapacidade para se adaptarem a um ambiente de negócios cada vez mais competitivo e dinâmico. Mas esta abordagem comete um erro de interpretação da natureza do estabelecimento de direção e nunca poderá resultar.

O planeamento a longo prazo consome sempre tempo. Sempre que acontece algo de inesperado, os planos têm de ser refeitos. Num ambiente de negócios dinâmico, o inesperado torna-se frequentemente a norma e o planeamento a longo prazo poderá tornar-se uma atividade extremamente pesada. É por isso que a maioria das corporações bem-sucedidas limita o período de tempo das suas atividades de planeamento. Na verdade, algumas consideram mesmo o «planeamento a longo prazo» uma contradição de termos.

Numa empresa sem direção, mesmo o planeamento a curto prazo pode tornar-se um buraco negro capaz de absorver uma infinita quantidade de tempo e energia. Sem uma visão e uma estratégia que forneçam limites em torno do processo de planeamento ou que o guiem, qualquer eventualidade merece um plano. Sob estas circunstâncias, o planeamento de contingências poderá prosseguir indefinidamente, desviando o tempo e a atenção de atividades muito mais essenciais, sem contudo nunca fornecer o claro sentido de direção de que uma empresa precisa desesperadamente. Passado algum tempo, os gestores tornam-se inevitavelmente descrentes e o processo de planeamento poderá degenerar num jogo altamente politizado.

O planeamento funciona melhor não como um substituto do estabelecimento da direção mas como seu complemento. Um processo de planeamento competente serve como uma útil verificação da realidade para as atividades do estabelecimento da direção. Do mesmo modo, um competente processo de estabelecimento da direção fornece um foco no qual o planeamento poderá ser realisticamente executado. Ajuda a clarificar que tipo de planeamento é essencial e que tipo é irrelevante.

Alinhamento das pessoas *versus* organização e pessoal

Uma característica central das organizações modernas é a interdependência, em que ninguém tem uma completa autonomia, em que a maioria dos empregados está ligada a muitos outros pelo trabalho, pela tecnologia, pelos sistemas de gestão e pela hierarquia. Estas ligações apresentam um desafio especial quando as organizações tentam mudar. A menos que muitos indivíduos alinhem e se movam juntos na mesma direção, as pessoas tenderão a cair umas por cima das outras. Para os executivos que têm formação excessiva em gestão e formação deficitária em liderança, a ideia de pôr as pessoas a movimentarem-se na mesma direção parece ser um problema organizacional. Porém, aquilo que os executivos têm de fazer não é organizar as pessoas, mas alinhá-las.

Os gestores «organizam» para criar sistemas humanos que possam implementar planos o mais exata e eficientemente possível. Geralmente, tal exige um número de decisões potencialmente complexas. Uma empresa tem de escolher uma estrutura de tarefas e relações de comunicação, provê-las com indivíduos adequados às funções, fornecer formação para quem dela precise, comunicar planos à força de trabalho e decidir a autoridade que há de delegar e em quem. Os incentivos económicos precisam de ser também constituídos para a realização do plano, bem como sistemas para monitorizar a sua implementação. Estes juízos organizacionais são muito parecidos com decisões arquitetónicas. É uma questão de encaixe no interior de um contexto particular.

O alinhamento é diferente. É mais um desafio de comunicação do que um problema de conceção. O alinhamento envolve invariavelmente falar com muito mais indivíduos do que aquilo a que obriga a organização. A população-alvo pode envolver não apenas os subordinados de um gestor, mas também chefes, colegas, pessoal de outros departamentos da organização, bem como fornecedores, funcionários públicos e mesmo clientes. Qualquer pessoa que possa ajudar a implementar a visão e as estratégias ou que possa bloquear a implementação é relevante.

Tentar que as pessoas compreendam a visão de um futuro alternativo é também um desafio comunicacional de uma magnitude completamente diferente do que realizar um plano a curto prazo. É a mesma coisa que um médio de futebol tentar descrever à sua equipa as próximas duas ou três jogadas, ou tentar descrever-lhe uma abordagem completamente nova ao jogo, a ser usada na segunda metade da temporada.

Quer sejam transmitidas com muitas palavras ou com alguns símbolos cuidadosamente escolhidos, estas mensagens não são necessariamente aceites só pelo facto de terem sido compreendidas. Outro grande desafio nos esforços de liderança é a credibilidade – fazer com que as pessoas acreditem na mensagem. Há muitas coisas que contribuem para a credibilidade: o historial da pessoa que transmite a mensagem, o conteúdo da própria mensagem, a reputação de integridade e confiabilidade do comunicador e a consistência entre as palavras e os atos.

Por fim, o alinhamento conduz ao aumento da partilha do poder de uma forma que a organização raramente consegue. Uma das razões pela qual algumas organizações têm dificuldade em se ajustarem a mudanças rápidas nos mercados ou na tecnologia é muitas pessoas nessas empresas se sentirem relativamente sem poder. Aprenderam com a experiência que, mesmo que percebam corretamente importantes mudanças externas e iniciem as ações adequadas, ficam vulneráveis a alguém que está mais acima que não gosta daquilo que fizeram. As reprimendas podem tomar formas muito diferentes: «Isso vai contra a nossa política», ou «Não temos dinheiro para isso», ou «Cala a boca e faz o que te mandam».

O alinhamento ajuda as pessoas a ultrapassarem este problema dando poder às pessoas pelo menos de duas formas. Primeiro, quando um sentido claro da direção foi comunicado através de uma organização, os empregados dos escalões inferiores podem iniciar ações sem o mesmo grau de vulnerabilidade. Desde que o seu comportamento seja consistente com a visão, os superiores terão maior dificuldade em repreendê-los. Segundo, como toda a gente visa o mesmo objetivo, existe uma menor probabilidade de que a iniciativa de uma pessoa seja entravada quando entra em conflito com a de outra.

Motivação das pessoas *versus* controlo e resolução de problemas

Uma vez que a mudança é uma função da liderança, ser capaz de gerar um comportamento elevadamente enérgico é importante para lidar com as inevitáveis barreiras à mudança. Tal como o estabelecimento da direção identifica uma via adequada para o movimento e tal como um alinhamento eficaz faz com que as pessoas se desloquem ao longo dessa via, a motivação bem-sucedida assegura que terão a energia para ultrapassar os obstáculos.

De acordo com a lógica da gestão, os mecanismos de controlo comparam o sistema comportamental com o plano e entram em ação quando é detetado um desvio. Numa fábrica bem gerida, por exemplo, isto significa que o processo de planeamento constrói uma organização que consegue alcançar esses objetivos e um controlo de processo assegura que os lapsos de qualidade são detetados imediatamente, e não em 30 ou 60 dias, e corrigidos.

Por algumas das mesmas razões que o controlo é tão central para a gestão, o comportamento altamente motivado ou inspirado é quase irrelevante. Os processos de gestão têm de garantir o mais possível a ausência de falhas e de risco. Isso significa que não podem estar dependentes do invulgar, nem ser difíceis de obter. Todo o objetivo dos sistemas e das estruturas é ajudar as pessoas normais que se comportam de forma normal a realizar trabalhos rotineiros com sucesso, dia após dia. Não é excitante nem encantador. Mas é gestão.

Motivar as pessoas: Richard Nicolosi na Procter and Gamble

DURANTE CERCA DE 20 ANOS APÓS A SUA FUNDAÇÃO EM 1956, a divisão de artigos de papel da Procter & Gamble sofreu pouca concorrência em relação aos seus produtos de consumo de alta qualidade, preços razoáveis e bem comercializados. No final da década de 70, contudo, a posição da divisão no mercado mudara. Os novos ataques concorrenciais atingiram profundamente a P&G. Por exemplo, os analistas da indústria calcularam que a quota de mercado da empresa das fraldas descartáveis caiu de 75% em meados da década de 70 para 52% em 1984.

Nesse ano, Richard Nicolosi chegou aos produtos de papel como gestor geral associado, depois de três no departamento de refrigerantes da P&G, mais pequeno e rápido. Encontrou uma organização pesadamente burocrática e centralizada, que se preocupava sobretudo com objetivos e projetos funcionais internos. Quase toda a informação acerca dos clientes chegava através de uma pesquisa de mercado elevadamente quantitativa. O pessoal técnico era recompensado pelos cortes nos custos e o pessoal comercial focava-se no volume e na quota e os dois grupos estavam quase em guerra um com o outro.

Durante o final do verão de 1984, a gestão de topo anunciou que Nicolosi viria a ser o chefe dos produtos de papel em outubro e, em agosto, estava a dirigir não-oficialmente a divisão. De imediato, começou a sublinhar a necessidade de a divisão se tornar mais criativa e orientada pelo mercado, em vez de tentar apenas ser uma produtora de baixo custo. «Tive de tornar muito claro», contou mais tarde Nicolosi, «que as regras do jogo tinham mudado».

A nova direção pôs muito mais a tónica no trabalho de equipa e nos múltiplos papéis de liderança. Nicolosi impôs uma estratégia de usar grupos para gerir a divisão e os seus produtos específicos. Em outubro, ele e a sua equipa designaram-se como a «direção» da divisão do papel e começaram a reunir-se primeiro mensal e depois semanalmente. Em novembro, estabeleceram «equipas de categoria» para gerir os seus principais grupos de segmento (como fraldas, lenços, toalhetes) e começaram a difundir a responsabilidade verticalmente até estas equipas. «Evitem o incremental», sublinhava Nicolosi, «e preparem-se para dar o salto».

Em dezembro, Nicolosi envolveu-se seletivamente em maior pormenor com a agência de publicidade e conheceu o pessoal criativo. Pediu ao diretor de marketing que relatasse diretamente a si, eliminando um degrau na hierarquia. Falou mais com as pessoas que trabalhavam em projetos de desenvolvimento de novos produtos.

Em janeiro de 1985, a direção anunciou uma nova estrutura organizacional que incluía não apenas equipas de categoria mas também equipas de negócios de novos segmentos. Na primavera, a direção estava pronta para planear um importante evento motivacional para comunicar a nova visão dos produtos de papel ao maior número de pessoas possível. A 4 de junho de 1985, todo o pessoal que trabalhava em Cincinnati no papel, mais os diretores de vendas distritais e os gestores da fábrica de papel – vários milhares de pessoas ao todo – reuniram-se no Templo Maçónico local. Nicolosi e os outros membros da direção descreveram a sua visão da organização em que «cada um de nós é um líder». O acontecimento foi gravado em vídeo e uma versão editada foi enviada para todos os escritórios de vendas e fábricas para que todos o vissem.

Todas estas atividades ajudaram a criar um ambiente empresarial em que grandes números de pessoas eram motivadas para realizar a nova visão. A maioria das inovações veio das pessoas que lidavam com novos produtos. As Ultra Pampers, introduzidas pela primeira vez em fevereiro de 1985, aumentaram a quota de mercado de toda a linha do produto Pampers de 40% para 58% e a rendibilidade passou de zero para positiva. E, passados apenas alguns meses da introdução da Luvs Delux, em maio de 1987, a quota de mercado para o segmento em geral cresceu 150%.

Houve outras iniciativas dos empregados orientadas para uma área mais funcional e algumas surgiram do fundo da hierarquia. Na primavera de 1986, algumas secretárias da divisão, sentindo-se imbuídas de poder pela nova cultura, desenvolveram uma rede para o secretariado. Esta associação estabelecia subcomissões para formação, prémios e reconhecimento e o «secretário do futuro». Ecoando os sentimentos de muitos dos seus colegas, uma secretária dos produtos de papel disse: «Não vejo porque é que nós não poderemos contribuir também para a direção da nova divisão».

No final de 1988, as receitas da divisão dos produtos de papel tinham subido 40% num período de quatro anos. Os lucros atingiam os 68%. E isto aconteceu apesar de a concorrência continuar a tornar-se mais dura.

A liderança é diferente. Alcançar grandes visões requer sempre uma explosão de energia. A motivação e a inspiração estimulam as pessoas, não ao empurrá-las na direção certa, como fazem os mecanismos de controlo, mas satisfazendo necessidades humanas básicas de realização pessoal, de sentimento de pertença, de reconhecimento, de autoestima, de sentimento de controlo sobre a sua vida e de capacidade de estar à altura dos seus ideais. Estes sentimentos tocam-nos profundamente e provocam uma poderosa reação.

Os bons líderes motivam as pessoas sob uma variedade de formas. Primeiro, articulam sempre a visão da organização de um modo que sublinha os valores da audiência a que se dirigem. Isto torna o trabalho importante para esses indivíduos. Os líderes envolvem também regularmente as pessoas na decisão sobre a forma de alcançar a visão da organização (ou a parte mais relevante para um indivíduo em particular). Isto dá às pessoas uma sensação de controlo. Outra técnica motivacional importante é apoiar os esforços dos empregados para concretizarem a visão fornecendo-lhes formação, retroação e modelos, ajudando assim as pessoas a crescer profissionalmente e a aumentar a sua autoestima. Finalmente, os bons líderes reconhecem e premeiam o sucesso, o que não só dá às pessoas uma sensação de realização pessoal como também faz com que sintam que pertencem a uma organização que se importa com elas. Quando tudo isto está feito, o próprio trabalho torna-se intrinsecamente motivador.

Quanto mais a mudança caracterizar o ambiente de negócios, mais os líderes têm de motivar as pessoas para também exercerem a liderança. Quando isto funciona, tende a reproduzir a liderança através de toda a organização, com as pessoas a desempenharem múltiplos papéis de liderança ao longo da hierarquia. O que é altamente valioso, pois lidar com a mudança em qualquer atividade complexa exige iniciativas de uma multiplicidade de pessoas. Nada menos do que isso resultará.

Claro que as lideranças provenientes de muitas fontes não convergem necessariamente. Pelo contrário, podem entrar em conflito com facilidade. Para que múltiplos papéis de liderança funcionem em conjunto, as ações das pessoas têm de ser cuidadosamente coordenadas por mecanismos que diferem dos tradicionais papéis de coordenação da gestão.

Redes fortes de relações informais – do tipo que se encontram em empresas com culturas sãs – ajudam a coordenar as atividades de liderança de forma muito semelhante à que a estrutura formal coordena as atividades de gestão. A principal diferença é que as redes informais podem lidar com as maiores exigências de coordenação associadas às atividades não-rotineiras e à mudança. A multiplicidade de canais de comunicação e a confiança entre os indivíduos ligados por esses canais permitem um processo contínuo de acomodação e adaptação. Quando surgem conflitos entre papéis, essas mesmas relações ajudam a resolver os conflitos. Talvez ainda mais importante, este processo de diálogo e acomodação pode produzir visões que estão ligadas e são compatíveis, em vez de remotas e competitivas. Tudo isto exige muito mais do que a mera comunicação necessária para coordenar os papéis de gestão, mas, ao contrário da estrutura formal, as redes informais fortes podem ser a solução.

Relações informais de algum tipo existem em todas as corporações. Mas, com demasiada frequência, estas redes ou são muito fracas – algumas pessoas estão bem relacionadas, mas a maioria não – ou são altamente fragmentadas – existe uma forte rede no interior do grupo de marketing e no de pesquisa e desenvolvimento, mas não entre os dois departamentos. Estas redes não aguentam bem múltiplas iniciativas de liderança. De facto, as redes informais extensas são tão importantes que, se não existirem, criá-las tem de ser o foco da atividade logo no início de qualquer iniciativa de liderança importante.

Criar uma cultura de liderança

Apesar da crescente importância da liderança para o sucesso dos negócios, as experiências nos locais de trabalho da maioria das pessoas parece na realidade dificultar o desenvolvimento dos atributos necessários para a liderança. No entanto, algumas empresas demonstraram consistentemente a capacidade para transformar pessoas em extraordinários líderes-gestores. Recrutar pessoas com potencial de liderança é apenas o primeiro passo. Igualmente importante é gerir os seus padrões de carreira. Os indivíduos que são eficazes em grandes papéis de liderança partilham frequentemente um certo número de experiências nas suas carreiras.

Talvez a mais típica e mais importante seja um desafio significativo no início da carreira. Os líderes quase sempre tiveram oportunidades, quando tinham vinte ou trinta e tal anos, para realmente liderar, correr riscos e aprender tanto com os triunfos como com os fracassos. Essa aprendizagem parece essencial para o desenvolvimento de um vasto leque de capacidades e perspetivas de liderança. Estas oportunidades ensinam também algo às pessoas acerca da dificuldade da liderança e do seu potencial para produzir a mudança.

Mais tarde nas suas carreiras, acontece algo igualmente importante em termos de alargamento. As pessoas que realizam uma liderança eficaz em tarefas importantes têm sempre uma oportunidade, antes de acederem a esses cargos, de crescer para além da estreita base que caracteriza a maioria das carreiras de gestão. Tal é em geral o resultado de movimentos de carreira laterais ou de promoções iniciais para missões profissionais invulgarmente alargadas. Por vezes, há outros veículos que ajudam, como missões especiais de equipas de intervenção, ou um prolongado curso de gestão geral. Qualquer que seja o caso, o âmbito do conhecimento desenvolvido desta forma parece ser útil em todas as vertentes da liderança. Bem como a rede de relações que é frequentemente adquirida tanto dentro como fora da empresa. Quando o número suficiente de pessoas obtém oportunidades como esta, as relações que se constroem ajudam também a criar as fortes redes informais necessárias para apoiar múltiplas iniciativas de liderança.

As corporações que fazem mais do que o suficiente para o desenvolvimento de líderes colocam uma ênfase particular na criação de oportunidades desafiantes para os empregados relativamente jovens. Em muitas empresas, a descentralização é a chave. Por definição, difunde verticalmente a responsabilidade numa organização e, através desse processo, cria tarefas mais desafiantes nos escalões inferiores. A Johnson & Johnson, a 3M, a Hewlett-Packard, a General Electric e muitas outras empresas conhecidas usaram essa abordagem com bastante êxito. Algumas dessas mesmas empresas criam também o máximo possível de pequenas unidades, para que existam disponíveis muitas tarefas de gestão desafiantes nos níveis inferiores.

Por vezes, estas empresas desenvolvem oportunidades desafiantes adicionais incentivando o crescimento através de novos produtos ou serviços. Ao longo dos anos, a 3M tinham tido a política de pelo menos 25% das suas receitas terem de resultar de produtos introduzidos nos últimos cinco anos. Isso encoraja pequenas novas iniciativas, que por sua vez geram centenas de oportunidades para testar e desenvolver os jovens com potencial de liderança.

Estas práticas poderão, quase por si mesmas, preparar as pessoas para cargos de liderança de pequena e média dimensão. Mas desenvolver pessoas para cargos de liderança importantes exige mais trabalho por parte dos executivos seniores, muitas vezes durante um longo período de tempo. Esse trabalho começa com o esforço de localizar pessoas com grande potencial de liderança cedo nas suas carreiras e de identificar o que será preciso para as fazer progredir e desenvolver.

De novo, não existe nada de mágico neste processo. Os métodos que as empresas de sucesso utilizam é surpreendentemente direto. Empenham-se em tornar os jovens empregados e as pessoas nos níveis inferiores visíveis à gestão sénior. Os gestores seniores julgam então por si próprios quem tem potencial e quais são as suas necessidades de desenvolvimento. Os executivos discutem também as suas conclusões parciais entre si para provocar mais juízos precisos.

Armados de um sentido claro de quem tem considerável potencial de liderança e das capacidades que precisam de desenvolver, os executivos destas empresas empregam então o seu tempo a planear esse desenvolvimento. Por vezes, isso é feito integrado num planeamento de sucessão formal ou num processo de desenvolvimento de elevado potencial; muitas vezes, é mais informal. Em qualquer dos casos, o ingrediente essencial parece ser uma avaliação inteligente de quais as oportunidades de desenvolvimento fiáveis que se adaptem às necessidades de cada candidato.

Para encorajar os gestores a participarem nestas atividades, as empresas bem lideradas tendem a reconhecer e a premiar as pessoas que desenvolvem líderes com sucesso. Isto raramente é feito como parte de uma compensação formal ou fórmula de bónus, simplesmente porque é muito difícil medir essa realização com precisão. Mas torna-se na realidade um fator nas decisões acerca das promoções, em especial aos níveis mais seniores e isso parece fazer uma grande diferença. Quando se lhes diz que as futuras promoções dependerão até certo ponto da sua capacidade para criarem líderes, mesmo as pessoas que dizem que a liderança não pode ser desenvolvida encontram algum modo de o fazer.

Estas estratégias ajudam a criar uma cultura empresarial onde as pessoas valorizam uma liderança forte e se esforçam por criá-la. Da mesma forma que precisamos de mais pessoas para proporcionar liderança nas complexas organizações que dominam o nosso mundo atual, precisamos também de mais pessoas que desenvolvam as culturas que criarão a liderança. Institucionalizar uma cultura centrada na liderança é o derradeiro ato de liderança.

Originalmente publicado em maio de 1990. Reimpressão R0111H

A tarefa da liderança

por Ronald A. Heifetz e Donald L. Laurie

PARA SE MANTER VIVO, JACK PRITCHARD teve de mudar a sua vida. Uma cirurgia com um triplo *bypass* e a medicação iriam ajudar, disse-lhe o cirurgião cardíaco, mas não havia nenhuma solução técnica que livrasse Pritchard da sua própria responsabilidade de mudar os hábitos de toda uma vida. Tinha de deixar de fumar, melhorar a sua dieta, fazer exercício e arranjar tempo para se descontrair, lembrando-se de respirar mais fundo a cada dia que passasse. O médico de Pritchard poderia fornecer a competência técnica continuada e tomar medidas de apoio, mas apenas Pritchard poderia adaptar os seus hábitos arraigados para melhorar a sua saúde a longo prazo. O médico enfrentava a tarefa de liderança de mobilizar o paciente para operar mudanças comportamentais críticas; Jack Pritchard enfrentava o trabalho adaptativo de descobrir quais seriam as mudanças específicas a fazer e como incorporá-las na sua vida quotidiana.

Atualmente, as empresas enfrentam desafios semelhantes aos confrontados por Pritchard e o seu médico. Enfrentam desafios adaptativos. Mudanças nas sociedades, nos mercados, nos clientes, na concorrência e na tecnologia em todo o globo forçam as organizações a clarificar os seus valores, a desenvolver novas estratégias e a aprender novas formas de operar. Frequentemente, a tarefa mais difícil para os líderes na realização da mudança é mobilizar as pessoas ao longo da organização para o trabalho adaptativo.

O trabalho adaptativo é exigido quando as nossas crenças profundamente enraizadas são questionadas, quando os valores que nos permitiram ter sucesso se tornam menos relevantes e quando emergem perspetivas legítimas, contudo conflituantes. Vemos desafios adaptativos todos os dias, a todos os níveis, no local de trabalho – quando as empresas entram em restruturação ou em reengenharia, desenvolvem ou implementam estratégias, ou fundem empresas. Vemos desafios adaptativos quando o marketing tem dificuldade em trabalhar com as operações, quando as equipas transfuncionais não funcionam bem, ou quando os executivos seniores se queixam de que «parece que não somos capazes de executar eficazmente». Os problemas adaptativos são frequentemente problemas sistémicos que não têm respostas já prontas.

Mobilizar uma organização para adaptar os seus comportamentos de modo a desenvolver-se num novo ambiente de negócios é crucial. Sem essa mudança, qualquer empresa, hoje em dia, vacilaria. Na verdade, conseguir que as pessoas realizem trabalho adaptativo é a marca da liderança num mundo competitivo. Contudo, para a maioria dos executivos seniores, fornecer liderança e não apenas autoridade é extremamente difícil. Porquê? Vemos duas razões. Primeiro, para fazer com que a mudança aconteça, os executivos têm de quebrar eles mesmos um duradouro padrão de comportamento: fornecer liderança sob a forma de soluções. Esta tendência é bastante natural pois muitos executivos alcançam a sua posição de autoridade em virtude da sua competência em assumir a responsabilidade e resolver problemas. Mas o centro da responsabilidade pela resolução de problemas, quando a empresa enfrenta um desafio adaptativo, tem de passar para o seu pessoal. As soluções para os desafios adaptativos não residem no topo do execu-

Em resumo

O que é que coloca à vossa empresa os desafios mais duros? Os mercados em constante mudança? A concorrência endurecida? As tecnologias emergentes? Quando desafios como estes se intensificam, poderão ter de voltar a clarificar os valores empresariais, a redesenhar as estratégias, a fundir ou dissolver negócios, ou a gerir conflitos transfuncionais.

Estes **desafios adaptativos** são problemas turvos, sistémicos, sem resposta fácil. Talvez ainda mais problemático seja o facto de as soluções para os desafios adaptativos *não* residirem no topo do executivo. Resolvê-los implica o envolvimento das pessoas *ao longo* de toda a organização.

O trabalho adaptativo é duro para todos. Para os *líderes*, é contraintuitivo. Em vez de se fornecerem soluções, é preciso colocar perguntas difíceis e alavancar a inteligência coletiva dos empregados. Em vez de se manterem normas, é preciso pôr em causa «a forma como nós fazemos as coisas». E, em vez de se reprimirem os conflitos, é preciso suscitar questões e fazer as pessoas sentirem-se o aguilhão da realidade.

Para os vossos empregados, o trabalho adaptativo é doloroso – exige papéis, responsabilidades, valores e formas de trabalhar inabituais. Por isso não surpreende que os empregados tentem frequentemente devolver o trabalho adaptativo aos seus líderes.

Como assegurar que os líderes *e* os empregados adotem os desafios do trabalho adaptativo? A aplicação dos seis princípios que se seguem ajudará.

tivo, mas na inteligência coletiva dos empregados a todos os níveis, que precisam de se usar uns aos outros como recursos, frequentemente ultrapassar fronteiras e aprender os seus caminhos para essas soluções.

Segundo, a mudança adaptativa é perturbadora para as pessoas que passam por ela. Precisam de assumir novos papéis, novas relações, novos valores, novos comportamentos e novas abordagens ao trabalho. Muitos empregados são ambivalentes acerca dos esforços e sacrifícios que se lhes exigem. Frequentemente, procuram o executivo sénior para que os livre dos problemas que os afetam. Mas essas expetativas têm de ser desaprendidas. Em vez de corresponderem às expetativas de que fornecerão as respostas, os líderes têm de fazer perguntas difíceis. Em vez de protegerem as pessoas das ameaças exteriores, os líderes deverão permitir que elas sintam o aguilhão da realidade, para que sejam estimuladas para se adaptar. Em vez de orientarem as pessoas para os seus atuais papéis, os líderes têm de desorientá-las para que se possam desenvolver novas relações. Em vez de sanarem os conflitos, os líderes têm de trazer as questões à tona. Em vez de manterem as normas, os líderes têm de pôr em causa «a forma como nós fazemos as coisas» e ajudar os outros a distinguir os valores imutáveis das práticas históricas que têm de desaparecer.

Baseados na nossa experiência com gestores de todo o mundo, oferecemos seis princípios para liderar o trabalho adaptativo: «subir ao balcão», identificar o desafio adaptativo, regular a perturbação, manter uma atenção disciplinada, devolver o trabalho às pessoas e proteger as vozes da liderança vindas de baixo. Ilustramos esses princípios com um exemplo de mudança adaptativa na KPMG Netherlands, uma empresa de serviços profissionais.

Subir ao balcão

A excelência de Earvin «Magic» Johnson a liderar a sua equipa de basquetebol teve em parte origem na sua capacidade para jogar com empenho mantendo ao mesmo tempo toda a situação do jogo em mente, como se estivesse no camarote de imprensa ou no balcão, acima do campo de jogo. Há outros jogadores que poderão não conseguir reconhecer os padrões mais alargados do jogo que os executantes como Johnson e Orr rapidamente compreendem, porque estão tão empenhados no jogo que se deixam levar por ele. A sua atenção é capturada pela rápida movimentação, pelo contacto físico, pelo barulho da multidão, pela pressão para executar. Nos desportos, a maioria dos jogadores simplesmente poderá não ver quem está liberto para um passe, quem está a falhar um bloqueio, ou como o ataque e a defesa funcionam em conjunto. Os jogadores como Johnson e Orr veem estas coisas e deixam que a sua observação lhes guie as ações.

Os líderes de empresas têm de ser capazes de ver padrões como se estivessem no balcão. Não lhes serve de nada deixarem-se levar pela ação. Os líderes têm de ver um contexto para a ação, ou criá-lo. Deverão dar aos empregados um forte sentido da história da empresa e daquilo que foi bom no seu passado, bem como uma ideia das forças de mercado presentemente em ação e a responsabilidade que as pessoas têm de assumir na construção do futuro. Os líderes deverão ser capazes de identificar conflitos acerca de valores e poder e observar as muitas outras reações, funcionais e disfuncionais, à mudança.

Sem a capacidade de ir e regressar entre o campo da ação e o balcão, de refletir dia a dia, momento a momento, sobre as muitas formas como os hábitos de uma organização podem sabotar o trabalho adaptativo, um líder torna-se fácil e involuntariamente prisioneiro do sistema. A dinâmica da mudança adaptativa é demasiado complexa para ser seguida, e muito menos influenciada, se os líderes se mantiverem no campo do jogo.

Encontrámos vários líderes, alguns dos quais discutimos neste artigo, que conseguem empregar muito do seu precioso tempo no balcão, a orientarem as suas organizações através da mudança. Sem essa perspetiva, provavelmente seriam incapazes de mobilizar as pessoas para realizarem trabalho adaptativo. Subir ao balcão é portanto um pré-requisito para seguir os cinco princípios que se seguem.

Identificar o desafio adaptativo

Quando um leopardo ameaça um bando de chimpanzés, aquele raramente consegue encontrar um isolado. Os chimpanzés sabem

Na prática

1. Subam ao balcão. Não se deixem levar pela trama da peça. Em vez disso, alternem entre a «ação» e o «balcão». Descobrirão padrões emergentes, como as lutas pelo poder ou a fuga ao trabalho. Esta perspetiva a partir de cima ajuda-vos a mobilizar as pessoas para realizarem o trabalho adaptativo.

2. Identifiquem o vosso desafio adaptativo.

Exemplo: Quando os passageiros da British Airways lhe deram a alcunha de «Bloody Awful», o diretor executivo Colin Marshall percebeu que tinha de infundir a empresa de dedicação pelos clientes. Identificou o desafio adaptativo como «criar confiança em toda a British Airways». Para diagnosticar melhor o desafio, a equipa de Marshall misturou-se com os empregados e os clientes nas áreas da bagagem, nos centros de reserva e nos aviões, perguntando quais seriam as crenças, os valores e os comportamentos que precisavam de ser revistos. Expuseram conflitos com origem em valores por detrás das disputas à superfície e resolveram os próprios conflitos disfuncionais da equipa que dificultavam a colaboração dentro de toda a empresa. Ao se compreenderem a si próprios, o seu pessoal e os conflitos da empresa, a equipa fortaleceu o compromisso da British Airways de se tornar «a empresa Aérea Favorita no Mundo».

3. Regulem a perturbação. Para inspirar a mudança – sem desabilitar as pessoas – cadenciem o trabalho adaptativo:

- Primeiro, deixem que os empregados debatam as

como hão de reagir a este género de ameaça. Mas, quando se aproxima deles um homem de espingarda na mão, as reações de rotina falham. Os chimpanzés ariscam-se a ser extintos num mundo de caçadores furtivos, a menos que descubram uma forma de desarmar a nova ameaça. De modo semelhante, quando as empresas não conseguem aprender a adaptar-se rapidamente aos novos desafios, provavelmente enfrentarão a sua própria forma de extinção.

questões e clarifiquem os princípios por detrás das opiniões em conflito – com segurança.

- Depois, forneçam a direção. Definam questões e valores fundamentais. Controlem o ritmo da mudança: não comecem demasiadas iniciativas em simultâneo sem terminarem outras.

- Mantenham apenas a tensão necessária, resistindo à pressão para restaurar o *status quo*. Levantem questões difíceis, sem sucumbirem à ansiedade. Transmitam presença e compostura.

4. Manter uma atenção disciplinada. Encorajar os gestores a enfrentarem as questões divisoras, em vez de permitirem os bodes expiatórios e a negação. Aprofundar o debate para resolver o conflito polarizado e superficial. Demonstrar como se colabora na resolução de problemas.

5. Devolver o trabalho aos empregados. Para instilarem uma autoconfiança coletiva – em vez de os outros dependerem de vocês –, apoiem em vez de controlar as pessoas. Encorajem a tomada de risco e a responsabilidade – em seguida, amparem as pessoas se elas errarem. Ajudem-nas a reconhecer que possuem as soluções dentro de si.

6. Protejam as vozes de liderança vindas de baixo. Não silenciem os alarmistas, os criativos marginais e os outros que expõem as contradições no interior da vossa empresa. As suas opiniões poderão provocar ideias frescas. Perguntem: «De que é que este sujeito está a falar? Escapou-nos alguma coisa?».

Consideremos o bem conhecido caso da British Airways. Tendo observado as mudanças revolucionárias na indústria aérea comercial durante a década de 80, o diretor executivo Colin Marshall reconheceu claramente a necessidade de transformar uma empresa aérea que era alcunhada Bloody Awful pelos seus próprios passageiros num exemplar serviço ao cliente. Compreendeu também que esta ambição exigiria sobretudo mudanças nos valores, nas práticas e nas relações ao longo de uma ponta à outra da empresa. Uma organização em que as pessoas se agarram a divisórias funcionais e valorizam mais o facto de agradarem aos patrões do que aos clientes não poderia tornar-se «a linha aérea favorita do mundo». Marshall precisava de uma organização dedicada a servir as pessoas, a agir com base na confiança, respeitando os indivíduos e realizando trabalho de equipa para além dos seus departamentos. Os valores tinham de mudar em toda a British Airways. As pessoas tinham de aprender a colaborar e a desenvolver um sentido coletivo de responsabilidade pela direção e desempenho da linha aérea. Marshall identificou o principal desafio adaptativo: criar confiança ao longo de toda a organização. Ele foi um dos primeiros executivos que sabemos ter feito uma prioridade da «criação de confiança».

Para liderar a British Airways, Marshall teve de fazer compreender à sua equipa executiva a natureza da ameaça criada pelos clientes insatisfeitos: representava um desafio técnico, ou um desafio adaptativo? Bastariam a opinião dos especialistas e os ajustamentos técnicos, ou as pessoas em toda a empresa teriam de aprender diferentes formas de fazer negócios, desenvolver novas competências e começar a trabalhar coletivamente?

Marshall e a sua equipa prepararam-se para diagnosticar os desafios da organização com maior pormenor. Procuraram em três lugares. Primeiro, ouviram as ideias e as preocupações das pessoas dentro e fora da organização – reunindo com as tripulações de bordo, indo ao centro de reservas de Nova Iorque, com 350 pessoas, vagueando em torno da área da entrega de bagagens em Tóquio, ou visitando o átrio dos passageiros em todos os aeroportos por onde calhasse passarem. A sua questão primordial era: que valores, crenças, atitudes ou comportamentos terão de mudar para que o progresso ocorra? Que mudanças nas prioridades, nos recursos e no poder eram necessárias? Que sacrifícios teriam de ser feitos e por quem?

Segundo, Marshall e a sua equipa viram os conflitos como indícios – sintomas de desafios adaptativos. A forma como os conflitos entre as funções estavam a ser expressos eram meros fenómenos de superfície; os conflitos subjacentes teriam de ser diagnosticados. As discussões sobre questões aparentemente técnicas como procedimentos, horários e linhas de autoridade eram de facto substitutos de conflitos subjacentes sobre valores e normas.

Terceiro, Marshall e a sua equipa voltaram o espelho para si, reconhecendo que incorporavam os desafios adaptativos que a organização enfrentava. No início da transformação da British Airways, os valores e as normas concorrentes surgiam na equipa executiva sob formas disfuncionais que impediam a capacidade do resto da empresa de colaborar de umas funções e unidades para as outras e fazer as necessárias trocas. Nenhum executivo poderá negar o facto de a sua equipa refletir o melhor e o pior dos valores e das normas da empresa e, por isso, fornece um exemplo privilegiado para se perceber a natureza do trabalho adaptativo que a espera.

Assim, identificar o seu desafio adaptativo foi crucial para a promessa da British Airways de se tornar a empresa aérea favorita do mundo. Para que a estratégia resultasse, os líderes da empresa tiveram de se compreender a si próprios, o seu pessoal e as potenciais fontes de conflito. Marshall reconheceu que também a estratégia de desenvolvimento exige trabalho adaptativo.

Regular a perturbação

O trabalho adaptativo gera perturbação. Antes de colocar as pessoas a trabalhar em desafios para os quais não existem respostas prontas, um líder tem de compreender que as pessoas só conseguem aprender um tanto de cada vez. Ao mesmo tempo, têm de sentir a necessidade de mudar à medida que a realidade traz novos desafios. Não poderão aprender novas formas quando estão sobrecarregadas, mas eliminar por completo a tensão remove o ímpeto para realizar trabalho adaptativo. Na medida em que um líder tem de encontrar um delicado equilíbrio entre as pessoas sentirem a necessidade de mudar e não se sentirem esmagadas por essa mudança, a liderança é um trabalho sobre o fio da navalha.

Um líder tem de realizar três tarefas fundamentais para ajudar a manter um nível produtivo de tensão. Aderir a essas tarefas permitir-lhe-á motivar as pessoas sem as incapacitar. Primeiro, um líder deverá criar aquilo a que se pode chamar um *ambiente de pertença.* Para usar a analogia de uma panela de pressão, um líder tem de regular a pressão aumentando o calor, ao mesmo tempo que permite que se liberte algum vapor. Se a pressão exceder a capacidade da panela, esta poderá explodir. Contudo, nada se cozinha sem algum calor.

Nos estádios iniciais de uma mudança empresarial, o sentimento de pertença poderá ser um «local» temporário onde o líder cria as condições para os diversos grupos falarem uns com os outros acerca dos desafios que os esperam, para enquadrar e debater questões e para clarificar os princípios por detrás das perspetivas e dos valores em concorrência. Com o tempo, poderão ser agendados mais assuntos, à medida que amadurecem. Na British Airways, por exemplo, a mudança de um foco interno para um foco no cliente ocorreu durante quatro ou cinco anos e lidava com importantes questões em sucessão: a construção de uma equipa executiva credível, a comunicação com uma organização altamente fragmentada, a definição de novas medidas de desempenho e compensação e o desenvolvimento de sofisticados sistemas de informação. Durante esse período, os empregados de todos os níveis aprenderam a identificar aquilo que precisava de ser mudado e como o fazer.

Assim, um líder tem de sequenciar e ritmar o trabalho. Com demasiada frequência, os gestores seniores transmitem a ideia de que tudo é importante. Começam novas iniciativas sem parar outras atividades ao mesmo tempo. Sobrecarregam e desorientam as próprias pessoas que têm de se responsabilizar pelo trabalho.

Segundo, um líder é responsável pela direção, proteção, orientação, gestão de conflitos e estabelecimento de normas. (Ver o intertexto «O Trabalho Adaptativo Exige Liderança».) Cumprir estas responsabilidades é também importante para um gestor em situações técnicas ou rotineiras. Mas um líder empenhado no trabalho adaptativo usa a sua autoridade para as cumprir de forma diferente. Um líder fornece a direção ao identificar o desafio adaptativo da

O trabalho adaptativo exige liderança

Ao tentar minorar a exaustão dos colaboradores, um líder depara-se com várias responsabilidades, podendo ter de aplicar a sua autoridade de distintos modos, consoante a situação profissional em causa.

Responsabilidades do líder	**Tipo de situação**	
	Técnica ou Rotineira	***Adaptativa***
Direção	Define problemas e fornece soluções	Identifica o desafio adaptativo e enquadra questões e problemas essenciais
Proteção	Escuda a organização de ameaças externas	Deixa a organização sentir as pressões exteriores dentro dos limites que esta consiga suportar
Orientação	Clarifica papéis e responsabilidades	Põe em causa os papéis presentes e resiste à pressão para definir rapidamente novos papéis
Gestão de conflito	Restaura a ordem	Expõe o conflito ou deixa que venha à superfície
Construção de normas	Mantém as normas	Põe em causa as normas improdutivas

organização e ao enquadrar as questões e as matérias essenciais. Um líder protege as pessoas gerindo o ritmo da mudança. Um líder orienta as pessoas para novos papéis e responsabilidades ao clarificar as realidades do negócio e os valores essenciais. Um líder ajuda a expor o conflito, encarando-o como o motor da criatividade e da aprendizagem. Finalmente, um líder ajuda a organização a manter aquelas normas que deverão fortalecer e desafiar aqueles que precisam de mudar.

Terceiro, um líder tem de ter presença e postura; regular a perturbação talvez seja a tarefa mais difícil de um líder. As pressões para restaurar o equilíbrio são enormes. Tal como as moléculas batem com força contra as paredes de uma panela de pressão, as pessoas batem contra os líderes que estão a tentar suster as pressões de um trabalho duro e cheio de conflitos. Embora a liderança exija uma profunda compreensão da dor da mudança – os receios e sacrifícios associados a um importante reajustamento – exige também a capacidade de aguentar e manter a tensão. Caso contrário, a pressão escapa e o estímulo para a aprendizagem e a mudança perde-se.

Um líder tem de possuir a capacidade emocional para tolerar a incerteza, a frustração e a dor. Tem de ser capaz de levantar perguntas duras sem ele próprio ficar demasiado ansioso. Os empregados, bem como os colegas e os clientes, irão observar atentamente os indícios verbais e não-verbais da capacidade de um líder para se manter firme. Precisa de comunicar confiança em que ele e eles serão capazes de enfrentar as tarefas que têm pela frente.

Um líder tem de sequenciar e ritmar o trabalho. Com demasiada frequência, os gestores seniores transmitem a ideia de que tudo é importante. Esmagam e desorientam as próprias pessoas que precisam de se responsabilizar pelo trabalho.

Manter a atenção disciplinada

Pessoas diferentes dentro da mesma organização levam diferentes experiências, princípios, valores, crenças e hábitos para o seu trabalho. Esta diversidade é valiosa porque a inovação e a aprendizagem são os produtos das diferenças. Ninguém aprende alguma coisa sem estar aberto a pontos de vista divergentes. Contudo, os gestores de todos os níveis muitas vezes não têm vontade – ou não são capazes – de transmitir as suas perspetivas divergentes coletivamente. Evitam frequentemente dar atenção a questões que os perturbem. Recuperam rapidamente o equilíbrio, muitas vezes com manobras para evitar o trabalho. Um líder tem de fazer com que os empregados confrontem duras trocas de valores, procedimentos, estilos de operar e poder.

Isto tanto se aplica ao topo da organização como ao seu nível médio, ou à linha da frente. Na verdade, se a equipa executiva não conseguir modelar o trabalho adaptativo, a organização enlanguescerá. Se os gestores seniores não conseguirem suscitar e lidar com questões fraturantes, como é que as pessoas no resto da organização mudarão os seus comportamentos e refarão as suas relações? Como Jan Carlzon, o lendário diretor executivo da Scandinavian Airlines System (SAS) nos disse: «Uma das missões mais interessantes da liderança é pôr as pessoas da equipa executiva a ouvirem e a aprenderem umas com as outras. Através do debate, as pessoas conseguem aprender a chegar a soluções coletivas, quando compreendem os princípios umas das outras. O trabalho do líder é trazer o conflito ao de cima e usá-lo como fonte de criatividade».

Dado que nas organizações há uma tendência crescente para as pessoas se esquivarem ao trabalho, um líder tem de contrariar as distrações que as impedem de lidar com problemas adaptativos. Bodes expiatórios, negação, o foco apenas em questões técnicas do presente, ou o ataque a indivíduos e não das perspetivas que representam – todas as formas de evitar o trabalho – são de esperar quando uma organização realiza um trabalho adaptativo. As distrações têm de ser identificadas quando ocorrem, para que as pessoas recuperem o foco.

Quando um conflito estéril toma o lugar do diálogo, um líder tem de intervir e pôr a equipa a reenquadrar os problemas. Tem de aprofundar o debate com questões, separando os problemas em vez de deixar que o conflito se mantenha polarizado e superficial. Quando as pessoas se empenham em culpar as forças exteriores, a gestão de topo, ou uma pesada carga de trabalho, um líder tem de aguçar o sentido de responsabilidade da equipa para que arranje o tempo necessário para seguir em frente. Quando a equipa se fragmenta e os indivíduos tentam proteger o seu território, os líderes têm de mostrar a necessidade de colaboração. As pessoas têm de descobrir o valor de se consultarem umas às outras e de se usarem como recursos no processo de resolução de problemas. Por exemplo, um diretor executivo que conhecemos usa as reuniões de executivos, mesmo aquelas que se focam em questões operacionais e técnicas, como oportunidades para ensinar à equipa como trabalhar coletivamente em problemas adaptativos.

Claro que são raros os gestores que pretendem evitar o trabalho adaptativo. Em geral, as pessoas sentem-se ambivalentes. Embora queriam fazer progressos nos problemas difíceis e queiram estar à altura dos seus valores renovados e clarificados, as pessoas querem evitar também a perturbação que lhes está associada. Da mesma forma que milhões de cidadãos norte-americanos querem reduzir o défice do orçamento federal, mas sem perderem os seus benefícios fiscais nem os seus empregos, também os gestores poderão considerar o trabalho adaptativo uma prioridade, mas tendo dificuldade em sacrificar as suas maneiras habituais de operar os negócios. As pessoas precisam de liderança para ajudar a manter o seu foco na difícil questão. A atenção disciplinada é a marca da liderança.

Devolver o trabalho às pessoas

Todas as pessoas na organização têm um acesso específico à informação que obtêm do seu ponto de observação particular. Todos poderão ver necessidades e oportunidades diferentes. As pessoas que se apercebem de mudanças iniciais no mercado encontram-se frequentemente na periferia, mas a organização crescerá se conseguir que essa informação pese nas decisões táticas e estratégicas. Quando as pessoas não agem de acordo com o seu conhecimento específico, as empresas não conseguem adaptar-se.

Com demasiada frequência, as pessoas ficam à espera da cadeia de comando, na expectativa de que a gestão sénior responda aos desafios do mercado pelos quais elas próprias são responsáveis. Na verdade, as maiores e mais persistentes perturbações que acompanham o trabalho adaptativo tornam essa dependência pior. As pessoas tendem a tornar-se passivas e os gestores seniores que se orgulham de resolver problemas tomam ações decisivas. Esse comportamento restaura o equilíbrio a curto prazo mas acaba por conduzir à complacência e a hábitos de evitar o trabalho que protegem as pessoas da responsabilidade, da dor e da necessidade de mudar.

Conseguir que as pessoas assumam maior responsabilidade não é fácil. Não só muitos empregados de nível inferior se sentem confortáveis quando lhes dizem aquilo que hão de fazer, como muitos gestores estão acostumados a tratar os subordinados como uma maquinaria que exige controlo. Deixar as pessoas tomar a iniciativa na definição e resolução de problemas significa que a gestão tem de aprender mais a apoiar do que a controlar. Os trabalhadores, por seu lado, precisam de aprender a assumir a responsabilidade.

Jan Carlzon encorajou a assunção de responsabilidade na SAS confiando nos outros e descentralizando a autoridade. Um líder tem de deixar as pessoas suportarem o peso da responsabilidade. «A chave reside em deixar que sejam eles a descobrir o problema», dizia. «Não terão êxito se as pessoas não tiverem dentro de si o reconhecimento do problema e a solução». Com essa finalidade, Carlzon procurou um empenho alargado.

Por exemplo, nos seus dois primeiros anos na SAS, Carlzon empregou até 50% do seu tempo a comunicar diretamente em grandes reuniões e indiretamente numa série de formas inovadoras: através de *workshops*, sessões de *brainstorming*, exercícios de aprendizagem, *newsletters*, brochuras e exposição nos meios de informação. Demonstrou através de uma série de atos simbólicos – por exemplo, eliminando a pretensiosa sala de jantar executiva e queimando dezenas de páginas de manuais e livros de instruções – até que ponto as regras tinham dominado a empresa. Tornou-se uma presença constante, reunindo-se e ouvindo as pessoas tanto dentro como fora da organização. Até escreveu um livro, *Moments of Truth* (HarperCollins, 1989), para explicar os seus valores, filosofia e estratégia. Como Carlzon observou: «Se não for mais ninguém, pelo menos o meu pessoal vai lê-lo».

Um líder tem também de desenvolver a autoconfiança coletiva. De novo, Carlzon disse-o bem: «As pessoas não nasceram com autoconfiança. Mesmo as pessoas mais autoconfiantes podem quebrar. A autoconfiança vem do sucesso, da experiência e do ambiente da organização. O papel mais importante do líder é instilar confiança nas pessoas. Elas têm de ousar correr riscos e assumir responsabilidades. Temos de apoiá-las se cometerem erros».

Proteger as vozes de liderança vindas de baixo

Dar voz a todas as pessoas é a base de uma organização que deseje experimentar e aprender. Mas, de facto, os alarmistas, os marginais criativos e outras vozes originais são habitualmente esmagadas e silenciadas na vida da organização. Geram desequilíbrio e a forma mais fácil de uma organização restaurar o equilíbrio é neutralizando essas vozes, por vezes em nome do trabalho de equipa e do «alinhamento».

As vozes vindas de baixo não são em geral tão articuladas quanto se desejaria. As pessoas que falam para lá da sua autoridade em geral sentem-se embaraçadas e, por vezes, têm de gerar «demasiada» paixão para se sentirem encorajadas a falar. Claro que isso torna muitas vezes mais difícil que comuniquem eficazmente. Escolhem a altura e o local errados e, frequentemente, ultrapassam os canais de comunicação adequados e as linhas de autoridade. Mas, enterrada numa interjeição mal pronunciada, poderá residir uma intuição importante que precise de ser incitada e considerada. Ignorá-la por causa da sua falta de oportunidade, ausência de clareza ou aparente insensatez é perder uma informação valiosa e desencorajar um potencial líder na organização.

Foi o que aconteceu a David, um gestor de uma grande empresa manufatora. Tinha escutado quando os seus superiores encorajaram as pessoas a procurar problemas, a falar abertamente e a assumir responsabilidades. Por isso, levantou uma questão acerca de um dos projetos acarinhados por um dos executivos – uma questão considerada «demasiado quente para se lhe pegar» e que tinha sido varrida para debaixo do tapete durante anos. Toda a gente entendia que não estava aberta a discussão, mas David sabia que a continuação do projeto poderia prejudicar ou desviar elementos essenciais da estratégia geral da empresa. Levantou a questão diretamente numa reunião com o seu chefe e o diretor executivo. Apresentou uma descrição clara do problema, uma lista de perspetivas divergentes e um sumário das consequências da continuação do projeto.

O diretor executivo irrompeu iradamente na discussão e reforçou os aspetos positivos do seu projeto. Quando David e o seu chefe deixaram a sala, o seu chefe explodiu: «Quem pensas que és, com a tua atitude de mais santo do que os outros?» Insinuou que David nunca gostara do projeto preferido do executivo por não ter sido o próprio David a ter tido a ideia. O caso foi encerrado.

David tinha uma maior competência na área do projeto do que o seu chefe ou o diretor executivo. Mas os seus dois superiores nem demonstraram curiosidade, nem fizeram qualquer esforço para investigar o raciocínio de David, nem tiveram a consciência de que ele estava a comportar-se responsavelmente visando os interesses da empresa. Tornou-se rapidamente claro para David que era mais importante compreender aquilo que interessava ao chefe do que centrar-se nos verdadeiros problemas. O diretor executivo e o chefe de David esmagaram conjuntamente o ponto de vista de um líder de cargo inferior, eliminando assim o seu potencial de liderança na organização. Restava-lhe abandonar a empresa ou nunca mais levantar problemas.

Os líderes têm de confiar nas outras pessoas dentro da organização para que levantem questões que possam indicar um desafio adaptativo à porta. Têm de fornecer cobertura às pessoas que apontam as contradições internas da empresa. Esses indivíduos têm frequentemente uma perspetiva que obriga a repensar que as pessoas com autoridade não têm. Assim, por hábito, quando as figuras de autoridade sentem a tendência reflexa para reprimir ou silenciar alguém, deverão resistir. A inclinação para restaurar o equilíbrio social é muito poderosa e surge rapidamente. A pessoa precisa de se habituar a subir ao balcão, sustendo o impulso e perguntando: Do que é que esta pessoa está realmente a falar? Haverá alguma coisa que nos está a escapar?

O trabalho adaptativo na KPMG Netherlands

A altamente bem-sucedida KPMG Netherlands fornece um bom exemplo de como uma empresa se pode empenhar no trabalho adaptativo. Em 1994, Ruud Koedijk, o presidente da empresa, reconheceu um desafio estratégico. Apesar de a auditora, consultora e conselheira fiscal ser a líder da indústria na Holanda e ser altamente rentável, as oportunidades de crescimento estavam a ser encurtadas à medida que o mercado se tornava mais saturado e a concorrência no negócio da consultoria aumentava também. Koedijk sabia que a empresa precisava de se deslocar para áreas de crescimento mais rentáveis, mas não sabia quais eram nem como a KPMG as poderia identificar.

Koedijk e a sua direção estavam confiantes em que possuíam as ferramentas necessárias para o trabalho de estratégia analítica: analisar as tendências e as descontinuidades, identificar as competências essenciais, avaliar a sua posição competitiva e mapear as oportunidades potenciais. Estavam consideravelmente menos certos de se conseguirem empenhar na implementação da estratégia que emergiria do seu trabalho. Historicamente, a sociedade resistira a tentativas de mudança, basicamente porque os associados estavam contentes com as coisas como estavam. Tinham tido êxito durante muito tempo, por isso não viam razão para aprender novas formas de fazer negócio, nem com os seus colegas, nem com ninguém mais abaixo que pertencesse à organização. Destruir a atitude dos associados e o seu profundo impacto na cultura da organização colocava um enorme desafio adaptativo para a KPMG.

Koedijk conseguia ver, a partir do balcão, que a própria estrutura da KPMG inibia a mudança. Na verdade, a KPMG era menos uma sociedade do que um conjunto de pequenos feudos em que cada sócio era um lorde. O sucesso da empresa consistia no cumprimento cumulativo de cada um dos sócios individuais e não no resultado unificado de 300 colegas a esforçarem-se na direção de uma ambição partilhada. O sucesso era medido exclusivamente em termos da rendibilidade de unidades individuais. Conforme um dos associados o descreveu: «Desde que o resultado batesse certo, eras um "tipo impecável"». Em resultado disso, um dos associados não invadiria o território do outro e aprender com os outros era um acontecimento raro. Uma vez que a independência era tão altamente prezada, os confrontos eram raros e o conflito era camuflado. Se os associados quisessem resistir a uma mudança em toda a empresa, não abordariam o assunto diretamente. «Diz sim, faz não» era a frase operativa.

Koedijk sabia também que este sentido de autonomia interferia no desenvolvimento de novo talento na KPMG. Os diretores recompensavam os seus subordinados por duas coisas: não cometerem erros e apresentarem um elevado número de horas cobráveis por semana. Não havia ênfase na criatividade nem na inovação. Os associados procuravam erros quando examinavam o trabalho dos seus subordinados, não uma nova compreensão ou uma abordagem fresca. Apesar de Koedijk conseguir ver os contornos gerais dos desafios adaptativos que esperavam a sua organização, sabia que não podia criar uma mudança comportamental por mandato. O que poderia fazer era criar as condições para que as pessoas descobrissem por si mesmas como precisavam de mudar. Pôs em marcha um processo para que tal acontecesse.

Para começar, Koedijk realizou uma reunião com todos os 300 associados e focou a sua atenção na história da KPMG, na realidade dos negócios atual e nos problemas que poderiam esperar enfrentar. Depois, suscitou a questão de como abordariam a mudança e pediu-lhes as suas perspetivas sobre a matéria. Ao lançar a iniciativa estratégica através do diálogo e não por édito, construiu a confiança dentro das fileiras dos associados. Baseado nesta confiança emergente e na sua própria credibilidade, Koedijk persuadiu os associados a libertarem 100 associados e não-associados das suas responsabilidades quotidianas para trabalharem em desafios estratégicos. Dedicariam 60% do seu tempo, durante quase quatro meses, a esse trabalho.

Koedijk e os seus colegas estabeleceram uma equipa de integração estratégica de 12 associados seniores para trabalharem com 100 profissionais (chamados «os 100»), de diferentes níveis e disciplinas. Empenhar pessoas abaixo do nível de associado numa importante iniciativa estratégica era inaudito e assinalava uma nova abordagem desde o princípio: muitas das opiniões destas pessoas nunca tinham sido avaliadas ou procuradas pelas figuras de autoridade na empresa. Divididos em 14 forças de intervenção, os 100 iriam trabalhar em três áreas: determinar futuras tendências e descontinuidades, definir competências essenciais e enfrentar os futuros desafios competitivos da organização. Foram instalados num piso à parte com o seu próprio pessoal de apoio e ficaram libertos das regras e dos regulamentos tradicionais. Hennie Both, o diretor de marketing e comunicações da KPMG, assumiu a gestão do projeto.

À medida que o trabalho estratégico se desenvolvia, as forças de intervenção tinham de confrontar a cultura existente na KPMG. Porquê? Porque, literalmente, não conseguiam fazer o seu trabalho dentro das regras antigas. Não conseguiam trabalhar quando um forte respeito pelo indivíduo se efetuava à custa do trabalho em equipa eficaz, quando as crenças individuais profundamente enraizadas interferiam com a discussão genuína e quando as lealdades de unidade formavam uma barreira à resolução de problemas transfuncionais. Pior de tudo, os membros das forças de intervenção davam por si a evitar conflitos e incapazes de discutir esses problemas. Um certo número das forças de intervenção tornou-se disfuncional e incapaz de realizar o seu trabalho estratégico.

Para focar a sua atenção naquilo que precisava de mudar, Both ajudou as forças de intervenção a mapearem a cultura que desejavam contra a cultura corrente. Descobriram muito pouca sobreposição. Os descritores de topo da cultura corrente eram: desenvolver opiniões opostas, pedir a perfeição e evitar o conflito. As características cimeiras da cultura desejada eram: criar a oportunidade de autorrealização, desenvolver um ambiente de preocupação com os outros e manter relações de confiança com os colegas. Articular este fosso tornou tangível para o grupo o desafio adaptativo que Koedijk via à frente da KPGM. Por outras palavras, as pessoas que precisavam de efetuar a mudança tinham finalmente enquadrado o desafio adaptativo para si próprias: como poderia a KPMG ter sucesso numa estratégia baseada na competência que dependia da cooperação entre múltiplas unidades e níveis, se o seu pessoal não conseguia ter êxito nas forças de intervenção? Armados com essa compreensão, os membros da força de intervenção podiam tornar-se emissários para o resto da empresa.

A um nível mais pessoal, pediu-se a cada membro que identificasse o seu desafio adaptativo individual. Que atitudes, comportamentos, ou hábitos cada um precisava de alterar e que ações específicas deveria tomar? Quem mais precisaria de ser envolvido para que a mudança individual ganhasse raízes? Agindo como formadores e consultores, os membros da força de intervenção forneceram uma retroação de apoio uns aos outros e também sugestões. Tinham aprendido a confiar, a ouvir e a aconselhar com um cuidado genuíno.

O progresso nestas matérias elevou o nível de confiança espetacularmente e os membros da força de intervenção começaram a aprender o que significava adaptar o seu comportamento em termos quotidianos. Compreenderam como identificar uma questão adaptativa e desenvolveram uma linguagem adequada para discutir aquilo que precisavam de fazer para melhorar a sua capacidade coletiva para resolver problemas. Falavam acerca de diálogo, de evitar o trabalho e da utilização da inteligência coletiva do grupo. Sabiam como chamar a atenção uns dos outros para comportamentos disfuncionais. Tinham começado a desenvolver a cultura exigida para implementar a nova estratégia de negócios.

Apesar dos avanços críticos no sentido de desenvolver uma compreensão coletiva do desafio adaptativo, regular o nível de perturbação era uma preocupação constante para Koedijk, a direção e Both. A natureza do trabalho era perturbadora. O trabalho estratégico significa grandes missões com instruções limitadas; na KPMG, as pessoas estavam acostumadas a missões elevadamente estruturadas. O trabalho estratégico significava também ser-se mais criativo. Numa reunião de pequeno-almoço, um dos membros da direção subiu para cima de uma mesa para desafiar o grupo a ser mais criativo e a desfazer-se das velhas regras. Este radical e inesperado comportamento aumentou ainda mais o nível de perturbação: nunca ninguém vira um associado a portar-se daquela forma. As pessoas perceberam que a sua experiência de trabalho as preparara apenas para a realização de tarefas rotineiras com pessoas «como elas», das suas próprias unidades.

O processo permitia o conflito e focava a atenção das pessoas nas questões quentes para as ajudar a trabalhar com o conflito de uma maneira construtiva. Mas o calor era mantido a um nível tolerável através de algumas destas formas:

- Em certa ocasião, quando as tensões se tornavam invulgarmente elevadas, os 100 eram reunidos para apresentar as suas preocupações à administração numa reunião ao estilo da Oprah Winfrey. A direção sentava-se no centro de um auditório e ouvia as perguntas incómodas do grupo envolvente.
- O grupo imaginou sanções para desencorajar o comportamento indesejado. Numa Holanda apaixonada pelo futebol, foram dados a todos os participantes no processo os cartões amarelos que os árbitros usam para «avisar» os jogadores. Eles usavam os cartões para deter a ação quando alguém começava a discutir sem ouvir ou sem compreender os princípios e as perspetivas divergentes dos outros participantes.
- O grupo criou símbolos. Compararam a velha KPMG a um hipopótamo, gordo e desajeitado, que gostava de dormir muito e se tornava agressivo quando os seus hábitos normais eram perturbados. Aspiravam a ser golfinhos, que caracterizaram

como brincalhões, desejosos de aprender e com vontade de se esforçarem sempre mais pela equipa. Deram até atenção àquilo que o vestuário transmitia: alguns clientes ficaram surpreendidos por, nesse verão, verem gestores a vaguear pelos escritórios da KPMG de calções e T-shirts.

- O grupo fez questão em divertir-se. O «tempo de diversão» poderia significar longos passeios de bicicleta ou jogos com pistolas de laser num centro de diversões local. Num momento espontâneo nos escritórios da KPMG, uma discussão sobre o poder das pessoas mobilizadas para um objetivo comum levou o grupo a ir lá para fora e usar a sua força coletiva para deslocar um bloco de cimento aparentemente inamovível.
- O grupo participava frequentemente em reuniões de dois ou três dias fora das instalações para ajudar a encerrar determinadas partes do seu trabalho.

Estas ações, tomadas no seu todo, alteraram as atitudes e os comportamentos. A curiosidade passou a ser mais valorizada do que a obediência às regras. As pessoas deixaram de deferir para a figura de autoridade sénior que estivesse na sala; o diálogo genuíno neutralizou o poder hierárquico na batalha pelas ideias. A tendência para cada indivíduo promover a sua solução preferida deu lugar à compreensão de outras perspetivas. A confiança na capacidade das pessoas de diferentes unidades para trabalharem em conjunto e resolverem as questões emergiu. As pessoas com os espíritos mais curiosos e as questões mais interessantes depressa se tornaram as mais respeitadas.

Em resultado da confrontação de desafios estratégicos e adaptativos, a KPMG como um todo deslocar-se-á da auditoria para os seguros, de consultora de operações para a construção de visões corporativas, da reengenharia de processos de negócios para o desenvolvimento de capacidades organizacionais e do ensino de competências tradicionais para a criação de organizações de aprendizagem. As forças de intervenção da KPMG identificaram novas oportunidades de negócios num valor estimado entre 50 e 60 milhões de dólares.

Muitos gestores seniores que acreditavam em que a mentalidade de auditoria não podia conter pessoas criativas ficaram surpreendidos quando o processo despertou criatividade, paixão, imaginação e vontade de correr riscos. Duas histórias ilustram as mudanças fundamentais na disposição mental da empresa.

Vimos um gestor intermédio desenvolver a confiança para criar um novo negócio. Ele descobriu a oportunidade para fornecer serviços da KPMG a organizações virtuais e alianças estratégicas. Viajou pelo mundo, visitando os líderes de 65 organizações virtuais. O resultado da sua investigação inovadora serviu como um recurso para a KPMG entrar neste mercado em crescimento. Além disso, representou a nova KPMG pronunciando um discurso-síntese que discutia as suas descobertas num fórum mundial. Vimos também uma auditora de 28 anos a orientar habilidosamente um grupo de associados seniores masculinos, mais velhos, através de um complexo dia de procura de oportunidades, associado à implementação das novas estratégias da empresa. Tal nunca poderia ter ocorrido um ano antes. Os associados seniores nunca teriam ouvido aquela voz vinda de um nível inferior.

A liderança como aprendizagem

Muitos esforços para transformar organizações através de fusões e aquisições, reestruturações, reengenharias e trabalho de estratégia falham porque os gestores não conseguem captar as exigências do trabalho adaptativo. Cometem o erro clássico de tratar os desafios adaptativos como problemas técnicos que poderão ser resolvidos através de executivos seniores de espírito decidido.

As implicações desse erro atingem o âmago do trabalho dos líderes de organizações atuais. Os líderes que constroem a estratégia têm acesso à competência técnica e às ferramentas de que precisam para calcular os benefícios de uma fusão ou de uma reestruturação, compreender tendências e descontinuidades futuras, identificar oportunidades, mapear as competências existentes e identificar os mecanismos impulsionantes que apoiem a sua direção estratégica. Estas ferramentas e técnicas estão já disponíveis tanto no interior das organizações, como numa variedade de empresas consultoras e são muito úteis. Em muitos casos, porém, estratégias aparentemente boas falham na sua aplicação. E, frequentemente, o fracasso é mal diagnosticado: «Tínhamos uma boa estratégia, mas não conseguimos executá-la eficazmente».

De facto, a estratégia em si é muitas vezes deficiente por terem sido ignoradas muitas perspetivas durante a sua formulação. A falha em realizar o trabalho adaptativo durante o processo de desenvolvimento da estratégia é um sintoma da orientação técnica da gestão sénior. Os gestores derivam frequentemente a sua solução para um problema e tentam passá-la a alguns colegas e ignoram ou postergam outros durante o processo da construção do empenho. Com demasiada frequência, os líderes, a sua equipa e os consultores não conseguem identificar e lidar com as dimensões adaptativas do desafio, perguntando a si próprios: Quem precisa de aprender o quê para poder desenvolver, compreender, comprometer-se e implementar a estratégia?

A mesma orientação técnica entrava as iniciativas de reengenharia do processo de negócios e de reestruturação, em que os consultores e os gestores têm o conhecimento necessário para realizar o trabalho técnico ou o enquadramento de objetivos, para conceber um novo fluxo de trabalho, para documentar e comunicar resultados e para identificar as atividades a serem desempenhadas por determinadas pessoas na organização. Em muitos casos, a reengenharia fica aquém dos objetivos porque trata o redesenho do processo como um problema técnico: os gestores negligenciam a identificação do processo adaptativo e do envolvimento das pessoas que têm de realizar a mudança. Os executivos seniores não investem o seu tempo e as suas almas na compreensão destas questões e na orientação das pessoas através da transição. Na verdade, a engenharia é em si própria a metáfora errada.

Em resumo, a noção prevalecente de que a liderança consiste em ter uma visão e alinhar as pessoas com essa visão está falida porque continua a tratar as situações adaptativas como se fossem técnicas: é suposto a figura de autoridade adivinhar para onde a empresa se dirige e as pessoas seguirem-na. A liderança fica reduzida à combinação de uma extraordinária sabedoria e capacidade de venda. Tal perspetiva revela uma conceção errada básica acerca da forma como as atividades de negócios conseguem responder aos desafios adaptativos. As situações adaptativas são difíceis de definir e resolver precisamente porque exigem o trabalho e a responsabilidade dos gestores e das pessoas ao longo de toda a organização. Não são redutíveis a soluções fornecidas pelos líderes; as soluções adaptativas exigem que os membros da organização assumam a responsabilidade pelas situações problemáticas que os aguardam.

A liderança tem de ser efetuada todos os dias. Não pode ser a responsabilidade de alguns, um acontecimento raro, ou uma oportunidade única na vida. No nosso mundo, nos nossos negócios, enfrentamos constantemente desafios adaptativos. Quando se pede a um executivo para harmonizar aspirações em conflito, ele e o seu pessoal enfrentam um desafio adaptativo. Quando um gestor vê uma solução para um problema – sob muitos aspetos técnico, mas que exige uma mudança de atitudes e de hábitos dos subordinados – enfrenta um desafio adaptativo. Quando um empregado próximo da linha da frente vê um fosso entre a finalidade e os objetivos da organização que se lhe pede que ultrapasse, enfrenta ao mesmo tempo um desafio adaptativo e os riscos e a oportunidade da liderança vinda de baixo.

A liderança, vista a esta luz, exige uma estratégia de aprendizagem. Um líder, de um nível superior ou de um nível inferior, com ou sem autoridade, tem de comprometer as pessoas no confronto do desafio, ajustando os seus valores, alterando perspetivas e aprendendo novos hábitos. Para uma pessoa autoritária que se orgulhe da sua capacidade para resolver problemas difíceis, esta transformação poderá constituir um brutal despertar. Mas também deverá permitir aliviar o peso de ter de saber todas as respostas e de suportar toda a carga. Para a pessoa que espere sentir a vocação do formador ou a «visão» da liderança, esta mudança poderá também parecer uma mistura de boas e más notícias. As exigências adaptativas do nosso tempo exigem líderes que assumam a responsabilidade sem esperar por uma revelação ou uma imposição. Uma pessoa pode liderar sem mais do que uma pergunta na mão.

Originalmente publicado em janeiro de 1997. Reimpressão R0111K

Por que haveria alguém de ser liderado por si?

por Robert Goffee e Gareth Jones

SE QUISER SILENCIAR uma sala de executivos, tente este pequeno truque. Pergunte-lhes: «Por que haveria alguém de ser liderado por si?» Nós fizemos essa pergunta durante os últimos dez anos, quando fazíamos consultoria para dúzias de empresas na Europa e nos Estados Unidos. Sem exceção, a resposta é um súbito e espantado silêncio. Tudo o que se ouve são joelhos a tremer.

Os executivos têm boas razões para ter medo. Não se pode fazer nada no mundo dos negócios sem ter seguidores e, nestes tempos de distribuição do poder, os seguidores são difíceis de encontrar. Por isso, é bom que os executivos saibam o que é preciso para liderar eficazmente – têm de encontrar formas de empenhar as pessoas e elevar esse empenhamento até aos objetivos da empresa. Mas a maioria não sabe fazê-lo e quem poderá culpá-los? Há, simplesmente, demasiado aconselhamento. Só no ano passado, foram publicados mais de 2000 livros sobre liderança, alguns deles recuperando até Moisés e Shakespeare como gurus de liderança.

Estamos contudo ainda à espera de conselhos que nos digam toda a verdade sobre a liderança. Sim, toda a gente concorda que os líderes precisam de visão, de energia, de autoridade e de direção estratégica. Nem vale a pena dizê-lo. Mas nós descobrimos que os líderes que inspiram partilham também quatro qualidades inesperadas:

- **Mostram seletivamente as suas fraquezas**. Ao exporem alguma vulnerabilidade, revelam a sua disponibilidade em termos humanos.
- **Confiam fortemente na intuição para calibrar o *timing* apropriado e o curso das suas ações**. A sua capacidade para reunir e interpretar dados ajuda-os a saber exatamente quando e como agir.
- **Inspiram os outros criando aquilo a que chamamos empatia**. Eles empatizam apaixonadamente – e realisticamente – com as pessoas e preocupam-se bastante com o trabalho dos empregados.
- **Revelam as suas diferenças**. Capitalizam aquilo que é único em si próprios. Talvez se veja numa posição de topo sem estas qualidades, porém, a verdade é que poucas pessoas vão querer ser lideradas por si.

Poderá encontrar-se numa posição de topo sem estas qualidades, mas poucas pessoas desejarão que as lidere.

A nossa teoria acerca das quatro qualidades essenciais da liderança, deverá notar-se, não é acerca dos resultados *per se*. Embora muitos dos líderes que estudámos e que usamos como exemplo alcancem de facto retornos financeiros superiores, o foco da nossa investigação foram os líderes que são excelentes a inspirar as pessoas – em captar corações, mentes e almas. Esta capacidade não é tudo no mundo dos negócios, mas um líder experimentado dir-vos-á que tem um grande valor. Na verdade, os grandes resultados poderão ser impossíveis sem ela.

A nossa investigação sobre a liderança começou há cerca de 25 anos e seguiu três ramos desde então. Primeiro, como académicos, percorremos as proeminentes teorias sobre liderança do último século para desenvolvermos o nosso próprio modelo de trabalho de liderança eficaz. (Para mais acerca da história do pensamento sobre liderança, ver o texto lateral «Liderança: Uma Pequena História de um Grande Tópico».) Segundo, como consultores, testámos a nossa teoria com milhares de executivos em *workshops* por todo o mundo e através de observações de dúzias de clientes. E, terceiro, nós próprios como executivos aplicámos as nossas teorias nas nossas organizações.

Revele as suas fraquezas

Quando os líderes revelam as suas fraquezas, mostram-nos quem são – com defeitos e tudo. Isso poderá significar admitir que são irritáveis à segunda-feira de manhã, que são um bocado desorganizados, ou mesmo bastante tímidos. Estas confissões funcionam porque as pessoas precisam de ver os líderes a admitir alguma falha antes de participarem voluntariamente num empreendimento. Expor uma fraqueza estabelece confiança e ajuda assim a que as alinhem. Na verdade, se os executivos tentarem transmitir que são perfeitos em tudo, isso implica que não precisarão de ninguém para os ajudar seja no que for. Não precisarão de seguidores. Darão sinal de que podem eles próprios fazer tudo.

Para além de criar confiança e uma atmosfera colaborativa, comunicar uma fraqueza constrói também solidariedade entre seguidores e líderes. Consideremos um executivo sénior que conhecemos numa consultora de gestão global. Acedeu a proferir uma importante apresentação apesar de estar gravemente afetado por tremuras físicas causadas por medicação. A audiência, noutros casos altamente crítica, saudou a sua corajosa exibição de fraqueza com uma ovação de pé. Ao proferir a conferência, atreveu-se a dizer: «Sou como vocês – imperfeito». Partilhar uma imperfeição é tão eficaz porque sublinha a autenticidade do ser humano. Richard Branson, o fundador da Virgin, é um brilhante homem de negócios e um herói no Reino

Em resumo

A pergunta «Por que haveria alguém de ser liderado por si?» desperta o medo nos corações da maioria dos executivos. E por boas razões. Não conseguirão fazer nada sem os seus seguidores e, nestes tempos de distribuição do poder, os seguidores são difíceis de encontrar – *exceto* pelos líderes que são excelentes a captar os corações, as mentes e os espíritos das pessoas.

Como se faz isso? Claro que é preciso visão, energia, autoridade e direção estratégica – *e* estas quatro qualidades adicionais:

- Mostre que é humano, revelando seletivamente fraquezas.
- Seja um «detetor», recolhendo dados não mensuráveis sobre as pessoas que o deixem confiar na intuição.
- Gira os empregados com «empatia dura». Preocupe-se apaixonadamente com eles e com o seu trabalho, ao mesmo que lhes fornece apenas aquilo de que *precisam* para alcançarem o seu melhor.
- Atreva-se a ser diferente, capitalizando a sua singularidade.

Misture e combine estas qualidades para descobrir o estilo adequado para o momento certo.

Sem estas quatro qualidades poderá chegar ao topo.
Mas poucas pessoas desejarão segui-lo e a sua empresa não alcançará os melhores resultados.

Unido. (Na verdade, a marca Virgin está-lhe tão pessoalmente associada que a sucessão é um problema significativo.) Branson é particularmente eficaz a comunicar a sua vulnerabilidade. Está pouco à vontade e gagueja incessantemente quando é entrevistado em público. É uma fraqueza, mas é Richard Branson. É disso que se trata quando se revela uma fraqueza: mostramos aos nossos seguidores que somos genuínos e abordáveis – seres humanos que são humanos.

Outra vantagem de expor uma fraqueza é o facto de oferecer ao líder uma valiosa proteção. Sendo a natureza humana aquilo que é, se não mostrar qualquer fraqueza, então os observadores poderão inventar-lhe uma. As celebridades e os políticos sempre o souberam.

Muitas vezes, dão deliberadamente algo ao público para que fale deles, sabendo perfeitamente que, se não o fizerem, os jornais acabarão por inventar algo ainda pior. A princesa Diana poderá ter referido em público o seu distúrbio alimentar, mas morreu com a sua reputação intacta, na verdade mesmo aumentada.

Dito isto, os líderes mais eficazes sabem que expor uma fraqueza tem de ser feito com cuidado. Procuram fraquezas *seletivas*. Saber a fraqueza que hão de revelar é uma arte altamente aperfeiçoada. A regra de ouro é nunca expor uma fraqueza que possa ser vista como uma falha fatal – pelo que entendemos um defeito que ponha em risco aspetos centrais do vosso papel profissional. Considere o novo diretor financeiro de uma importante corporação. Não pode confessar de repente que nunca compreendeu os fluxos de caixa descontados. O líder deverá revelar apenas uma falha tangencial – e talvez mesmo várias. Paradoxalmente, esta confissão ajudará a desviar a atenção das fraquezas mais importantes.

Outra estratégia bem conhecida é escolher uma fraqueza que possa de algum modo ser considerada uma força, como ser um viciado no trabalho. Quando os líderes expõem estas falhas limitadas, as pessoas não veem grande coisa e pouco mal resultará. Existe, contudo, uma importante condição: se perceberem que a vulnerabilidade do líder não é genuína, este não conquistará o apoio de ninguém. Em vez disso, expor-se-á ao escárnio e ao desprezo. Um dos cenários que vimos repetidamente na nossa investigação foi aquele em que um diretor executivo finge estar distraído para esconder a sua inconsistência ou desonestidade. Esta é uma forma segura de alienar seguidores que recordarão com precisão o que aconteceu ou foi dito.

Torne-se um detetor

Os líderes que inspiram confiam fortemente nos seus instintos para saberem quando hão de revelar uma fraqueza ou uma diferença. Chamamos-lhes bons detetores de situações e com isso queremos dizer que conseguem recolher e interpretar dados não-mensuráveis.

Na prática

Revele as suas fraquezas

Ninguém quer trabalhar com um líder perfeito – que parece não precisar de ajuda. Por isso, mostre que é humano – com defeitos e tudo. Construirá colaboração e solidariedade com os seus seguidores e facilitará a sua disponibilidade.

Pistas:

- Não exponha uma fraqueza que os outros vejam como fatal. (Um novo diretor financeiro não deverá revelar a sua ignorância sobre fluxos de caixa descontados!) Escolha em vez disso uma fraqueza tangencial.
- Escolha um defeito que os outros considerem uma força, como, por exemplo, o vício do trabalho.

Torne-se um detetor

Aperfeiçoe a sua capacidade para recolher e interpretar pistas interpessoais subtis, detetando o que se passa sem ser preciso que lho digam.

> ***Exemplo:*** Franz Humer, um diretor executivo da Roche muitíssimo bem-sucedido, uma empresa de investigação do bem-estar físico, apercebe-se de correntes de opinião sub-reptícia, revela sentimentos não expressos e julga exatamente a qualidade dos relacionamentos.

Pista:

- Teste as suas perceções: valide-as com um conselheiro de confiança ou um membro do círculo interno da equipa.

Conseguem decifrar os indícios no ambiente e sentir o que se passa, sem que seja preciso dizer-lhes seja o que for.

Franz Humer, diretor executivo da Roche, é um detetor clássico. É altamente talentoso na deteção de mudanças no clima e no ambiente; consegue ler indícios subtis e sentir correntes subjacentes nas opiniões que escapam às pessoas menos percetivas. Humer diz que desenvolveu esta capacidade como guia turístico, quando tinha

Pratique a empatia dura

Os verdadeiros líderes empatizam ferozmente com os seus seguidores e preocupam-se intensamente com o trabalho do seu pessoal. São também empaticamente «duros». Isso significa não dar necessariamente às pessoas aquilo que elas *querem*, mas aquilo de que *precisam* para darem o seu melhor.

> ***Exemplo:*** O diretor executivo da BBC, Greg Dyke, sabia que, para sobreviver num mundo digital, a empresa tinha de investir mais nos programas e menos nas pessoas. Reestruturou a organização, mas apenas depois de explicar isto franca e diretamente ao pessoal. Embora muitos trabalhadores tenham perdido os seus empregos, Dyke conservou o empenhamento das pessoas.

Atreva-se a ser diferente

Capitalizar aquilo que é singular em si permite que assinale a sua separação como líder e motiva os outros a um melhor desempenho. Os seguidores puxam mais por si próprios se o seu líder for um pouco mais distante.

Pistas:

- Não se diferencie excessivamente – poderia perder o contacto com os seguidores. Robert Horton, antigo diretor executivo do British Petroleum, exibia descaradamente a sua formidável inteligência. Os seguidores viam-no como arrogante e distanciavam-se dele. Foi despedido três anos depois.

- Distinga-se através de qualidades como a imaginação, a competência e o gosto pelo risco.

vinte e poucos anos e era responsável por grupos de cem ou mais pessoas. «Não havia salários, apenas gorjetas», explica. «Depressa aprendi como havia de me sintonizar com cada grupo em particular. Eventualmente, conseguia prever com uma margem de 10% quanto conseguiria ganhar com cada grupo específico». Na verdade, os grandes detetores conseguem adivinhar sentimentos não expressos; conseguem, com grande precisão, ajuizar se as relações

Liderança: uma pequena história de um grande tópico

AS PESSOAS TÊM FALADO de liderança desde o tempo de Platão. Mas, em organizações por todo o mundo – tanto em conglomerados dinossáuricos como nas *startups* da nova economia – surge a mesma queixa: não temos suficiente liderança. Temos de perguntar: Por que razão somos tão obcecados com a liderança?

Uma das respostas é que há uma crise de crença no mundo moderno que tem as suas raízes na revolução racionalista do século XVIII. Durante o Iluminismo, filósofos como Voltaire afirmavam que, através exclusivamente da razão, as pessoas conseguiam controlar o seu destino. Tal marcou uma reviravolta incrivelmente otimista na história do mundo. No século XIX, emergiram duas crenças desta noção racionalista: a crença no progresso e a crença no aperfeiçoamento do homem. Isto produziu uma perspetiva ainda mais cor-de-rosa do que a anterior. Foi apenas no final do século XIX, primeiro com os escritos de Sigmund Freud e depois de Max Weber, que surgiram as primeiras vozes discordantes. Estes dois escritores destruíram a crença do homem ocidental na racionalidade e no progresso. A atual busca de liderança é uma consequência direta do seu trabalho.

O fundador da psicanálise, Freud, teorizou que, sob a superfície da mente racional, existia o inconsciente. Afirmou que o inconsciente era responsável

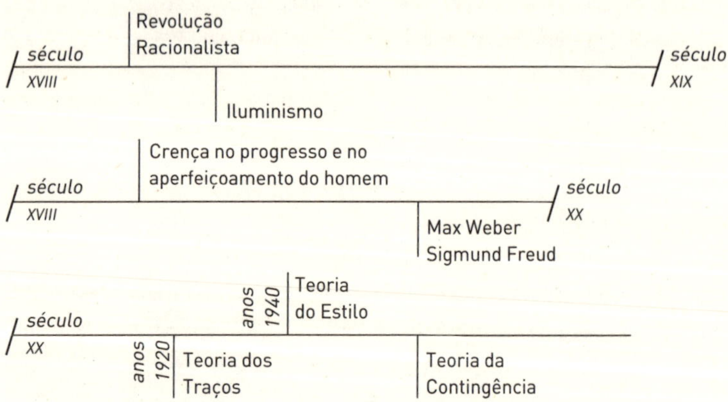

por uma parte considerável do comportamento humano. Weber, o principal crítico de Marx e um brilhante sociólogo, explorou também os limites da razão. Na verdade, para ele, a força mais destrutiva que operava nas organizações era algo a que chamou racionalidade técnica – ou seja, a racionalidade sem moralidade.

Para Weber, a racionalidade técnica estava encarnada numa forma organizacional em particular – a burocracia. As burocracias, dizia, eram assustadoras, não por causa da sua ineficiência, mas pela sua eficiência e pela sua capacidade de desumanizar as pessoas. Os romances trágicos de Franz Kafka apresentam um testemunho cru dos efeitos debilitantes da burocracia. Ainda mais arrepiante foi o testemunho do tenente-coronel de Hitler, Adolf Eichmann, quando disse: «Eu era apenas um bom burocrata». Weber acreditava que o único poder que poderia resistir à burocratização era a liderança carismática. Mas mesmo isto tinha significados muito contraditórios no século XX. Embora tivessem existido líderes inspiradores e transformadores durante a guerra, também houve líderes carismáticos como Hitler, Estaline e Mao Tsé-Tung, que cometeram atrocidades horrendas.

No século XX, houve muito ceticismo acerca do poder da razão e da capacidade do homem para progredir continuamente. Assim, tanto por razões pragmáticas como filosóficas, começou a desenvolver-se um forte interesse pelo conceito de liderança. E, na verdade, na década de 20 do século XX, começou a primeira investigação séria. A primeira teoria da liderança – a teoria dos traços – tentava identificar as características comuns dos verdadeiros líderes. Com essa finalidade, os líderes eram pesados e medidos e submetidos a uma bateria de testes psicológicos. Mas ninguém conseguia identificar o que os verdadeiros líderes tinham em comum. A teoria dos traços caiu em desgraça logo após dispendiosos estudos concluírem que os verdadeiros líderes tanto estavam acima da média como abaixo.

A teoria dos traços foi substituída pela teoria do estilo na década de 40, sobretudo nos Estados Unidos. Um dos estilos particulares de liderança foi destacado como tendo mais potencial. Era um estilo de liderança democrática, do tipo «então, pessoal, tudo bem?», e milhares de executivos americanos foram enviados para cursos de formação para aprenderem a comportar-se desse modo. Havia apenas um senão. A teoria capturava essencialmente o espírito da América de Roosevelt – aberta, democrática e meritocrática. E assim, quando o macartismo e a Guerra Fria suplantaram o New Deal, foi exigido um estilo completamente novo. Subitamente, toda a gente era encorajada a comportar-se como um guerreiro da Guerra Fria! O pobre executivo estava completamente confuso.

O recente pensamento sobre a liderança é dominado pela teoria da contingência, que diz que a liderança está dependente de uma situação particular. Isso é fundamentalmente verdade, mas, dado existirem infindáveis contingências na vida, existem infindáveis variedades de liderança. Mais uma vez, o desorientado executivo à procura de um modelo que o ajude fica desesperadamente perdido.

Para este artigo, recorremos a todas as teorias da liderança para chegarmos a quatro qualidades de liderança essenciais. Como Weber, procurámos uma liderança que fosse em primeiro lugar antiburocrática e carismática. Ao contrário dos teóricos dos traços originais, contudo, não acreditamos que todos os líderes tenham a mesmas fraquezas; a nossa pesquisa mostrou apenas que todos os líderes expõem alguns defeitos. A empatia dura teve origem na teoria do estilo, que examina diferentes tipos de relação entre os líderes e os seus seguidores. Por fim, a teoria do contexto reuniu as condições para se saber as capacidades a usar em diferentes circunstâncias.

estão a funcionar, ou não. O processo é complexo e, como qualquer pessoa que o tenha experimentado sabe, os resultados são impressionantes.

Consideremos um executivo de recursos humanos com quem trabalhámos numa empresa de espetáculos multinacional. Um dia, soube de um problema de distribuição em Itália, que tinha o potencial de afetar as operações da empresa em todo o mundo. Enquanto pensava sobre como havia de esconder temporariamente a informação ao seu diretor executivo em Paris, ao mesmo tempo que trabalhava numa solução, o telefone tocou. Era o diretor executivo a dizer: «Diga-me, Roberto, mas que raio se passa em Milão?» O diretor executivo sabia já que havia qualquer problema. Como? Claro que ele possuía as suas redes de informação. Mas, em grande parte, tinha o condão de detetar informação que não lhe era dirigida. Conseguia ler os silêncios e dar conta dos indícios não-verbais na organização.

Não é de surpreender que os mais impressionantes líderes empresariais com quem trabalhámos sejam todos refinados detetores. Ray van Schaik, o presidente da Heineken no início da década de 90, é um bom exemplo. Conservador e polido, o génio de van Schaik reside na sua capacidade de ler os sinais que recebia dos colegas e de Freddie Heineken, o membro de terceira geração da família que «estava sempre lá, sem lá estar». Enquanto alguns gestores seniores passavam muito do seu tempo a tentar interpretar o seu maior acionista, van Schaik desenvolveu a capacidade de «saber logo» aquilo que Heineken pretendia. Esta capacidade baseava-se em muitos anos a trabalhar com ele na direção da Heineken, mas era mais do que isso – van Schaik conseguia interpretar Heineken embora tivessem personalidades muito diferentes e não trabalhassem juntos diretamente.

As histórias de sucesso como a de van Schaik têm contudo um perigo. Embora os líderes possam ser grandes detetores, a deteção pode causar problemas. Pois, ao fazerem julgamentos subtis sobre até que ponto podem ir, os líderes arriscam-se a perder os seus seguidores. A situação política na Irlanda do Norte é um forte exemplo. Durante os dois últimos anos, vários líderes – David Trimble, Gerry Adams e Tony Blair, juntamente com George Mitchell – tomaram iniciativas sem precedentes no sentido da paz. A cada passo do caminho, estes líderes tinham de detetar até que ponto podiam ir sem perderem os seus eleitorados. Nos negócios, pensemos nas fusões e nas aquisições. A menos que os líderes organizacionais e os negociadores consigam convencer os seus seguidores, de uma forma conveniente, de que a mudança é positiva, o valor e a boa vontade depressa se deterioram. Foi esta a situação recentemente enfrentada pela Vodafone e pela France Telecom na venda e compra da Orange.

Existe um outro perigo associado às capacidades de deteção. Por definição, detetar uma situação envolve projeção – o estado mental através do qual atribuímos as nossas próprias ideias às outras pessoas e coisas. Quando uma pessoa «projeta», os seus pensamentos poderão interferir com a verdade. Imaginemos um rádio que capta qualquer número de sinais, muitos dos quais fracos e distorcidos. A deteção de situações é assim; nem sempre se consegue ter a certeza daquilo que se está a ouvir por causa da estática. O empregado que vê a sua chefe distraída e retira a conclusão de que ela irá ser despedida é um exemplo clássico. A maior das capacidades aumenta sob ameaça, mas em particular durante a deteção de uma situação. Esta sensibilidade excessiva num líder poderá ser a receita para o desastre. Por esta razão, a capacidade de deteção terá de ser sempre enquadrada por uma testagem da realidade. Mesmo o detetor mais dotado poderá precisar de validar as suas perceções com um conselheiro em quem confie, ou um membro da sua equipa interna.

Praticar a empatia dura

Infelizmente, já existe muita propaganda hoje em dia acerca da ideia de os líderes *terem* de mostrar preocupação com as suas equipas. Não há nada pior do que ver um gestor a regressar do seu último programa de formação de capacidades interpessoais com a «preocupação» com os outros. Os verdadeiros líderes não precisam de um programa de formação para convencerem os seus empregados de que se preocupam. Os verdadeiros líderes empatizam ferozmente com as pessoas que lideram. Importam-se também intensamente com o trabalho que os seus empregados realizam.

Consideremos Alain Levy, antigo diretor executivo da Polygram. Apesar de ser visto frequentemente como um intelectual descontraído, Levy é perfeitamente capaz de eliminar a distância entre si e os seus seguidores. Em certa ocasião, ajudou alguns executivos juniores da indústria musical a retirar *singles* dos álbuns. Escolher *singles* é uma tarefa determinante na indústria musical: a seleção de uma música pode significar o sucesso ou o fracasso do álbum. Levy sentou-se à mesa com os jovens e assumiu o trabalho com paixão. «Seus perfeitos idiotas», disse, juntando a sua voz à confusão, «não fazem ideia nenhuma de que raio é que estão a falar; temos de ter sempre primeiro uma música para dançar!» Em 24 horas, a história espalhou-se por toda a empresa; foram as melhores relações públicas que Levy alguma vez obteve. «O Levy sabe mesmo escolher *singles*», diziam as pessoas. De facto, ele sabia como se identificar com o trabalho e sabia como entrar no mundo dos seus seguidores – onde a linguagem forte e colorida é a norma – para lhes mostrar que se importava.

Claramente, como o exemplo acima ilustra, não acreditamos que a empatia dos líderes que inspiram seja do tipo fácil descrito em tanta da literatura de gestão. Pelo contrário, sentimos que os verdadeiros líderes operam através de uma abordagem única a que chamamos empatia dura. A empatia dura significa dar às pessoas aquilo de que elas precisam e não aquilo que querem. Organizações como as Unidades de Fuzileiros e as empresas de consultoria especializam-se em empatia dura. Os recrutas são obrigados a dar o seu melhor; a palavra de ordem é «cresce ou desaparece». Chris Satterwaite, diretor executivo da Bell Pottinger Communications e antigo presidente executivo de várias agências publicitárias, compreende perfeitamente o que é a empatia dura. É adepto de enfrentar os desafios de dirigir pessoas criativas ao mesmo tempo que toma decisões duras. «Se tiver de ser, posso ser implacável», diz. «Mas, desde que estejam comigo, prometo ao meu pessoal que irá aprender».

No seu melhor, a empatia dura equilibra o respeito pelo indivíduo e pela tarefa a realizar. Ter ambos em conta, porém, não é fácil, em especial quando a atividade está em modo de sobrevivência. Nessas alturas, os líderes preocupados têm de se entregar sem egoísmo às pessoas em seu redor e saber quando hão de recuar. Consideremos uma situação na Unilever, numa altura em que estava a desenvolver o Persil Power, um detergente que acabou por ter

Quatro mitos populares acerca da liderança

TANTO NA NOSSA INVESTIGAÇÃO como no material de consulta, vimos executivos que interpretam de forma profundamente errada aquilo que faz com que um líder produza inspiração. Seguem-se quatro dos mitos mais comuns:

Qualquer pessoa pode ser um líder.

Não é verdade. Muitos executivos não têm o autoconhecimento nem a autenticidade necessária para a liderança. E o autoconhecimento e a autenticidade são apenas parte da equação. Os indivíduos têm também de querer ser líderes e muitos empregados talentosos não estão interessados em assumir essa responsabilidade. Outros preferem dedicar mais tempo às suas vidas privadas do que aos seus trabalhos. Afinal de contas, a vida é mais do que apenas o trabalho e o trabalho é mais do que se ser apenas o chefe.

Os líderes alcançam resultados para a empresa.

Nem sempre. Se os resultados fossem sempre uma questão de boa liderança, escolher líderes seria fácil. Em qualquer caso, a melhor estratégia seria ir procurar pessoas às empresas com os melhores resultados. Mas, claramente, as coisas não são assim tão simples. As empresas em atividades quase monopolistas podem muitas vezes sair-se muito bem com uma gestão competente em vez de uma grande liderança. De igual modo, algumas empresas bem lideradas não produzem necessariamente resultados, em particular a curto prazo.

de ser retirado do mercado porque destruía o vestuário que era suposto lavar. Embora o produto tenha começado desde cedo a dar sinais de problemas, o diretor executivo Niall FitzGerald ficou ao lado das suas tropas. «Era o sítio mais popular para estar, mas não era onde devia ter estado nessa altura», diz agora. «Deveria ter recuado, frio e desligado, e ter tido em conta o consumidor». Mas estar ao mesmo tempo preocupado e desligado não é fácil, em especial porque, quando realizada como deve ser, a empatia dura é mais difícil para o próprio do que para os seus empregados. «Algumas

As pessoas que chegam ao topo são líderes.

Não necessariamente. Uma das falsas conceções mais persistentes é a de que as pessoas em posições de liderança são líderes. Mas as pessoas que chegaram ao topo poderão tê-lo conseguido por sagacidade política e não necessariamente devido a qualidades de liderança. Além disso, os verdadeiros líderes estão espalhados por toda a organização, desde o salão executivo ao átrio da entrada. Por definição, os líderes são simplesmente pessoas que têm seguidores e o cargo não tem muito a ver com isso. Organizações militares eficazes como a Marinha dos EUA há muito que compreenderam a importância de desenvolver líderes ao longo de toda a organização.

Os líderes são grandes formadores.

Raramente. Formou-se toda uma indústria amadora em torno do princípio de que os bons líderes têm de ser bons formadores. Mas essa ideia assume que uma única pessoa pode ao mesmo tempo inspirar as tropas e transmitir capacidades técnicas. Claro que é possível que grandes líderes possam também ser grandes formadores, mas constatámos isso apenas ocasionalmente. Os líderes mais típicos são como Steve Jobs, cujos pontos fortes distintivos residem na sua capacidade de incitar os outros através da sua visão mais do que através dos seus talentos formadores.

teorias da liderança fazem com que pareça que a preocupação não causa esforço. Não é verdade», diz Paulanne Mancuso, presidente e diretora executiva da Calvin Klein Cosmetics. «Temos de fazer certas coisas que não queremos fazer e isso é duro». É duro ser duro.

A empatia dura traz também o benefício de incitar os líderes a correrem riscos. Quando Greg Dyke assumiu a BBC, os seus concorrentes comerciais podiam gastar substancialmente mais em programas do que a BBC. Dyke compreendeu rapidamente que, para florescer num mundo digital, a BBC precisava de aumentar as suas despesas. Explicou isto aberta e frontalmente ao seu pessoal. Assim que se assegurou do seu apoio, começou a reestruturar de cima a baixo a organização. Embora muitos empregados fossem despedidos, foi capaz de manter o empenho das pessoas. Dike atribuiu o seu sucesso à sua empatia dura com os empregados: «A partir do momento em que temos as pessoas connosco, conseguimos tomar as difíceis decisões que têm de ser implementadas».

Um derradeiro ponto sobre a empatia dura: aqueles mais aptos a usarem-na são as pessoas que se preocupam realmente com algo. E, quando as pessoas se preocupam profundamente com algo – com o que quer que seja – há uma maior probabilidade de revelarem o seu verdadeiro eu. Não transmitirão apenas autenticidade, que é o pré-requisito da liderança, como mostrarão que estão a fazer algo mais do que desempenhar um papel. As pessoas não se comprometem com executivos que simplesmente cumprem as obrigações dos seus cargos. Querem mais. Querem alguém que se preocupe apaixonadamente com as pessoas e o trabalho – tal como elas.

Ousar ser diferente

Uma outra qualidade dos líderes inspiradores é capitalizarem aquilo que lhes é singular. De facto, usar essas diferenças para ganhar vantagem é a qualidade mais importante das quatro que mencionámos. Os líderes mais eficazes usam deliberadamente as diferenças para manter a distância social. Ao mesmo tempo que atraem os seus seguidores para mais perto de si, os líderes inspiradores marcam a sua distância.

Frequentemente, um líder mostrará as suas diferenças tendo um código de vestuário ou uma aparência física distintivamente diferente, mas em geral continuará a distinguir-se através de qualidades como a imaginação, a lealdade, a competência, ou mesmo pelo aperto de mão. Tudo poderá constituir uma diferença, mas é importante comunicá-la. A maioria das pessoas, contudo, hesita transmitir aquilo que lhe é peculiar e poderá levar anos a tomar

Poderão as líderes femininas ser quem são?

AS DIFERENÇAS DE GÉNERO PODEM SER usadas com um efeito tanto positivo como negativo. As mulheres, em particular, estão sujeitas a ser estereotipadas de acordo com as diferenças – embora, normalmente, não aquelas que elas escolheriam. Isso acontece em parte porque há menos mulheres do que homens em posições de gestão. De acordo com a investigação da psicologia social, se a representação de um grupo cair abaixo dos 20% numa determinada sociedade, ficará sujeito a ser estereotipado, quer queira ou não. Para as mulheres, isso poderá significar ser etiquetada como «colaboradora», «mãezinha», ou «sedutora» – designações que podem fazer com que evitem definir as suas diferenças.

Em pesquisas anteriores, verificámos que muitas mulheres – em particular, depois de passarem os cinquenta anos – tentam evitar esta dinâmica desaparecendo. Tentam tornar-se invisíveis. Usam roupa que lhes disfarça a figura; tentam misturar-se com os homens falando com dureza. Essa é certamente uma forma de evitar os estereótipos negativos, mas o problema é que reduz as hipóteses de uma mulher ser vista como potencial líder. Não está a promover o seu verdadeiro eu e as suas diferenças.

Outra das reações ao estereótipo negativo é resistir-lhe coletivamente – por exemplo, montando uma campanha que promova os direitos, oportunidades e mesmo o número de mulheres no local de trabalho. Mas, em termos quotidianos, a sobrevivência é frequentemente tudo para que as mulheres têm tempo, tornando assim impossível que se organizem formalmente.

Uma terceira reação que emergiu na nossa investigação é que as mulheres jogam no estereótipo para ganhar vantagens pessoais. Algumas mulheres, por exemplo, jogam habilmente o papel de «mãezinha» no trabalho, mas fazem-no com tal finura e habilidade que acabam por beneficiar com isso. E o custo desta estratégia?

Prolonga os estereótipos negativos e continua a limitar as oportunidades de outras mulheres transmitirem as suas diferenças pessoais genuínas.

consciência daquilo que a separa. Isto é uma grave desvantagem num mundo em que a rede de trabalho é tão decisiva e as equipas têm de ser formadas da noite para o dia.

Alguns líderes sabem exatamente como aproveitar as suas diferenças. Por exemplo, Sir John Harvey-Jones, antigo diretor executivo da ICI – que foi já a maior empresa manufatora do Reino Unido. Quando, há alguns anos, escreveu a sua autobiografia, um jornal britânico anunciou o livro com um desenho de Harvey-Jones. O perfil tinha um bigode, cabelo comprido e uma gravata garrida. O desenho era a preto e branco, mas toda a gente sabia de quem se tratava. Claro que Harvey-Jones não chegou ao topo da ICI por causa das gravatas espalhafatosas e do cabelo comprido. Mas foi muito inteligente desenvolver as diferenças que explorou para mostrar que era aventureiro, empreendedor e único – ele era John Harvey-Jones.

Existem outras pessoas que não têm tanta consciência das suas diferenças. Por exemplo, Richard Surface, antigo diretor de gestão da Pearl Insurance, do Reino Unido, andava sempre de um lado para o outro e passava à frente das pessoas, usando o seu próprio ritmo para transmitir urgência. Há ainda outros líderes que têm a sorte de os colegas lhes indicarem as diferenças. Como Greg Dyke, da BBC, diz: «O meu associado diz-me: "Tu fazes coisas instintivamente que não compreendes. O que me preocupa é que, se quiseres compreendê-las, deixes de conseguir fazê-las!"». Na verdade, o que emergiu das nossas entrevistas é que a maioria dos líderes começa por não saber quais são as suas diferenças mas acaba por conhecê-las – e usá-las – com maior eficácia com o passar do tempo. Franz Humer, da Roche, por exemplo, compreende agora que usa as suas emoções para suscitar reações nos outros.

A maioria das diferenças que descrevemos são aquelas que tendem a ser visíveis, ou para o próprio líder, ou para os colegas à sua volta. Mas há diferenças que são mais subtis, mas que no entanto têm efeitos muito poderosos. Por exemplo, David Prosser, o diretor executivo da Legal and General, uma das maiores e mais bem-sucedidas empresas de seguros da Europa, é um sujeito estranho. Não é um tipo citadino polido; de facto, provém da fabril Gales do Sul. E, embora em geral se mostre disponível, Posser tem uma postura dura, que usa numa versão atenuada, mas bastante eficaz. Numa recente festa, um diretor comercial bastante excitável começou a gabar-se da forma como a empresa era boa em produtos de venda cruzada. Em voz baixa, Prosser interveio: «Podemos ser bons, mas não somos suficientemente bons». Um arrepio varreu a sala. O que queria dizer Prosser? Não te sintas tão próximo que aches que te podes descontrair! Eu sou o líder, eu é que digo essas coisas. Não te esqueças. Ele usa mesmo esta postura com a equipa de topo – mantém toda a gente em alerta.

Os líderes inspiradores usam a separação para motivar os outros para um melhor desempenho. Não é que sejam maquiavélicos, mas reconhecem instintivamente que os seguidores se esforçarão se o seu líder for um pouco distante. A liderança, ao fim e ao cabo, não é um concurso de popularidade.

Um perigo, contudo, é os executivos se diferenciarem em excesso na sua determinação para exprimirem a sua separação. Na verdade, alguns líderes perdem o contacto com os seus seguidores e, quando isso acontece, é fatal. Depois de terem criado demasiada distância, deixam de ser bons detetores e perdem a capacidade para se identificarem e preocuparem. Foi isso que pareceu acontecer durante o exercício de Robert Horton como presidente e diretor executivo da BP durante o início da década de 90. A conspícua exibição da sua considerável – na verdade, aterradora – inteligência levava a que por vezes os outros o vissem como arrogante e jactante. Isso resultou numa diferenciação excessiva e acabou por contribuir para o despedimento de Horton apenas passados três anos da sua nomeação.

Liderança em ação

Todas as quatro qualidades aqui descritas são necessárias para uma liderança inspiradora, mas não podem ser usadas mecanicamente.

Têm de se tornar, ou fazer já parte da personalidade de um executivo. É por isso que a «receita» dos livros de gestão – que prescrevem a forma de agir de Lee Iaccoca ou de Bill Gates – frequentemente falha. Ninguém pode limitar-se a macaquear outro líder. Por isso o desafio que espera os potenciais líderes é que sejam eles próprios, mas com maior habilidade. Isso pode ser conseguido se se tornarem progressivamente mais conscientes das quatro qualidades que descrevemos e manipulando estas qualidades para obter um estilo pessoal que resulte para cada um. Recordemos que não existe uma fórmula universal e que aquilo que é necessário variará de contexto para contexto. Além disso, os resultados são frequentemente subtis, como ilustra a seguinte história acerca de Sir Richard Sykes, o presidente e diretor executivo altamente bem-sucedido da Glaxo Wellcome, uma das principais empresas farmacêuticas do mundo.

Quando dirigia a divisão de Investigação e Desenvolvimento da Glaxo, Sykes fez um exame anual perante os principais cientistas da empresa. No final da apresentação, um investigador perguntou-lhe acerca de um dos novos compostos da empresa e os dois envolveram-se numa curta discussão acesa. A sessão de perguntas e respostas continuou durante mais cerca de 20 minutos e, no final, o investigador abordou de novo o assunto. «Dr. Sykes», começou em voz alta, «o senhor continua sem perceber a estrutura do novo composto». Podia sentir-se a irritação a trepar pelo corpo de Sykes acima. Encaminhou-se para o fundo da sala e exibiu a sua raiva perante todos os cérebros da empresa. «Muito bem, rapaz», berrou, «vamos lá ver as tuas notas!»

A história de Sykes fornece o enquadramento ideal para a discussão das quatro qualidades de liderança. Para algumas pessoas, a irritabilidade de Sykes poderá parecer uma fraqueza inapropriada. Mas, neste contexto, esta demonstração de mau feitio mostrou a profunda crença de Sykes na discussão acerca de ciência básica – um valor da empresa. Assim, a sua predisposição para se zangar cimentou na verdade a sua credibilidade como líder. Mostrou também que era um muito bom detetor. Se Sykes tivesse explodido mais cedo durante a reunião, teria esmagado o debate. Em vez disso, a sua raiva foi entendida como uma defesa da fé. A história revela também a capacidade de Sykes para se identificar com os seus colegas e o seu trabalho. Ao falar ao investigador como a um colega cientista, foi capaz de criar uma ligação empática com a sua audiência. Ele preocupava-se mesmo, embora a sua preocupação fosse claramente através da empatia dura. Finalmente, a história indica a vontade de Sykes de mostrar as suas diferenças. Apesar de ser um dos homens de negócios mais bem-sucedidos do Reino Unido, não ficou limitado ao discurso formalizado inglês. Pelo contrário, Sykes manteve a sua pronúncia nortenha distintiva. Não revela também a reserva e decoro tipicamente britânicos. Tal como outros verdadeiros líderes, age e comunica naturalmente. Na realidade, se quiséssemos sintetizar todo o exame anual da Glaxo Wellcome, diríamos que Sykes esteve a ser ele próprio – com grande mestria.

Revelando o mistério

Desde que continue a haver empresas, continuaremos a tentar encontrar os principais ingredientes da verdadeira liderança. E haverá sempre tantas teorias quantas as perguntas. Mas, entre todas as facetas da liderança que poderiam ser investigadas, poucas existem tão difíceis como compreender aquilo que é preciso para desenvolver líderes. As quatro qualidades de liderança são um primeiro passo necessário. Tomadas em conjunto, dizem aos executivos que sejam autênticos. Como aconselhamos os executivos a quem damos formação: «Sejam vocês mesmos – mais – e com habilidade». Não poderá existir um conselho mais difícil de seguir do que este.

Originalmente publicado em setembro de 2000. Reimpressão R00506

Os desafios da liderança

por Warren G. Bennis e Robert J. Thomas

TENDO ESTUDADO A LIDERANÇA DURANTE TODA UMA VIDA, ficámos fascinados pela noção daquilo que faz um líder. Porque será que certas pessoas parecem inspirar naturalmente confiança, lealdade e trabalho esforçado, ao passo que outras (que poderão ser igualmente visionárias e inteligentes) falham, uma e outra vez? É uma questão perene e não existe uma resposta simples. Mas acabámos por achar que tem algo que ver com as diferentes formas como as pessoas lidam com a adversidade. Na verdade, a nossa pesquisa recente conduziu-nos à conclusão de que um dos indicadores mais fiáveis da verdadeira liderança é a capacidade individual para encontrar sentido nos acontecimentos negativos e aprender mesmo com as circunstâncias mais desafiadoras. Dito de outra forma, as capacidades exigidas para conquistar a adversidade e emergir ainda mais forte e empenhado do que nunca são as mesmas que fazem os líderes extraordinários.

Consideremos Sidney Harman. Há trinta e quatro anos, o homem de negócios com então 48 anos detinha dois cargos executivos. Era o executivo chefe da Harman Kardon (agora, Harman International), a empresa de componentes áudio que cofundara, e era presidente do Friends World College, agora Friends World Program, uma escola experimental Quaker em Long Island, cuja filosofia essencial é a de que são os estudantes, e não os seus professores, que são responsáveis pela sua educação. Andando de um lado para o outro entre os dois empregos, Harman vivia aquilo a que chama uma «vida bifurcada», mudando de roupa no carro e comendo o seu almoço ao mesmo tempo que conduzia entre os escritórios e as fábricas da Harman Kardon e o *campus* do Friends World. Um dia em que estava na escola, soube que a fábrica da sua empresa em Bolivar, no Tennessee, estava a ter uma crise.

Acorreu de imediato à fábrica de Bolivar, uma instalação que Herman agora recorda como «tosca, feia e, sob muitos aspetos, degradante». O problema, verificou, surgira no departamento de brunidura e polimento, onde uma equipa de uma dúzia de operários, sobretudo afroamericanos, executava o aborrecido e duro trabalho de polir espelhos e outras peças, frequentemente em condições insalubres. Os homens do turno da noite deveriam fazer um intervalo para café às 10 horas. Quando a campainha que anunciava o intervalo dos operários se avariou, a gestão decidiu arbitrariamente adiar o intervalo para daí a dez minutos, quando uma outra campainha estava programada para tocar. Mas um dos operários, «um velho negro com um nome quase bíblico, Noah B. Cross», teve «uma epifania», como Harman a descreve: «Disse, literalmente, aos seus companheiros: "Eu não trabalho para a campainha. A campainha trabalha para mim. Compete-me a mim dizer quando são dez horas. Eu tenho relógio. Não vou ficar à espera mais dez minutos. Vou fazer o meu intervalo para o café". E todos os 12 fizeram o seu intervalo para o café e, claro, rebentou a bomba».

A justificada rebelião dos trabalhadores – a sua recusa em serem coagidos pela insensata regra da gestão – foi, por sua vez, uma revelação para Harman: «A tecnologia existe para servir os homens, não o contrário», lembra-se de ter compreendido. «Subitamente, tive esta revelação de que tudo aquilo que fazia na escola tinha aplicações adequadas à empresa». Nos anos seguintes, Harman reequipou a

Em resumo

O que permite que um líder inspire confiança, lealdade e trabalho esforçado enquanto outros – com igual visão e inteligência – vacilam? A forma como os indivíduos lidam com a adversidade fornece um indício.

Os líderes extraordinários encontram sentido – e aprendem – com os acontecimentos mais negativos. Como fénixes erguendo-se das cinzas, emergem da adversidade mais fortes, mais confiantes em si próprios e no seu propósito e mais empenhados no seu trabalho.

Estes acontecimentos transformadores são chamados **desafios** – um teste ou uma provação severa. Os desafios são intensos e frequentemente traumáticos – e sempre inesperados.

fábrica e os seus terrenos, tornando-a numa espécie de *campus* – oferecendo aulas nas instalações, incluindo aulas de piano, e encorajando os trabalhadores a assumirem a maior parte da responsabilidade pela gestão do seu local de trabalho. Além disso, criou um ambiente onde a discórdia não só era tolerada como também encorajada. O jornal vivamente independente da fábrica, o *Bolivar Mirror*, permitia um meio de expressão criativo e emocional para os trabalhadores – e eles aproveitavam para criticar entusiasticamente Harman nas suas páginas.

Harman, inesperadamente, tornara-se um pioneiro da gestão participada, um movimento que continua a influenciar os modelos dos locais de trabalho em todo o mundo. O conceito não era uma ideia fantástica concebida no gabinete do diretor executivo e imposta na fábrica, diz Harman. Cresceu organicamente a partir do momento em que ele se deslocou a Bolivar para, nas suas palavras, «apagar o fogo». A transformação de Harman foi, acima de tudo, criativa. Ligara duas ideias aparentemente não relacionáveis e criara uma abordagem radicalmente diferente à gestão, que reconhecia os benefícios tanto económicos como humanos de um local de trabalho mais colegial. Harman conquistou muito mais coisas

Na prática

A experiência do desafio

Os desafios forçam os líderes a uma profunda autorreflexão, em que examinam os seus valores, questionam os seus princípios e aperfeiçoam a sua capacidade de julgamento.

Exemplo: Sidney Harman – cofundador da empresa de componentes áudio Harman Kardon e presidente de um programa experimental de encorajamento aos estudos superiores – encontrou o seu desafio quando «rebentou a bomba» numa das suas fábricas. Depois de os gestores terem adiado um intervalo programado por a campainha não ter tocado, os trabalhadores revoltaram-se. «Eu não trabalho para a campainha», proclamou um deles.

Para Harman, esta recusa em se submeterem a uma insensata regra da gestão sugeriu uma ligação surpreendente entre o programa de estudos e a empresa. Tornando-se pioneiro na gestão participada, Harman transformou a sua fábrica numa espécie de *campus*, oferecendo aulas e encorajando a divergência. Ele considera a rebelião o acontecimento formativo na sua carreira – o momento em que se tornou um verdadeiro líder.

As muitas formas dos desafios

Alguns desafios são violentos e ameaçam a própria vida (enfrentar o preconceito, a doença); outros são mais positivos, contudo profundamente desafiadores (como chefes ou mentores exigentes). Qualquer que seja a forma, os líderes criam uma narrativa em que dizem como enfrentaram o desafio e se tornaram melhores por causa disso.

Exemplo: Quando trabalhava para o antigo *mayor* de Atlanta, Robert F. Maddox, Vernon Jordan suportou repetidas impertinências raciais de Maddox. Em vez de permitir que o sadismo de Maddox o destruísse, Jordan interpretou o comportamento como o desesperado canto do cisne de alguém que sabia que a era do Grande Sul estava a acabar. A reação de Jordan deu-lhe o poder para se tornar um prestigiado advogado e conselheiro presidencial.

Capacidades de liderança essenciais

Há quatro capacidades que permitem que os líderes aprendam com a adversidade:

1. **Empenhar os outros num sentido partilhado**. Por exemplo, Sidney Harman mobilizava os empregados em torno de uma abordagem à gestão completamente nova – no meio de uma crise fabril.

2. **Uma voz distinta e persuasiva**. Só com palavras, o presidente universitário Jack Coleman evitou um violento confronto entre a equipa de futebol e os manifestantes contra a Guerra do Vietname que ameaçavam queimar a bandeira americana. Qual foi a proposta de Coleman aos manifestantes? Arreiem a bandeira, lavem-na e voltem a subi-la.

3. **Integridade**. Os valores de Coleman prevaleceram durante o confronto emocionalmente carregado entre os manifestantes contra a guerra e os irados jogadores de futebol.

4. **Capacidade adaptativa**. Esta capacidade absolutamente crítica inclui a *capacidade de captar o contexto* e a *audácia*. Captar o contexto exige a avaliação de muitos fatores (por exemplo, como pessoas diferentes interpretarão um gesto). Sem esta qualidade, os líderes não conseguem estabelecer ligação com os seus colaboradores.

A ousadia fornece a perseverança e a resiliência necessárias para manter a esperança perante o desastre. Por exemplo, Michael Klein fez milhões no imobiliário durante a adolescência, perdeu tudo aos 20 anos – depois construiu várias empresas, incluindo a transformação de uma minúscula empresa de *software* numa aquisição da Hewlett-Packard.

durante a sua carreira. Para além de fundar a Harman International, serviu como Secretário de Estado do Comércio no governo de Jimmy Carter. Mas olhou sempre para o incidente de Bolivar como o acontecimento formativo da sua vida profissional, o momento em que se revelou como líder.

Os pormenores da história de Harman são únicos, mas o seu significado não. Ao entrevistarmos mais de 40 líderes de topo da atividade privada e do setor público durante os últimos três anos, ficámos surpreendidos ao constatar que todos eles – novos e velhos – estavam prontos a apontar experiências intensas, frequentemente traumáticas, e sempre não planeadas que os tinham transformado e se tinham tornado fontes das suas distintivas capacidades de liderança.

Acabámos por chamar às experiências que moldam os líderes «crisóis», segundo os recipientes medievais que os alquimistas usavam nas suas tentativas para transformar metais comuns em ouro. Em relação aos líderes que entrevistámos, a experiência do crisol foi uma provação e um teste, um ponto de profunda autorreflexão que os forçou a questionar quem eram e o que tinha importância para eles. Exigiu-lhes que examinassem os seus valores, questionassem os seus princípios, aperfeiçoassem os seus juízos. E, invariavelmente, emergiram do crisol mais fortes e mais seguros de si e do seu objetivo – mudados de uma forma fundamental.

Os crisóis da liderança podem tomar muitas formas. Alguns são acontecimentos violentos, que ameaçam a própria vida. Outros são episódios mais prosaicos de insegurança. Mas qualquer que seja a natureza do desafio, as pessoas com quem falámos eram capazes, como Harman, de criar uma narrativa em seu torno, uma história de como foram desafiadas, enfrentaram o desafio e se tornaram melhores líderes. À medida que fomos estudando estas histórias, verificámos que não nos contavam apenas como os líderes individuais são moldados, mas que apontavam também para algumas características que pareciam comuns a todos os líderes – características que eram formadas, ou pelo menos expostas, no desafio.

Aprender com a diferença

Um desafio é, por definição, uma experiência transformadora através da qual um indivíduo descobre um sentido novo ou alterado de identidade. Talvez não seja pois surpreendente que um dos tipos mais comuns de crisóis que documentámos envolva a experiência do preconceito. Ser vítima de preconceito é particularmente traumático porque força o indivíduo a confrontar uma imagem distorcida de si próprio e, frequentemente, liberta profundos sentimentos de raiva, espanto e mesmo evitamento. Apesar de todos os seus traumas, contudo, a experiência do preconceito é, para alguns, um acontecimento clarificador. Através dele, ganham uma visão mais clara de quem são, do papel que desempenham e do seu lugar no mundo.

Consideremos, por exemplo, Liz Altman, agora vice-presidente da Motorola, que foi transformada pelo ano que passou na fábrica de câmaras digitais da Sony, no Japão rural, onde enfrentou tanto a xenofobia como o sexismo. Foi, diz Altman, «de longe a coisa mais dura que alguma vez fiz». A cultura estrangeira – em particular a sua ênfase no predomínio dos grupos sobre os indivíduos – foi ao mesmo tempo um choque e um desafio para uma jovem mulher americana. Não foi apenas o facto de se sentir sozinha num país estrangeiro. Foi também ter de enfrentar a perspetiva assustadora de ter de marcar o seu lugar como a única mulher engenheira numa fábrica, e numa nação, onde as mulheres servem em geral como assistentes de nível inferior e secretárias conhecidas como «senhoras do escritório».

Uma outra mulher que fora para o Japão sob circunstâncias semelhantes avisara Altman de que a única forma de ganhar o respeito dos homens era evitando tornar-se aliada das senhoras do escritório. Mas, logo na primeira manhã, quando a campainha tocou para o intervalo do café, os homens dirigiram-se numa direção e as mulheres noutra – e as mulheres guardaram-lhe um lugar à sua mesa, ao passo que os homens a ignoraram. O instinto disse a Altman que ignorasse o aviso de preferência a ofender as mulheres, recusando o seu convite.

Durante os dias seguintes, continuou a juntar-se às mulheres durante os intervalos, uma escolha que lhe forneceu um confortável refúgio a partir do qual podia observar a estranha cultura do gabinete. Mas não levou muito tempo a reparar que alguns dos homens passavam os intervalos nas suas secretárias a ler revistas e Altman determinou que poderia fazer o mesmo de vez em quando. Por fim, depois de prestar atenção às conversas em seu redor, soube que vários homens se interessavam por ciclismo de montanha. Como Altman queria comprar uma bicicleta de montanhismo, aproximou-se deles a pedir conselho. Assim, com o tempo, estabeleceu-se como uma espécie de agente livre, por vezes sentando-se com as mulheres e noutras conversando com os homens.

Aconteceu que uma das mulheres à mesa da qual se sentara logo no primeiro dia, a secretária do departamento, era casada com um dos engenheiros. A secretária tomou como sua missão incluir Altman nas reuniões sociais, uma viragem nos acontecimentos que provavelmente não teria ocorrido se Altman tivesse evitado as suas colegas femininas nesse primeiro dia. «Se eu tivesse tentado misturar-me [com os homens] e não a tivesse como aliada, isso nunca teria acontecido», diz ela.

Olhando para trás, Altman acredita que a experiência a ajudou muito a ganhar um sentido mais claro das suas forças e capacidades pessoais, preparando-a para outras situações difíceis. A sua atitude no Japão ensinou-a a observar de perto e a evitar tirar conclusões precipitadas com base em pressupostos culturais – capacidades inestimáveis na sua atual posição na Motorola, onde conduz esforços para aplanar alianças com outras culturas empresariais, incluindo as diferentes operações regionais da Motorola.

Altman acredita hoje que não teria sido tão capaz de assumir o cargo na Motorola se não tivesse vivido num país estrangeiro e experimentado a dissonância de culturas: «mesmo que se esteja sentado na mesma sala, concordando ostensivamente [...], a menos que se compreenda o quadro de referência, provavelmente está-se a perder muito do que se está a passar». Altman atribui também ao seu desafio o reforço da sua confiança – sente que pode lidar com o que quer que se atravesse no seu caminho.

As pessoas poderão também sentir o estigma das diferenças culturais muito mais perto de casa. Muriel («Mickie») Siebert, a primeira mulher a ocupar um lugar na Bolsa de Nova Iorque, encontrou o seu desafio em Wall Street nas décadas de 50 e 60, um ambiente tão sexista que não conseguiu arranjar emprego como corretora até ter retirado o seu nome próprio do currículo e o ter substituído por uma inicial que não revelava o género. Para além de secretárias e de uma ocasional analista, as mulheres eram raríssimas. O facto de ser judia jogou também contra ela numa altura, observa, em que as grandes empresas não eram «simpáticas» nem para as mulheres nem para os judeus. Mas Siebert não quebrou nem foi derrotada. Em vez disso, emergiu mais forte, mais focada e mais determinada a modificar o *status quo* que a excluía.

Quando entrevistámos Siebert, descreveu a sua forma de enfrentar o antissemitismo – uma técnica que silenciava os comentários ofensivos dos seus colegas sem destruir as relações de que precisava para exercer o seu trabalho com eficácia. Segundo Siebert, na altura fazia parte dos negócios tomar umas bebidas ao almoço. Ela recorda: «Deem a alguém um par de bebidas e põem-se a falar dos judeus». Ela tinha um cartão de visita para essas ocasiões que dizia assim:

> As rosas são vermelhas,
> As violetas são azuis,
> Caso não saibas,
> Eu sou judia.

Siebert mandava entregar em mão o cartão à pessoa que fizera as observações antissemíticas e, no cartão, escrevia: «Gostei do almoço». Conta ela: «Eles recebiam o cartão da parte da tarde e nunca mais tinha de ouvir aqueles disparates. E também nunca envergonhei ninguém». Como não era possível que lhe reconhecessem o mérito pelos negócios que ela gerava em qualquer das empresas de Wall Street, comprou um lugar na Bolsa de Nova Iorque e começou a trabalhar por conta própria.

Nos anos seguintes, prosseguiu fundando a Muriel Siebert & Company (agora Siebert Financial Corporation) e dedicou-se a ajudar outras pessoas a evitarem algumas das dificuldades que ela enfrentou quando era uma jovem profissional. Proeminente defensora das mulheres nos negócios e uma líder no desenvolvimento de produtos financeiros dirigidos às mulheres, dedicou-se também à educação das crianças em matéria de oportunidades e de responsabilidade financeira.

Não entrevistámos o advogado e conselheiro presidencial Vernon Jordan para este artigo, mas também ele oferece um poderoso caso de como o preconceito se pode mostrar um fator de transformação e não de debilitação. Em *Vernon Can Read! A Memoir* (Public Affairs, 2001), Jordan descreve a cruel provocação a que foi submetido quando era jovem. O homem que o tratou de forma ofensiva foi o seu patrão, Robert F. Maddox. Jordan servia o antigo *mayor* racista de Atlanta ao jantar, de casaco branco e com um guardanapo sobre o braço. Sempre que se proporcionava, Maddox anunciava desdenhosamente: «O Vernon sabe ler!» – como se a literacia do jovem afroamericano fosse uma razão de espanto.

Sujeito a este tipo de abuso, alguém que fosse menos homem teria permitido que Maddox o destruísse. Mas, na sua autobiografia, Jordan fornece a sua própria interpretação da sádica provocação de Maddox, uma história que deu poder a Jordan, em vez de o debilitar. Quando olhava para Maddox através do espelho retrovisor, Jordan não via um poderoso membro da classe dirigente da Geórgia. Via um anacronismo desesperado, uma pessoa que dizia aqueles disparates porque sabia que o seu tempo estava a chegar ao fim. É o que Jordan escreve acerca de Maddox: «Os seus comentários, meio a rir, meio a sério, acerca da minha educação eram o canto do cisne da sua cultura. Quando ele via que eu estava [...] a construir uma vida para mim que me transformaria num homem [...] da forma que ele pensava que devia ser um homem, ficava profundamente enervado».

A crueldade de Maddox foi o desafio que, conscientemente ou não, Jordan imbuiu de significado redentor. Em vez de ripostar ou ficar paralisado pelo ódio, Jordan via a queda do Velho Sul e imaginava o seu próprio futuro liberto das algemas históricas do racismo. A sua capacidade para organizar o sentido em torno de uma potencial crise transformou-se no desafio em torno do qual a sua liderança foi forjada.

Prevalecer sobre a escuridão

Algumas experiências desafiantes iluminam uma área escondida e suprimida da alma. Estas encontram-se frequentemente entre os mais duros dos desafios, envolvendo, por exemplo, episódios de doença ou violência. No caso de Sidney Rittenberg, agora com 79 anos, o desafio tomou a forma de 16 anos de prisão injusta, em detenção na solitária, na China comunista. Em 1949, Rittenberg foi inicialmente preso, sem explicação, por antigos amigos do governo do presidente Mao Zedong e passou o seu primeiro ano em total escuridão, quando não estava a ser interrogado. (Rittenberg soube mais tarde que a sua detenção fora feita a pedido dos funcionários do Partido Comunista em Moscovo, que o tinham identificado erradamente como agente da CIA.) Metido na prisão, confinado a uma minúscula cela em absoluta escuridão, Rittenberg não se pôs aos gritos nem entrou em pânico. Em vez disso, passados alguns minutos, lembrou-se de uma rima, quatro linhas que lhe eram recitadas quando ele era um miúdo pequeno:

> Eles desenharam um círculo para me porem lá fora,
> Herético, rebelde, uma coisa a desprezar.
> Mas o amor e eu tivemos a esperteza para vencer:
> Desenhámos um círculo que os pôs cá dentro!

Esses versos (adaptados de «Outwitted», um poema de Edwin Markham) foram a chave para a sobrevivência de Rittenberg. «Meu Deus», pensou, «é esta a minha estratégia». Desenhou os guardas da prisão dentro do seu círculo, desenvolvendo relações que o

Putos e cotas

NÃO COMEÇÁMOS POR ESTUDAR os desafios. A nossa investigação para este artigo e para o nosso novo livro, *Geeks and Geezers*, foi na verdade concebida para revelar as formas como a época influencia a motivação e as aspirações dos líderes. Entrevistámos 43 dos atuais líderes de topo da atividade privada e do setor público, limitando os nossos sujeitos a pessoas nascidas em ou antes de 1925, ou em ou depois de 1970. Para nosso encanto, aprendemos muito acerca de como a idade e a época afetam o estilo de liderança.

Os nossos putos e os nosso cotas (as formas afetuosas que acabámos por usar para descrever os dois grupos) tinham ideias muito diferentes acerca dos seus deveres, do equilíbrio trabalho-vida, dos papéis dos heróis e muito mais. Mas partilhavam também algumas semelhanças impressionantes – entre elas, o amor pela aprendizagem e um forte sentido dos valores. O que era mais intrigante, porém, é que tanto os nosso putos como os nossos cotas nos contaram repetidas vezes como certas experiências os inspiraram, os moldaram e, na realidade, os ensinaram a liderar. E assim, como acontece muitas vezes com a melhor pesquisa, o nosso trabalho acabou por ser ainda mais interessante do que pensáramos que iria ser. Continuámos a explorar as influências da época – as nossas descobertas são descritas no nosso livro – mas ao mesmo tempo sondámos acerca de histórias destas experiências dos desafios. São essas histórias que partilhamos convosco aqui.

ajudariam a adaptar-se ao seu confinamento. Fluente em chinês, persuadiu os guardas a entregarem-lhe livros e acabaram por lhe fornecer uma vela para que pudesse ler. Decidiu também, depois do seu primeiro ano, dedicar-se a melhorar a sua mente – tornando-a mais científica, mais pura e mais dedicada ao socialismo. Acreditava que, se melhorasse a sua consciência, os seus captores o compreenderiam melhor. E quando, com o tempo, os anos na escuridão começaram a afetá-lo intelectualmente e sentiu a sua razão a falhar-lhe, continuava a conseguir evocar os contos de fadas e as histórias de infância, como *O Pequeno Comboio que Conseguia*, e a encontrar conforto nas suas simples mensagens.

Em contrapartida, muitos dos companheiros prisioneiros de Rittenberg ou se deixaram levar pela fúria ou pelo abatimento. «Tendiam a ficar muito frustrados [...]. Não conseguiam suportar. E acho que a razão é que não compreendiam [...] que a felicidade [...] não é uma função das vossas circunstâncias; é uma função da vossa perspetiva da vida».

O empenho de Rittenberg em relação às suas ideias prosseguiu após a sua libertação. A porta da sua cela abriu-se subitamente em 1955, após o seu primeiro período de seis anos na cadeia. Conta ele: «Ali estava um representante do governo a dizer-me que eu fora confundido, que o governo me apresentava as suas desculpas formais [...] e que faria tudo o que fosse possível para me compensar». Quando os seus captores lhe ofereceram dinheiro para começar uma nova vida nos Estados Unidos ou para viajar para a Europa, Rittenberg declinou, escolhendo em vez disso permanecer na China e continuar o seu trabalho para o Partido Comunista.

E, mesmo após uma segunda detenção, que o colocou em confinamento solitário durante dez anos, em retaliação pelo seu apoio a uma democracia aberta durante a Revolução Cultural, Rittenberg não se deixou quebrar espiritualmente. Em vez disso, usou o seu tempo na prisão como uma oportunidade para questionar o seu sistema de crenças – em particular, o seu empenho para com o marxismo e o presidente Mao. «Nesse sentido, a prisão emancipou-me», diz ele.

Rittenberg estudou, leu, escreveu e pensou e aprendeu algo acerca de si próprio durante esse processo: «Compreendi que tinha aquele grande medo de ser um vira-casacas, que [...] era tão poderoso que impedia que eu me atrevesse sequer a olhar para [os meus princípios]. [...] Simplesmente questionar já era um ato de traição. Depois de ter saído [...] as palas caíram-me dos olhos e compreendi que [...] a doutrina básica de chegar à democracia através da ditadura estava errada».

Além disso, Rittenberg emergiu da prisão com a certeza de que absolutamente nada na sua vida profissional o poderia quebrar e resolveu iniciar uma empresa com a sua esposa. A Rittenberg Associates

A reinvenção ao extremo: o poder da neotenia

TODOS OS SUJEITOS DAS NOSSAS ENTREVISTAS descreveram os seus desafios como oportunidades para se reinventarem – para avaliarem as suas vidas e descobrirem significado nas circunstâncias que muitas pessoas considerariam assustadoras e potencialmente incapacitantes. No extremo, esta capacidade para a reinvenção acaba por se assemelhar à eterna juventude – uma espécie de vigor, de abertura e de uma contínua capacidade de espanto, que é a antítese da velhice estereotipada.

Fomos buscar um termo à biologia – «neotenia», que, de acordo com o *American Heritage Dictionary*, significa «retenção das características juvenis nos adultos de uma espécie» – para descrever esta qualidade, este encanto pela aprendizagem ao longo da vida, que todos os líderes que entrevistámos exibiam, independentemente da idade. Estavam cheios de energia, curiosidade e confiança no mundo como um local de maravilhas que se estendem perante eles como um interminável banquete.

Robert Galvin, antigo presidente da Motorola, agora com setenta e muitos anos, passa os fins-de-semana a fazer windsurf. Arthur Levitt, Jr., antigo presidente da Comissão de Títulos e Câmbios, que fez 71 anos este ano, é um ávido caminhante Outward Bound. E o arquiteto Frank Gehry é agora um jogador de hóquei no gelo de 72 anos. Mas não é apenas a afinidade pela atividade física que caracteriza a neotenia – é o apetite pela aprendizagem e pelo autodesenvolvimento, uma curiosidade e uma paixão pela vida.

Para compreender a razão pela qual esta qualidade é tão poderosa num líder, poderá ajudar dar uma rápida olhadela pelo princípio científico por detrás dela – a neotenia como um motor evolucionário. Foi a característica engraçada e brincalhona de certos antigos lobos que lhes permitiu que evoluíssem para cães. Ao longo de milhares de anos, os seres humanos favoreceram os lobos que eram mais amigáveis, mais abordáveis e mais curiosos. Naturalmente, as pessoas eram mais atraídas pelos lobos com menor probabilidade de atacar sem aviso, que prontamente lhes devolviam o olhar e que pareciam quase humanos na sua ansiosa reação às pessoas; em resumo, aqueles que permaneciam durante mais tempo cachorros. Como as crianças humanas, têm certas qualidades físicas que invocam uma resposta de cuidado nos adultos humanos.

Quando as crianças veem um adulto, reagem frequentemente com um sorriso que começa pequenino e que se transforma num sorriso aberto que faz o adulto sentir-se no centro do universo. Estudos recentes acerca da vinculação indicam que os cuidados e outras interações íntimas com uma criança fazem o sistema da mãe ser inundado pela oxitocina, uma hormona relaxante de boa disposição, que é um poderoso antídoto contra o cortisol, a hormona produzida pelo stress. A oxitocina parece ser a cola que produz a ligação. É o aspeto e os comportamentos característicos do bebé fazem a oxitocina ser libertada no afortunado adulto. Esse aspeto – aquele que nos provoca um «ah!» involuntário sempre que vemos um bebé – e aqueles comportamentos indutores da oxitocina permitem às crianças recrutarem os adultos como seus cuidadores, o que é essencial para que essas criaturas tão vulneráveis e não desenvolvidas por completo consigam sobreviver.

O poder da neotenia para recrutar protetores e cuidadores foi vividamente ilustrado na antiga União Soviética. Há quarenta anos, um cientista soviético decidiu começar a criar raposas prateadas para neotenia, numa fábrica de peles siberiana. O objetivo era criar uma raposa mais dócil que se deixasse conduzir ao matadouro sem se debater como a raposa prateada normal. Apenas os animais menos agressivos, mais abordáveis, eram criados.

A experiência prosseguiu durante 40 anos e hoje, após 35 gerações, a quinta é um lar de criação de raposas mansas que parecem e agem mais como raposas juvenis e mesmo como cães do que as suas antepassadas bravias. As mudanças físicas nos animais são notáveis (algumas têm orelhas descaídas, como cães), mas o que foi verdadeiramente espantoso foi a mudança que a neotenia provocou na reação humana. Em vez de se aproveitarem do facto de estes animais transformados não reagirem nem rosnarem a caminho das suas mortes, os seus cuidadores humanos parecem ter sido recrutados pelos seus hóspedes engraçados e ternos. Os guardas e as raposas parecem ter formado ligações próximas, tão próximas que aqueles estão a tentar arranjar formas de salvar os animais da morte.

é uma empresa de consultoria dedicada a desenvolver laços de negócios entre os Estados Unidos e a China. Hoje, Rittenberg está tão empenhado nos seus ideais – embora não na sua perspetiva da melhor maneira de os alcançar – como estava há 50 anos, quando foi tão severamente testado.

Ao encontro das grandes expetativas

Felizmente, nem todas as experiências de desafio são traumáticas. De facto, podem envolver uma experiência que seja positiva, embora profundamente desafiadora, como um chefe ou um mentor exigente. O juiz Nathaniel R. Jones, do Tribunal da Relação do Sexto Círculo dos EUA, por exemplo, atribui grande parte do seu sucesso à interação com um esplêndido mentor. Esse mentor foi J. Maynard Dickerson, um advogado de sucesso – o primeiro procurador camarário negro dos Estados Unidos – e editor de um jornal afroamericano local.

Dickerson influenciou Jones sob muitos aspetos. Por exemplo, esse homem mais velho levou Jones aos bastidores para que testemunhasse pessoalmente a grande luta pelos direitos civis da década de 50, convidando-o para assistir às conversações com ativistas como Thurgood Marshall, Walter White, Roy Wilkins e Robert C. Weaver. Diz Jones: «Fiquei impressionado com a sua firmeza, o seu humor [...] e a sua determinação em não deixarem que o sistema os definisse. Em vez de se sentirem derrotados, davam a volta por cima». Essa experiência sem dúvida que influenciou muitas das importantes opiniões que o juiz Jones escreveu a respeito dos direitos civis.

Dickerson foi ao mesmo tempo um modelo e um formador. As suas lições cobriram todos os aspetos do crescimento intelectual e do cultivo da personalidade, incluindo o ensino daquilo a que agora chamamos a «inteligência emocional». Dickerson estabelecia as mais altas fasquias para Jones, em especial na área das capacidades de comunicação – uma habilidade que descobrimos ser essencial na liderança. Dickerson editou as primeiras tentativas de Jones escrever uma coluna desportiva com uma respeitosa rudeza, a tinta vermelha, tal como Jones se lembra até hoje – riscando a página de forma que parecia, como Jones conta, «uma coisa pela qual as galinhas tivessem lutado». Mas Dickerson deu-se também ao trabalho de explicar cada um dos erros e a razão pela qual importavam.

O seu mentor esperava também que o adolescente Jones falasse corretamente em todos os momentos e, quando ele tropeçava, assobiava discretamente de lábios cerrados. As grandes expetativas são uma evidência de um grande respeito e, à medida que Jones aprendia todas as lições complexas, e frequentemente subtis, sobre como progredir, ficava grandemente motivado pelo seu desejo de não desapontar o homem a quem continua a chamar «Senhor Dickerson». Dickerson proporcionou a Jones o tipo de tutoria intensiva que foi determinante na sua preparação para ser uma espécie de sucessor profissional e moral – e Jones tornou-se de facto um instrumento para a profunda mudança social pela qual Dickerson lutava também tão corajosamente. Jones encontrou um sentido que lhe transformou a vida na atenção que Dickerson lhe prestava – uma atenção alimentada pela convicção de que também ele, embora apenas um adolescente, tinha um papel vital a desempenhar na sociedade e um destino importante.

Outra história de um mentor poderoso chegou-nos através de Michael Klein, um jovem que fez milhões na atividade imobiliária na Califórnia do Sul ainda antes dos vinte anos, para depois os perder com essa idade e mais tarde iniciar outros negócios. O seu mentor foi o avô, Max S. Klein, que criou a moda das pinturas com números, que varreu os Estados Unidos durante as décadas de 50 e 60. Klein tinha apenas quatro ou cinco anos quando o avô o abordou e se ofereceu para partilhar com ele a sua habilidade para os negócios. Ao longo dos anos, o avô de Michael Klein ensinou-o a aprender e a lidar com a mudança e os dois falavam ao telefone uma hora todos os dias, até pouco antes da morte de Max Klein.

Os pontos essenciais da liderança

Nas nossas entrevistas, ouvimos muitas histórias de experiências de desafio. Por exemplo Jack Coleman, o antigo presidente, de setenta e oito anos, do Haverford College, na Pensilvânia. Contou-nos que um dia, durante a Guerra do Vietname, ouviu dizer que um grupo de estudantes planeava arrear a bandeira dos Estados Unidos e queimá-la – e que um grupo de antigos jogadores da equipa de futebol iria certificar-se de que os estudantes não conseguiriam fazê-lo. Aparentemente vindo do nada, Coleman lembrou-se de evitar a violência sugerindo que os estudantes em protesto arreassem a bandeira, a lavassem e voltassem a içá-la – um momento de desafio que ainda agora evoca uma tremenda emoção em Coleman, quando descreve esse dia.

Há também o caso do fundador da Common Cause, John W. Gardner, que morreu no início deste ano com 89 anos. Identificava a sua árdua recruta como fuzileiro durante a Segunda Guerra Mundial como o desafio em que emergiram as suas capacidades de líder. O arquiteto Frank Gehry falava dos preconceitos que sofreu como judeu na faculdade. Jeff Wilke, gestor chefe de uma manufatora importante, contou-nos acerca do dia em que soube que um empregado fora morto na sua fábrica – uma experiência que lhe ensinou que a liderança era muito mais do que somar os números do trimestre.

Então, o que permitiu que estas pessoas não só lidassem com estas situações difíceis, mas que também aprendessem com elas? Achamos que os grandes líderes possuem quatro capacidades essenciais e, conforme aprendemos com surpresa, acontece serem as mesmas capacidades que permitem que uma pessoa encontre significado naquilo que poderia ser uma experiência debilitante. Em primeiro lugar, a capacidade de empenhar os outros num significado partilhado. Veja-se o caso de Sidney Harman, que mergulhou num ambiente de trabalho caótico, mobilizando os empregados em torno de uma abordagem à gestão absolutamente nova. Em segundo, a existência de uma voz distinta e incentivante. Como a capacidade de Jack Coleman para desativar uma situação potencialmente violenta apenas com as suas palavras. Em terceiro, o sentido da integridade (incluindo um forte conjunto de valores). Aqui, apontamos de novo para Coleman, cujos valores prevaleceram mesmo durante o confronto emocionalmente carregado entre os manifestantes pela paz e os irados (e fortes) antigos membros da equipa de futebol.

Mas, de longe, a capacidade mais crítica das quatro é aquilo a que chamamos «capacidade adaptativa». Esta é, essencialmente, criatividade aplicada – uma capacidade quase mágica para transcender a adversidade, com todos os seus correspondentes stresses, e para emergir mais forte do que antes. É composta por duas qualidades principais: a capacidade para apreender o contexto e a ousadia. A capacidade de apreender o contexto implica uma capacidade para pesar uma multiplicidade de factos, que vão desde a forma como diferentes grupos de pessoas interpretarão um gesto até ser capaz de relativizar uma situação. Sem isto, os líderes ficam absolutamente perdidos, pois não conseguem ligar-se aos seus colaboradores. M. Douglas Ivester, que sucedeu a Roberto Goizueta na Coca-Cola, exibia uma lamentável incapacidade para apreender o contexto, permanecendo apenas 28 meses no cargo. Por exemplo, despromoveu o seu empregado afroamericano colocado num cargo mais elevado, apesar de a empresa estar a perder uma ação em tribunal de 200 milhões de dólares, suscitada por empregados negros – e isto em Atlanta, uma cidade com uma poderosa maioria afroamericana. Contraste-se Ivester com Vernon Jordan. Jordan percebeu que a época do seu patrão estava a acabar – não apenas o seu tempo no poder, mas também a era que o formara. E, por isso, Jordan foi capaz de deixar passar os seus insultos e reconhecer o azedume do seu patrão como aquilo que realmente era – uma reação desesperada. A ousadia é exatamente aquilo que significa – a perseverança e a resiliência que permitem às pessoas emergir de circunstâncias devastadoras sem perderem a esperança. Veja-se Michael Klein, que experimentou o fracasso mas não deixou que este o derrotasse. Viu-se com um único bem – uma minúscula empresa de *software* que adquirira. Klein transformou-a na Transoft Networks, que a Hewlett-Packard adquiriu em 1999. Consideremos, também, Mickie Siebert, que usou o seu sentido de humor para terminar com as conversas ofensivas. Ou a força de Sidney Rittenberg durante a sua prisão. Recorreu às recordações pessoais e à sua força interior para emergir do seu longo período de detenção sem amargura.

É a combinação de ousadia e capacidade para apreender o contexto que, acima de tudo, permitem que uma pessoa não só sobreviva a uma provação, como também aprenda com ela e emerja mais forte, mais empenhada e mais comprometida do que nunca. Estes atributos permitem aos líderes crescer a partir dos seus desafios em vez de serem destruídos por eles – encontrando uma oportunidade onde os outros apenas encontrariam desespero. É dessa massa que é feita a verdadeira liderança.

Originalmente publicado em setembro de 2002. Reimpressão R0209B

Liderança de Nível 5: o triunfo da humildade e da determinação feroz

por Jim Collins

EM 1971, UM HOMEM APARENTEMENTE NORMAL chamado Darwin E. Smith foi nomeado diretor executivo da Kimberly-Clark, uma opaca e antiga empresa de papel, cujas ações tinham descido 36% abaixo do mercado geral durante os 20 anos anteriores. Smith, o advogado da casa, de maneiras suaves, não tinha a certeza de que a direção fizera a escolha certa – um sentimento que foi reforçado quando um diretor da Kimberly-Clark o chamou à parte e lhe recordou que lhe faltavam algumas das qualificações para o cargo. Mas era ele o diretor executivo e diretor executivo foi durante os 20 anos seguintes.

E que 20 anos. Nesse período, Smith criou uma espantosa transformação na Kimberly-Clark, transformando-a na maior empresa de produtos de papel de consumo do mundo. Sob a sua direção, a empresa bateu as suas rivais, a Scott Paper e a Procter & Gamble. Ao fazê-lo, a Kimberly-Clark gerou retornos de investimento acumulados 4,1 vezes superiores ao mercado geral, suplantando veneráveis empresas como a Hewlett-Packard, a 3M, a Coca-Cola e a General Electric.

A hierarquia de Nível 5

O líder de Nível 5 situa-se no topo de uma hierarquia de capacidades e é, de acordo com a nossa investigação, um pré-requisito necessário para transformar uma organização boa em excelente. Mas o que existe abaixo disso? Quatro outros estratos, cada um apropriado ao seu nível, mas nenhum dos quais com o poder do Nível 5. Os indivíduos não têm de percorrer sequencialmente cada nível da hierarquia para chegar ao topo, mas ser um verdadeiro líder de Nível 5 exige as capacidades de todos os outros níveis inferiores, mais as características especiais do Nível 5.

Nível 5

Executivo: Constrói uma excelência perene através de uma combinação paradoxal de humildade pessoal e vontade profissional.

Nível 4

Líder Eficaz: Catalisa o empenhamento e uma vigorosa busca de uma visão clara e sedutora; estimula o grupo a alcançar elevados padrões de desempenho.

Nível 3

Gestor Competente: Organiza as pessoas e os meios no sentido de uma busca real e eficiente de objetivos predefinidos.

Nível 2

Membro de Equipa Colaborativo: Contribui para a realização dos objetivos de grupo; trabalha eficazmente com os outros num ambiente de grupo.

Nível 1

Indivíduo Altamente Capaz: Realiza contribuições produtivas através do talento, do conhecimento, das capacidades e dos bons hábitos de trabalho.

A reviravolta que Smith provocou na Kimberly-Clark é um dos melhores exemplos no século XX de um líder que leva uma empresa a passar de meramente boa para verdadeiramente excelente. E no entanto poucas pessoas – mesmo os dedicados estudantes de história do mundo empresarial – ouviram falar de Darwin Smith. Provavelmente, seria assim que ele gostaria que acontecesse. Smith

Em resumo

Das 1435 empresas da *Fortune* 500 que o celebrado investigador de gestão Jim Collins estudou, apenas 11 alcançaram e mantiveram a excelência – acumulando o triplo do retorno do investimento em relação ao mercado – durante 15 anos após um período de transição.

O que é que estas 11 empresas tinham em comum? Todas elas tinham ao leme um líder de «Nível 5».

Os líderes de Nível 5 misturam a paradoxal combinação de **profunda humildade pessoal** com uma **intensa vontade profissional**. Esta rara combinação põe em causa as nossas ideias pré-concebidas acerca daquilo que faz um grande líder.

Celebridades como Lee Iaccoca ocupam os cabeçalhos. Mas líderes de maneiras suaves e de força de aço, como Darwin Smith, da Kimberley-Clark, incentivam as suas empresas à excelência – e mantêm-nas lá.

Exemplo: Darwin Smith – diretor executivo da fabricante de produtos de papel Kimberly-Clark entre 1971 e 1991 – é a epitome da liderança de Nível 5. Tímido, desajeitado, evitando as atenções, mostrava também uma vontade de ferro, redefinindo determinadamente o núcleo de negócios da empresa, apesar do ceticismo de Wall Street. A anteriormente medíocre Kimberly-Clark tornou-se a líder mundial na sua indústria, gerando retornos de investimento 4,1 vezes maiores do que a generalidade do mercado.

é um exemplo clássico de um líder de Nível 5 – um indivíduo que combina uma extrema humildade pessoal com uma intensa vontade profissional. Segundo a nossa investigação de cinco anos, os executivos que possuem esta paradoxal combinação de características são catalisadores do acontecimento estatisticamente raro da transformação de uma empresa boa em excelente. (A investigação está descrita no intertexto «Uma Pergunta, Cinco Anos, 11 Empresas».)

Na prática

Humildade + Vontade = Nível 5

Como é que os líderes de Nível 5 manifestam humildade? Normalmente, atribuem aos outros, aos fatores externos e à sorte o sucesso das suas empresas. Mas quando os resultados são fracos, censuram-se a si próprios. Agem também com silêncio, calma e determinação – confiando em padrões inspirados, e não num carisma inspirador, para motivar os outros.

Os padrões inspirados revelam a inabalável vontade dos líderes de Nível 5. Absolutamente intolerantes em relação à mediocridade, são estoicos na sua determinação para fazer o que for preciso para produzir excelentes resultados – acabando com o resto. E selecionam soberbos sucessores, desejando que as suas empresas se tornem ainda mais bem-sucedidas no futuro.

Poderemos desenvolver uma Liderança de Nível 5?

Os líderes de Nível 5 estão no topo de uma hierarquia de quatro níveis de liderança mais comuns – e possuem as capacidades dos outros quatro. Por exemplo, os líderes de Nível 4 catalisam o empenho e a vigorosa perseguição de uma visão clara e mobilizadora. Conseguirão passar do Nível 4 para o Nível 5? Talvez, se tiverem dentro deles a «semente» de Nível 5.

Os líderes que *não tenham* essa semente tendem a possuir egos monumentais que não conseguem subjugar a algo maior e mais

O «Nível 5» refere-se ao nível mais elevado numa hierarquia de capacidades dos executivos que identificámos durante a nossa investigação. Os líderes dos outros quatro níveis na hierarquia podem produzir altos níveis de sucesso, mas não suficientes para elevar as empresas da mediocridade para a excelência sustentada. (Para mais pormenores acerca deste conceito, ver o intertexto «A Hierarquia de Nível 5».) E, embora a liderança de Nível 5 não seja o único requisito para transformar uma empresa boa numa empresa excelente – outros fatores incluem pôr a bordo do autocarro as pessoas certas (e as pessoas erradas fora do autocarro) e criar uma cultura sustentável do que eles próprios, ou seja, as suas empresas. Mas os líderes *com* essa semente, as condições certas – como a autorreflexão ou um acontecimento profundamente transformador, como uma doença que ameace a própria vida – podem estimular a semente a desabrochar.

Crescer até ao Nível 5

É preciso fazer crescer as sementes de Nível 5 praticando estas disciplinas «do-bom-para-o--excelente» dos líderes do Nível 5:

Primeiro, quem

Primeiro estão as pessoas, depois a estratégia. Metam as pessoas certas dentro do autocarro e as erradas lá fora – *depois*, pensem até onde irão conduzir.

O paradoxo de Stockdale
Lidem com os factos brutais da vossa realidade presente – mantendo ao mesmo tempo uma fé absoluta em que prevalecerão.

Construção de um volante de inércia inovador
Insistam no vosso «volante de inércia» organizacional. Com um esforço consistente, o impulso aumenta até que – bang! – a roda atinge o ponto de arranque.

O conceito de ouriço
Pensem na vossa empresa como três círculos intersecionados: aquilo em que pode ser melhor, como funciona melhor a sua economia e aquilo que desperta as paixões das pessoas. Eliminem *todo* o resto.

de disciplina –, a nossa investigação mostra que ela é essencial. As transformações de «bom-para-excelente» não acontecem sem um líder de Nível 5 ao leme. Simplesmente, não acontecem.

Não é aquilo de que se estaria à espera

A nossa descoberta da liderança de Nível 5 é contraintuitiva. Na verdade, é contracultural. As pessoas assumem em geral que transformar as empresas boas em excelentes exige líderes maiores do que a

Uma pergunta, cinco anos, 11 empresas

A DESCOBERTA DO NÍVEL 5 DERIVA de um projeto de investigação que começou em 1996, quando as minhas equipas de pesquisa e eu nos dispusemos a responder à pergunta: Poderá uma boa empresa tornar-se uma excelente empresa? E, se sim, como? A maioria das grandes empresas cresceu com soberbos progenitores – pessoas como George Merck, David Packard e Walt Disney – que instilaram desde cedo a excelência. Mas e a vasta maioria das empresas que acordou a meio da vida e percebeu que eram boas mas não eram excelentes?

Para responder a esta pergunta, procurámos empresas que tivessem progredido de um bom desempenho para um desempenho excelente – e que o tivessem mantido. Identificámos comparativamente empresas que tinham falhado essa mudança sustentada. Estudámos depois o contraste entre os dois grupos e descobrimos as variáveis comuns que distinguiam aquelas que tinham feito uma mudança sustentada daquelas que o poderiam ter feito mas que não tinham conseguido.

Mais precisamente, procurámos um padrão comum: retornos de investimento cumulativos ao nível ou abaixo do nível da bolsa de valores geral durante os 15 anos seguintes. (Ver o texto abaixo.) Usámos dados do Centro para a Pesquisa sobre Preços das Participações da Universidade de Chicago e fizemos o ajustamento para o desdobramento de ações e todos os dividendos reinvestidos. A mudança tinha de ser distinta do resto da atividade; se toda a atividade mostrasse a mesma mudança, desistíamos da empresa. Começámos pelas 1435 empresas que surgiam na *Fortune* 500 entre 1965 e 1995; descobrimos 11 exemplos de «bom-para-excelente». Isto não é uma amostra; é o número total que ultrapassou todos os obstáculos e passou no estudo.

Aquelas que ultrapassaram a fasquia apresentaram retornos de investimentos cumulativos médios 6,9 vezes superiores aos valores do mercado durante os quinze anos posteriores ao ponto de transição. Para relativizar o que acabámos de dizer, a General Electric, com Jack Welch, suplantou os valores de mercado em 2,8:1 durante a sua direção, entre 1986 e 2000. Um dólar investido no fundo mútuo de empresas «boas-para-excelentes» em 1965 cresceu para 470 dólares em 2000, em comparação com os 56 dólares do mercado geral. São números notáveis, ainda mais pelo facto de surgirem de empresas anteriormente anódinas.

Para cada exemplo de «bom-para-excelente», selecionámos a melhor comparação direta, baseada na semelhança do negócio, na dimensão, na idade, nos clientes e no desempenho que conduziu à transição. Construímos também um conjunto de seis comparações «não-sustentadas» (empresas que mostravam uma mudança breve, mas que caíam em seguida). Para sermos cautelosos, escolhemos consistentemente empresas de comparação que, no mínimo, estivessem em melhor condição do que as empresas «boas-para-excelentes» nos anos imediatamente anteriores à transição.

Com 22 investigadores associados à pesquisa a trabalharem em grupos de quatro ou seis de cada vez, entre 1996 e 2000, o nosso estudo envolveu um variado leque de análises, tanto qualitativas como quantitativas. Na vertente qualitativa, recolhemos quase 6000 artigos, dirigimos 87 entrevistas com executivos importantes, analisámos documentos estratégicos internos das empresas e esquadrinhámos relatórios de analistas. Na vertente quantitativa, percorremos avaliações financeiras, examinámos as compensações dos executivos, comparámos padrões de renovação de gestão, quantificámos despedimentos e restruturações das empresas e calculámos o efeito de aquisições e desinvestimentos nas ações das empresas. Sintetizámos depois os resultados para identificar os condutores das transformações de «bom-para--excelente». Um deles era a liderança de Nível 5. (Os outros são descritos no intertexto «Não É Só o Nível 5».)

Uma vez que apenas 11 empresas se qualificavam como «boas-para-excelentes», qualquer descoberta da investigação teria de satisfazer padrões exigentes para ser tida como significativa. Todos os componentes do quadro final surgiam em todas as 11 empresas «boas-para-excelentes» durante a época de transição, independentemente da atividade (desde o aço à banca), da década de transição (da de 50 à de 90), das circunstâncias (desde o arrastamento às crises graves), ou da dimensão (das dezenas de milhões às dezenas de milhares de milhões). Adicionalmente, cada componente teria de surgir em não menos de 30% das empresas de comparação durante os anos relevantes.

O Nível 5 subsistiu com facilidade no quadro geral como um dos mais fortes e mais consistentes contrastes entre as empresas «boas-para-excelentes» e as empresas de comparação.

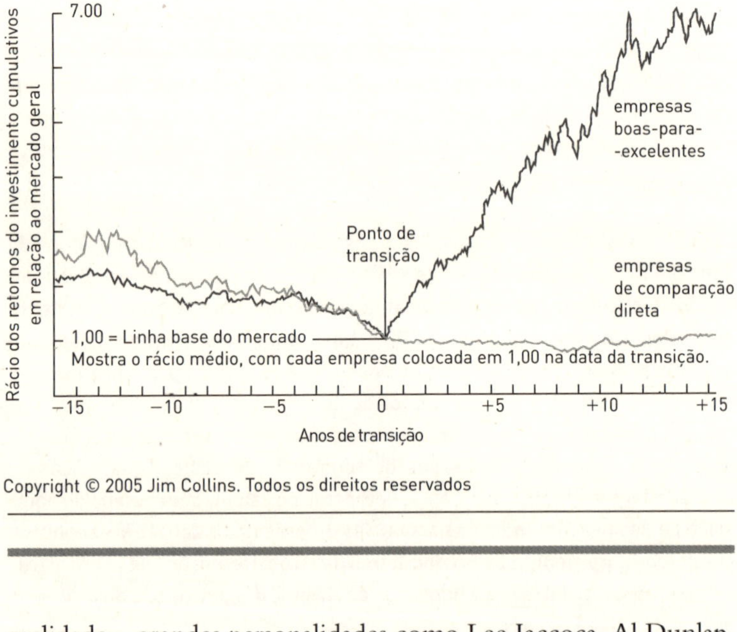

realidade – grandes personalidades como Lee Iaccoca, Al Dunlap, Jack Welch e Stanley Gault, que enchem os cabeçalhos e se tornam celebridades.

Comparado com esses diretores executivos, Darwin Smith parece ter vindo de Marte. Tímido, despretensioso, mesmo desajeitado, Smith evita as atenções. Quando um jornalista lhe pediu que descrevesse o seu estilo de gestão, Smith ficou a olhar para ele do outro lado das grossas lentes dos seus óculos. Estava vestido fora de moda, como um rapaz do campo que vestisse o seu primeiro fato J.C. Penney. Por fim, após um longo e desconfortável silêncio, disse: «Excêntrico». Escusado será dizer que o *Wall Street Journal* não publicou um artigo espalhafatoso sobre Darwin Smith.

Mas, se alguém se sentisse tentado a considerar Smith fraco ou submisso, estaria terrivelmente equivocado. A sua ausência de pose estava acoplada a uma determinação feroz, mesmo estoica, em relação à vida. Smith cresceu numa quinta do Indiana e conseguiu frequentar a escola noturna na Universidade de Indiana, enquanto trabalhava de dia na International Harvester. Um dia, perdeu um dedo a trabalhar. A história diz que foi às aulas nessa noite e regressou ao emprego no dia seguinte. Este pobre mas determinado camponês do Indiana conseguiu acabar por ser admitido na Faculdade de Direito de Harvard.

Mostrou a mesma vontade de ferro quando estava ao leme da Kimberly-Clark. Na verdade, dois meses depois de Smith se tornar diretor executivo, os médicos diagnosticaram-lhe um cancro no nariz e na garganta e disseram-lhe que tinha menos de um ano de vida. Ele informou devidamente a direção acerca da sua doença, mas disse que não fazia planos de morrer tão cedo. Smith manteve o seu exigente horário de trabalho, viajando ao mesmo tempo semanalmente do Wisconsin até Houston para a sua terapia radioativa. Viveu mais 25 anos, 20 deles como diretor executivo.

A feroz determinação de Smith foi crucial para a reconstrução da Kimberly-Clark, em especial quando tomou a mais espetacular decisão da história da empresa: vender as fábricas.

Explicando: pouco tempo depois de tomar o comando, Smith e a sua equipa concluíram que a tradicional atividade nuclear da empresa – o papel revestido – estava condenado à mediocridade. A sua economia era má e a competição fraca. Mas, raciocinaram, se a Kimberly-Clark fosse lançada no inferno do negócio dos produtos de papel de consumo, uma melhor economia e uma competição de classe mundial, como a Proctor & Gamble, forçá-la-iam a alcançar a excelência ou a perecer.

E assim, como o general que mandou queimar os navios depois de desembarcar em solo inimigo, fazendo com que as suas tropas vencessem ou morressem, Smith anunciou que a Kimberly-Clark iria vender as suas fábricas – até a fábrica que lhe dera o nome em Kimberly, no Wisconsin. Todos os meios seriam dirigidos para a venda ao consumidor, com investimentos em marcas como as fraldas Huggies e os lenços Kleenex. Os jornais económicos chamaram estúpida à deslocação e os analistas de Wall Street baixaram a sua avaliação das ações. Mas Smith nunca estremeceu. Vinte e cinco anos mais tarde, a Kimberly-Clark detinha o Scott Paper e vencia a Procter & Gamble em seis ou oito categorias de produtos. Na reforma, Smith refletiu sobre o seu desempenho excecional, dizendo simplesmente: «Nunca deixei de me esforçar por me tornar qualificado para o cargo».

Também não foi o que esperávamos

Olharemos em profundidade para a liderança de Nível 5, mas antes vejamos um importante contexto para as nossas descobertas. Nós não estávamos à procura do Nível 5, nem de nada do género. As nossas perguntas originais eram: Poderá uma empresa tornar-se excelente? E, se sim, como? Na realidade, dei às equipas de investigação instruções explícitas para desvalorizarem o papel dos executivos de topo nas suas análises destas perguntas, para podermos ultrapassar aquela simplista forma de pensar, tão comum hoje em dia, que consiste em louvar ou culpar o líder.

Mas o Nível 5 deu connosco. No decurso do estudo, as equipas de investigação iam sempre dizendo: «Não podemos ignorar os executivos de topo, mesmo que queiramos. Há neles algo de consistentemente invulgar». Eu insistia, argumentando: «As empresas de comparação também tinham líderes. Portanto, qual é a diferença neste caso?» Para lá e para cá, a discussão ia subindo de tom. Por fim, como deveria ser sempre o caso, os dados prevaleceram. Os executivos nas empresas que passaram de boas a excelentes e mantiveram esse desempenho durante 15 anos ou mais eram todas feitas da mesma massa – notavelmente diferente daquela que produzia os executivos das empresas de comparação do nosso estudo. Não importava se a empresa estava em crise um num momento estável, se era de consumo ou industrial, se oferecia serviços ou bens. Não importava o momento da transição, nem a dimensão da empresa. Todas as organizações de sucesso tinham um líder de Nível 5 na altura da transição.

Além disso, a ausência de liderança de Nível 5 surgia consistentemente em todas as empresas de comparação. Ou seja: o Nível 5 é uma descoberta empírica e não ideológica. E é importante notar isso, dado não só o ponto a que a constatação do Nível 5 contradiz o senso comum, mas igualmente a atual teoria da gestão. (Para mais informação acerca das nossas descobertas sobre transformações bom-para-excelente, ver o intertexto «Não É Só o Nível 5».)

Humildade + Vontade = Nível 5

Os líderes de Nível 5 são objeto de uma dualidade: modéstia e determinação, timidez e ousadia. Para apreendermos este conceito, consideremos Abraham Lincoln, que nunca deixava que o seu ego se interpusesse na sua ambição de criar uma grande nação que durasse. O escritor Henry Adams chamou-lhe «uma figura silenciosa, pacífica e tímida». Mas aqueles que pensaram que os modos discretos de Lincoln indiciavam uma fraqueza do indivíduo descobriram estar terrivelmente errados – na escala de 250 000 vidas da Confederação e 360 000 da União, incluindo a do próprio Lincoln.

Poderá ser um excesso comparar os 11 diretores executivos de Nível 5 da nossa pesquisa com Lincoln, mas exibiam o mesmo tipo de dualidade. Por exemplo, Colman M. Mockler, diretor executivo da Gillette, entre 1975 e 1991. Mockler, que enfrentou três tentativas de aquisição, era um homem gentil e reservado, com modos suaves e quase patrícios. Apesar das épicas batalhas com os invasores – derrotou duas vezes a Ronald Perelman e uma a antiga Coniston Partners – nunca perdeu o seu estilo tímido e cortês. No pico da crise, manteve a sua atitude habitual, tratando antes dos negócios correntes, para depois se voltar para a tentativa de aquisição.

Não é só o Nível 5

A liderança de Nível 5 é um fator essencial para transformar uma empresa boa em excelente, mas não é o único. A nossa investigação revelou inúmeros fatores que conduzem as empresas à excelência. E é o conjunto combinado – o Nível 5 mais esses outros catalisadores – que transformam as empresas para além do notável. Existe uma relação simbiótica entre o Nível 5 e o resto das nossas descobertas: o Nível 5 permite a implementação das outras descobertas e a prática destas poderá ajudar a alcançar o Nível 5. Dissemos já quem são os líderes de Nível 5; o resto das nossas descobertas descreve o que fazem. Eis um breve vislumbre sobre algumas das outras descobertas essenciais.

Primeiro, quem

Esperávamos que os líderes do «bom-para-excelente» começassem pela visão e pela estratégia. Em vez disso, eles metem as pessoas certas dentro do autocarro, põem as erradas lá fora, conduzem as pessoas certas até aos lugares adequados – e depois pensam até onde irão conduzir.

O paradoxo de Stockdale

Esta descoberta foi batizada segundo o almirante James Stockdale, distinguido com a Medalha de Honra, que sobreviveu durante sete anos num campo de prisioneiros vietcongues, agarrando-se a duas crenças contraditórias:

A sua vida não podia ser pior do que naquele momento e a sua vida seria um dia melhor do que nunca. Como Stockdale, as pessoas nas empresas «bom-para--excelente» da nossa investigação confrontaram os mais brutais factos da realidade corrente, mantendo contudo simultaneamente uma fé absoluta em que prevaleceriam no final. E praticaram ambas as disciplinas – a da fé e a dos factos – ao mesmo tempo, durante todo o tempo.

Construção de um volante de inércia inovador

As transformações «bom-para-excelente» não acontecem da noite para o dia, nem num único salto. Pelo contrário, o processo assemelha-se a empurrar incansavelmente um gigantesco e pesado volante de inércia numa certa direção. A princípio, o empurrão faz com que o volante rode uma vez. Com um esforço consistente, dá duas voltas, depois cinco, depois dez ganhando um ímpeto crescente, até que – bang! – o volante atinge o ponto de arranque e o ímpeto desenvolve-se então. As nossas empresas de comparação nunca mantiveram o mesmo tipo de ímpeto de arranque das empresas «boas-para--excelentes»; em vez disso, andaram para trás e para diante com programas de mudança radicais, movimentos de reação e restruturações.

O conceito de ouriço

Num famoso ensaio, o filósofo e académico Isaiah Berlin descreveu as duas abordagens ao pensamento e à vida usando uma simples parábola: a raposa sabe um pouco de muitas coisas, mas o ouriço sabe apenas muito bem uma coisa importante. A raposa é complexa; o ouriço é simples. E o ouriço ganha. A nossa investigação mostra que os grandes avanços exigem uma compreensão simples, do tipo da do ouriço, de três círculos intersecionados: aquilo em que uma empresa pode ser a melhor do mundo, como é que a sua economia funciona da melhor maneira e aquilo que melhor espoleta a paixão das suas pessoas. Os grandes avanços acontecem quando compreendemos o conceito de ouriço e nos tornamos sistemáticos e consistentes com ele, eliminando virtualmente tudo que não caiba nos três círculos.

Aceleradores tecnológicos

As empresas «boas-para-excelentes» têm uma relação paradoxal com a tecnologia. Por um lado, evitam assiduamente saltar para o comboio das novas tecnologias. Por outro, foram pioneiras na aplicação de tecnologias cuidadosamente selecionadas, realizando investimentos ousados e visionários naquelas que estão diretamente ligadas ao seu conceito de ouriço. Como motores turbo, estes aceleradores tecnológicos criam uma explosão no ímpeto do volante de inércia.

Uma cultura de disciplina

Quando se consideram as transformações de «bom-para-excelente», estas exibem consistentemente três formas de disciplina: pessoas disciplinadas, pensamento disciplinado e ação disciplinada. Quando existem pessoas disciplinadas, não é preciso hierarquia. Quando existe pensamento disciplinado, não é preciso burocracia. Quando existe ação disciplinada, não são necessários controlos excessivos. Quando se combina uma cultura de disciplina com uma ética de empreendedorismo, atinge-se a mágica alquimia do desempenho excelente.

E, no entanto, aqueles que confundiram o recato de Mockler com um sinal de fraqueza interior acabaram vencidos. Numa batalha hostil, Mockler e outros executivos seniores convocaram milhares de investidores, um a um, para obterem os seus votos. Mockler simplesmente não desistia. Optou por lutar pela futura grandeza da Gillette, apesar de poder ter embolsado milhões vendendo as suas ações.

Consideremos as consequências se Mockler tivesse capitulado. Se alguém que vendesse as ações tivesse aceitado o prémio sobre o preço de 44% oferecido por Perelman e depois investido essas participações no mercado geral a dez anos, ficaria mesmo assim 64% aquém de um acionista que ficasse com Mockler e a Gillette. Se Mockler tivesse desistido da luta, provavelmente nenhum de nós se estaria a escanhoar com uma Sensor, uma Lady Sensor, ou uma Mach III – e centenas de milhões de pessoas teriam uma batalha mais encarniçada com a barba da véspera.

Tristemente, Mockler nunca teve a oportunidade de gozar todos os frutos dos seus esforços. Em janeiro de 1991, a Gillette recebeu um exemplar antecipado da *Forbes*. A capa apresentava a representação de um desenhador de um Mockler tímido da publicidade, de pé no alto de uma montanha, segurando uma lâmina de barbear gigantesca acima da cabeça, numa pose triunfante. Ao regressar ao seu gabinete alguns minutos logo após ter visto este reconhecimento público dos seus 16 anos de luta, Mockler caiu ao chão e morreu com um ataque cardíaco maciço.

Mesmo que Mockler tivesse sabido que iria morrer no seu escritório, não poderia ter mudado a sua abordagem. O seu plácido aspeto escondia uma intensidade interior, uma dedicação a fazer de tudo em que tocasse o melhor – não apenas por causa daquilo que obteria, mas porque não conseguia imaginar-se a fazer as coisas de outra maneira. Mockler não podia desistir da empresa a favor daqueles que a destruiriam, tal como Lincoln não se arriscaria a perder a oportunidade de construir uma perene grande nação.

Uma reveladora modéstia

A história de Mockler ilustra a modéstia típica dos líderes de Nível 5. (Para uma síntese dos traços do Nível 5, ver o intertexto «O Yin e Yang do Nível 5».) Na verdade, ao longo das nossas entrevistas com esses executivos, ficámos espantados com a forma como falavam sobre si próprios – ou antes, como não falavam sobre si próprios. Falavam incessantemente sobre a empresa e as contribuições dos outros executivos, mas desviavam instintivamente a conversa sobre o seu próprio papel. Quando eram pressionados para falar sobre si próprios, diziam coisas como «Espero que não esteja a parecer um tipo muito importante», ou «Acho que não me deverá ser atribuído grande parte do crédito. Temos a sorte de ter um pessoal maravilhoso». Um dos líderes de Nível 5 garantiu mesmo: «Há imensas pessoas nesta empresa que fariam o meu trabalho muito melhor do que eu».

Em contrapartida, consideremos o louvor da celebridade pessoal feito pelos diretores executivos das empresas de comparação. A Scott Paper, a empresa de comparação com a Kimberly-Clark, contratou Al Dunlap como diretor executivo – um homem que contaria a quem o quisesse ouvir (e muitos teriam preferido não o fazer) as suas realizações pessoais. Depois de 19 meses à frente da Scott Paper, Dunlap disse à *Business Week*: «A história da Scott ficará nos anais da história americana do mundo empresarial como uma das maiores recuperações mais bem-sucedidas e mais rápidas de sempre. Em comparação, torna as outras recuperações pálidas». Pessoalmente, lucrou 100 milhões de dólares por 603 dias de trabalho na Scott Paper – cerca de 165 000 por dia – em grande parte despedindo a força de trabalho, reduzindo a meio o orçamento da I&D e colocando a empresa a esteroides de crescimento, preparando-a para ser vendida. Depois de ter despachado a empresa e meter ao bolso os seus rápidos milhões, Dunlap escreveu uma autobiografia em que chamava a si próprio com jactância «Rambo às riscas». É difícil imaginar Darwin Smith a pensar: «Ah, essa personagem do Rambo faz-me lembrar eu», quanto mais declará-lo publicamente.

É verdade que a história da Scott Paper é uma das mais espetaculares do nosso estudo, mas não é um caso isolado. Em mais de dois terços das empresas de comparação, notámos a presença de um ego gargantuesco que contribuiu para o encerramento ou para a contínua mediocridade da empresa. Verificámos este padrão particularmente intenso nas empresas de comparação não-sustentadas – as empresas que mostravam uma mudança no desempenho sob um talentoso, mas egocêntrico, líder de Nível 4, para acabarem por declinar anos mais tarde.

Lee Iaccoca, por exemplo, salvou a Chrysler à beira da catástrofe, executando uma das mais celebradas (e merecidamente) recuperações da história do mundo empresarial dos EUA. As ações da fábrica de automóveis subiram 2,9 vezes mais do que o mercado geral, em cerca de metade do seu comando. Mas, depois, desviou o seu foco de atenção para se transformar a si próprio. Aparecia regularmente em espetáculos com entrevistas como o *Today Show* e o *Larry King Live*, surgiu em mais de 80 anúncios, alimentou a ideia de se candidatar a presidente dos Estados Unidos e promoveu a sua autobiografia, que vendeu 7 milhões de exemplares em todo o mundo. O património pessoal de Iacocca disparou, mas as ações da Chrysler caíram 31% abaixo do mercado, na segunda metade do seu mandato.

E, depois de Iacocca ter acumulado toda aquela fama e lucros, foi-lhe difícil abandonar o centro do palco. Adiou a sua reforma tantas vezes que o pessoal da Chrysler começou a brincar, dizendo que as letras do seu nome eram as iniciais de «I Am Chairman of Chrysler Corporation Always». Quando finalmente se reformou, exigiu que a direção continuasse a fornecer-lhe um jato privado e opção de compra de ações. Mais tarde, juntou forças ao notório artista das aquisições, Kirk Kerkorian, para lançar uma tentativa de aquisição hostil da Chrysler. (Falhou.) Iacocca tomou na verdade uma última decisão brilhante: escolheu um homem modesto mas determinado – talvez mesmo um Nível 5 – como seu sucessor. Bob Eaton salvou a Chrysler da sua segunda crise quase letal numa década e lançou os alicerces de uma transição empresarial mais resistente.

O Yin e Yang do Nível 5

Humildade pessoal

Demonstra uma modéstia persuasiva, evitando a adulação pública; nunca é jactante.

Age com determinação silenciosa e calma, confia principalmente em padrões inspirados, e não no carisma, para motivar.

Canaliza a ambição para a empresa, não para si; escolhe sucessores para uma excelência ainda maior na geração seguinte.

Olha para o espelho, não pela janela, ao procurar a responsabilidade pelos maus resultados, nunca culpando as outras pessoas, os fatores externos, ou o azar.

Vontade profissional

Cria resultados soberbos, um claro catalisador na transição do bom para o excelente.

Demonstra uma inabalável determinação em fazer aquilo que for preciso para produzir os melhores resultados a longo prazo, por muito difícil que seja.

Estabelece o padrão para a construção de uma excelente empresa que subsista; não se contentará com menos do que isso.

Olha pela janela, não para o espelho, ao procurar o crédito pelo sucesso da empresa – as outras pessoas, os fatores externos e a sorte.

Uma determinação inabalável

Para além da extrema humildade, os líderes de Nível 5 exibem também uma tremenda vontade profissional. Quando George Cain se tornou diretor executivo dos Abbott Laboratories, tratava-se de uma empresa apática, controlada pela família, situada no quartil inferior da indústria farmacêutica, vivendo da sua galinha dos ovos de ouro, a eritromicina. Cain era um líder de Nível 5 típico na sua ausência de pretensões; não possuía o tipo de personalidade inspiradora que galvanizaria a empresa. Mas tinha algo muito mais poderoso: padrões inspirados. Não suportava a mediocridade sob qualquer forma e era absolutamente intolerante para com alguém que aceitasse a ideia de que o bom é suficiente. Durante os 14 anos seguintes, impôs inexoravelmente a sua vontade de excelência nos Abbott Laboratories.

Uma das primeiras tarefas de Cain foi destruir uma das causas de raiz do sofrível desempenho da Abbott: o nepotismo. Reconstruindo sistematicamente tanto a direção como a equipa executiva com as melhores pessoas que conseguia encontrar, Cain fez a sua afirmação. Os laços de família já não interessavam. Se alguém não conseguisse tornar-se o melhor executivo do ramo dentro da sua área de responsabilidade, perdia o seu cheque do salário.

Esse tipo de reconstrução quase rude poderia ser esperada de alguém que fosse contratado vindo de fora para dar a volta à empresa, mas Cain trabalhava ali há 18 anos – e fazia parte da família, era filho de um anterior presidente. As reuniões de férias foram provavelmente tensas durante alguns anos no clã Cain – «Desculpa lá ter-te despedido. Queres mais um bocado de peru?» – mas, no final, os membros da família ficaram satisfeitos com o desempenho das suas ações. Cain pusera em movimento uma lucrativa máquina de crescimento. Desde a sua transição em 1974 até 2000, Abbott criou retornos aos investidores que bateram o mercado em 4,5:1, suplantando estrelas do firmamento farmacêutico como a Merck e a Pfizer por um fator de dois.

Outro bom exemplo da liderança de Nível 5 com determinação de ferro vem de Charles R. «Cork» Walgreen III, que transformou a periclitante Walgreens numa empresa que suplantou o mercado em 16:1, desde a sua transição em 1975 até 2000. Depois de anos de diálogo e de debate com a sua equipa executiva acerca do que haviam de fazer em relação às operações de serviços de restauração da Walgreen, este diretor executivo sentiu que a equipa chegara por fim a uma separação das águas: o futuro mais brilhante da empresa estava nas lojas de conveniência e não no serviço de restauração. Dan Jorndt, que sucedeu a Walgreen em 1988, descreve o que aconteceu em seguida:

> Cork disse numa das nossas reuniões da comissão de planeamento: «Muito bem, agora vou desenhar a linha na areia. Vamos estar retirados por completo do negócio da restauração dentro de cinco anos». Nessa altura, tínhamos mais de 500 restaurantes. Conseguia ouvir-se uma mosca. Ele disse: «Quero que todos saibam que o relógio começou a marcar o tempo». Seis meses mais tarde, estávamos na nossa reunião da comissão de planeamento e alguém mencionou de passagem que tínhamos apenas cinco anos para sair do negócio da restauração. Cork não era o tipo de sujeito vociferante. Deu uma espécie de pancadinha na mesa e disse: «Oiçam, agora têm quatro anos e meio. Eu disse que tinham cinco anos há seis meses. Agora, têm quatro anos e meio». Bem, no dia seguinte as coisas entraram realmente em velocidade de cruzeiro para acabarmos com o negócio da restauração. Cork nunca hesitou. Nunca duvidou. Nunca se desviou.

Como Darwin Smith quando vendeu as fábricas da Kimberly--Clark, Cork Walgreen precisou de uma determinação estoica para tomar a sua decisão. O serviço de restauração não constituía a maior parte do negócio, apesar de acrescentar lucros substanciais aos resultados finais. O verdadeiro problema era mais emocional do que financeiro. A Walgreens, afinal de contas, inventara o batido de malte e o serviço de restauração constituía uma longa tradição de família que datava do tempo do avô de Walgreen. Além disso, alguns estabelecimentos tinham mesmo o nome do diretor executivo – por exemplo, uma cadeia de restaurantes chamada Corky's. Mas isso não importava; se era preciso que Walgreen renegasse a tradição da família para se reconcentrar naquela área em que a Walgreens podia ser a melhor do mundo – as lojas de conveniência – e acabar com tudo o resto que não produzisse resultados excelentes, então Cork iria fazê-lo. Silenciosa, persistente e simplesmente.

Uma nota final, contudo reveladora, sobre o Nível 5: como os líderes de Nível 5 não têm ambição para si mas para as suas empresas, habitualmente escolhem soberbos sucessores. Os líderes de Nível 5 querem ver as suas empresas alcançarem ainda maior sucesso na geração seguinte e sentem-se confortáveis com a ideia de a maioria das pessoas não vir sequer a ter conhecimento de que as raízes do sucesso apontam para si. Como disse um líder de Nível 5: «Quero olhar do meu alpendre, ver a empresa um dia como uma das grandes empresas do mundo e poder dizer: "Eu trabalhava ali"». Em contrapartida, os líderes do Nível 4 frequentemente não conseguem preparar a empresa para um sucesso perene. Afinal de contas, que melhor testemunho da vossa grandeza pessoal do que a empresa cair por terra depois de se irem embora?

Em mais de três quartos das empresas de comparação, encontrámos executivos que preparam os seus sucessores para o fracasso, escolhem sucessores fracos, ou ambas as coisas. Veja-se o caso da Rubbermaid, que veio da obscuridade para se tornar uma das mais admiradas empresas da *Fortune* – e depois, com a mesma rapidez, desintegrou-se até ficar num estado tão lamentável que teve de ser adquirida pela Newell.

O arquiteto desta notável história foi um brilhante e carismático líder chamado Stanley C. Gault, cujo nome se tornou sinónimo, no final da década de 80, do sucesso da Rubbermaid. Ao longo de 312 artigos coligidos pela nossa equipa de investigação, Gault surge como um executivo agressivo e egocêntrico. Num dos artigos, responde à acusação de ser um tirano com a seguinte declaração: «Sim, mas sou um tirano sincero». Noutro, escrito diretamente a partir dos seus comentários sobre a mudança da liderança, a palavra «eu» surge 44 vezes, ao passo que a palavra «nós» surge apenas 16. Claro que Gault tinha todas as razões para se sentir orgulhoso do seu sucesso como executivo: a Rubbermaid produziu 40 trimestres consecutivos de crescimento dos lucros sob a sua liderança – um desempenho impressionante, evidentemente, e que merece respeito.

Mas Gault não deixou uma empresa que pudesse ser excelente sem ele. O seu sucessor escolhido durou menos de um ano no cargo e o seguinte encontrou uma equipa de gestão tão superficial que teve de acumular temporariamente quatro cargos, enquanto se esforçava para encontrar um novo executivo número dois. Os sucessores de Gault lutaram não apenas contra um vazio de gestão mas também com vazios estratégicos que acabariam por pôr a empresa de rastos.

Claro que se poderá dizer – como aconteceu num artigo da *Fortune* – que o facto de a Rubbermaid se desfazer depois de Gault partir prova a sua grandeza como líder. Gault foi um tremendo líder de Nível 4, talvez um dos melhores nos últimos 50 anos. Mas não era um Nível 5 e essa é uma das razões cruciais para a Rubbermaid passar de boa a excelente durante um breve e brilhante momento e depois, com a mesma rapidez, passar de excelente a irrelevante.

A janela e o espelho

Como parte da nossa pesquisa, entrevistámos Alan L. Wurtzel, o líder de Nível 5 responsável por transformar a Circuit City de uma empresa das traseiras à beira da falência numa das empresas de eletrónica de retalho de maior sucesso da América. Nos 15 anos após a sua data de transição, em 1982, a Circuit City suplantou o mercado em 18,5:1.

Pedimos a Wurtzel que listasse os cinco principais fatores que contribuíram para a transformação da sua empresa, por grau de importância. O seu fator número um? A sorte. «Estávamos numa grande área de atividade, com o vento pelas costas», disse. Mas espere um minuto, retorquimos, a Silo – a vossa empresa de comparação – encontrava-se no mesmo ramo, com o mesmo vento e velas maiores. A conversa andou para trás e para a frente, com Wurtzel a recusar-se a reconhecer um grande crédito pela transição, preferindo atribui-la largamente a apenas se encontrar no sítio certo no momento certo. Mais tarde, quando lhe pedimos que discutisse os fatores que susteriam uma transformação de «bom-para-excelente», ele disse: «A primeira coisa que me vem ao espírito é a sorte. Tive sorte em encontrar o sucessor certo».

Sorte. Que estranho fator para se mencionar. Contudo, os líderes de Nível 5 que identificámos invocaram-na frequentemente. Perguntámos a um executivo da fábrica de aço Nucor qual era a razão pela qual possuía um tão notável registo de boas decisões. A resposta dele? «Acho que temos tido sorte». Joseph Cullman III, o diretor executivo de Nível 5 da Philip Morris, recusou em absoluto aceitar o crédito pelo sucesso da sua empresa, citando a sua sorte por ter colegas, sucessores e predecessores excelentes. Mesmo o livro que escreveu sobre a sua carreira – que surgiu por insistência dos seus colegas e que nunca tencionou distribuir em larga escala fora da empresa – tinha o invulgar título *Sou um Tipo com Sorte.*

A princípio, ficámos confundidos pela ênfase que os líderes de Nível 5 davam à sorte. Afinal de contas, não existem evidências de que as empresas que progrediram de boas para excelentes fossem abençoadas com mais sorte (ou mais azar) do que as empresas de comparação. Mas, depois, começámos a notar um interessante padrão nos executivos das empresas de comparação: frequentemente, atribuíam as suas situações ao azar, amaldiçoando as dificuldades do ambiente que enfrentavam.

Compare-se, por exemplo, a Bethlehem Steel e a Nucor. Ambas as empresas de aço operam com produtos que são difíceis de diferenciar e ambas enfrentaram um desafio competitivo com o aço barato importado. Ambas as empresas pagavam salários significativamente mais elevados do que a maioria das suas concorrentes estrangeiras. E, contudo, os executivos das duas empresas tinham perspetivas completamente diferentes do mesmo ambiente.

O diretor executivo da Bethlehem Steel sintetizou os problemas da empresa em 1983 culpando as importações: «O nosso primeiro, segundo e terceiro problemas são as importações». Ao mesmo tempo, Ken Iverson e a sua equipa da Nucor viam as importações como uma bênção: «A sorte que temos; o aço é pesado e eles têm de o enviar por barco através do oceano, proporcionando-nos uma enorme vantagem». Na verdade, Iverson achava que o primeiro, o segundo e o terceiro dos problemas da indústria do aço dos EUA não residiam nas importações, mas na gestão. Foi mesmo ao ponto de se pronunciar publicamente contra a proteção governamental contra as importações, dizendo numa reunião de espantados executivos da indústria do aço, em 1977, que os verdadeiros problemas que esta indústria enfrentava residiam no facto de a gestão não ter conseguido acompanhar o ritmo da tecnologia.

A ênfase na sorte acaba por fazer parte de um padrão mais vasto a que chamámos «a janela e o espelho». Os líderes de Nível 5, intrinsecamente humildes, olham pela janela para atribuírem o crédito – mesmo até o crédito imerecido – a fatores que não eles próprios. Quando não conseguem encontrar uma pessoa específica ou um acontecimento específico a quem atribuir o crédito, atribuem-no à sorte. Ao mesmo tempo, olham para o espelho quando procuram a responsabilidade, nunca citando o azar ou os fatores externos quando as coisas correm mal. Inversamente, os executivos de comparação olham frequentemente pela janela à procura de fatores para culpar, mas admiram-se ao espelho quando as coisas correm bem.

O engraçado acerca do conceito da janela e do espelho é que não reflete a realidade. De acordo com a nossa pesquisa, os líderes de Nível 5 foram responsáveis pelas transformações das suas empresas. Mas nunca o admitiriam. Não lhes podemos entrar dentro das cabeças e garantir que acreditem profundamente naquilo que viram pela janela e no espelho. Mas na realidade não importa, pois agiram como se acreditassem e agiram com uma tal consistência que produziram resultados excecionais.

Nascido ou criado?

Não há muito tempo, partilhei a descoberta do Nível 5 numa reunião de executivos seniores. Uma senhora que se tornara recentemente diretora executiva da sua empresa pôs o dedo no ar. «Acredito no que nos disse sobre a liderança de Nível 5», disse, «mas estou preocupada porque sei que ainda lá não cheguei e que talvez nunca venha a chegar. Uma parte da razão pela qual alcancei este cargo foi por causa do meu grande ego. Está a dizer-me que não conseguirei tornar a minha empresa excelente se não for do Nível 5?»

«Deixe-me voltar aos dados», respondi. «Das 1435 empresas que surgiram na *Fortune* 500 desde 1965, apenas 11 passaram no nosso estudo. Nas 11, todas tinham líderes de Nível 5 em posições-chave, incluindo no cargo de diretor executivo, na altura crucial da transição. Agora, repetindo, não estamos a dizer que o Nível 5 seja o único elemento exigido para a transição de bom para excelente, mas parece ser essencial».

Ela ficou ali sentada, silenciosa por um momento, e é fácil adivinhar o que muitas pessoas na sala estavam a pensar. Por fim, pôs de novo o dedo no ar. «Ser do Nível 5 é uma coisa que se possa aprender?» Eu ainda não sei a resposta para essa pergunta. A nossa investigação, sinceramente, não se ocupou da forma como alguém se tornava líder do Nível 5, nem tentámos explicar ou codificar a natureza das suas vidas emocionais. Especulámos sobre a psicologia singular dos líderes de Nível 5. Seriam «culpados» de uma deslocação – transferindo a sua própria ambição para outra coisa que não eles próprios? Estariam a sublimar os seus egos por causa de razões obscuras e complexas enraizadas num trauma de infância? Quem sabe? E, talvez mais importante, as raízes psicológicas da liderança de Nível 5 teriam mais peso do que as raízes do carisma e da inteligência? A questão permanece: o Nível 5 poderá ser desenvolvido?

A minha hipótese preliminar é a de que existem duas categorias de pessoas: aquelas que não têm nelas a semente do Nível 5 e aquelas que têm. A primeira categoria é constituída por pessoas que nem num milhão de anos poderiam forçar-se a subjugar as suas próprias necessidades às ambições de algo de maior e mais duradouro do que elas. Para essas pessoas, o trabalho será sempre e sobretudo acerca daquilo que obtêm – a fama, a fortuna, o poder, a adulação e assim por diante. O trabalho nunca será sobre aquilo que constroem, criam e contribuem. A grande ironia é que o ânimo e a ambição pessoal que frequentemente incita as pessoas a tornarem-se um líder de Nível 4 não se conjugam com a humildade exigida para acederem ao Nível 5.

Quando se combina essa ironia com o facto de os conselhos de administração operarem frequentemente sob a falsa crença de que um líder maior do que a realidade e egocêntrico é necessário para tornar uma empresa excelente, rapidamente se vê a razão pela qual os líderes de Nível 5 raramente surgem no topo das nossas instituições. Continuamos a colocar pessoas em cargos de poder a quem falta a semente para se tornarem um líder de Nível 5 e essa é uma das principais razões para existirem tão poucas empresas que realizam uma transformação sustentada e verificável de boas para excelentes.

A segunda categoria consiste em pessoas que não conseguiram evoluir para o Nível 5; essa capacidade está dentro delas, talvez enterrada, ou ignorada, ou simplesmente incipiente. Sob as circunstâncias adequadas – com autorreflexão, um mentor, pais dedicados, uma experiência de vida significativa, ou outros fatores – a semente poderá começar a desenvolver-se. Alguns dos líderes de Nível 5 do nosso estudo tiveram significativas experiências de vida que poderão ter espoletado o desenvolvimento da semente. Darwin Smith floresceu por completo como um Nível 5 depois da sua experiência quase terminal com o cancro. Joe Cullman foi profundamente afetado pelas suas experiências da Segunda Guerra Mundial, em particular a mudança de ordens de última hora que o retiraram de um navio condenado, onde certamente teria morrido; ele considerava os 60 anos extra que teve a seguir uma grande dádiva. Uma forte crença ou uma conversão religiosa poderá também alimentar a semente. Colman Mockler, por exemplo, converteu-se ao cristianismo evangélico enquanto tirava o seu MBA em Harvard e, mais tarde, segundo o livro *Cutting Edge*, de Gordon McKibben, tornou-se o principal motor de um grupo de executivos empresariais de Boston que se encontravam frequentemente ao pequeno-almoço para discutir a inclusão dos valores religiosos na vida empresarial.

Adoraríamos ser capazes de vos fornecer uma lista de passos para atingirem o Nível 5 – que não fossem contrair cancro, passar por uma conversão religiosa, ou arranjar pais diferentes – mas não possuímos dados de pesquisa sólidos que suportassem uma lista credível. A nossa investigação revelou o Nível 5 como um componente essencial dentro da caixa negra daquilo que é preciso para que uma empresa passe de boa a excelente. Contudo, dentro da caixa negra há outra – o desenvolvimento interior de uma pessoa até à liderança de Nível 5. Poderíamos especular sobre o que essa caixa interior poderá conter, mas seria sobretudo isso: especulação.

Em resumo, o Nível 5 é uma ideia gratificante, uma ideia verdadeira, uma ideia poderosa e, para se mudar de bom para excelente, muito provavelmente uma ideia essencial. Mas fornecer «os dez passos para a liderança de Nível 5» seria vulgarizar o conceito.

O meu melhor conselho, com base na investigação, é praticar as outras disciplinas «bom-para-excelente» que encontrámos. Uma vez que descobrimos uma apertada relação simbiótica entre cada uma das outras descobertas e o Nível 5, suspeitamos de que tentar conscientemente liderar usando as outras disciplinas vos poderá ajudar a mudar na direção certa. Não existe garantia de que fazê-lo transforme executivos em consumados líderes de Nível 5, mas dar-lhes-á um local tangível por onde começar, em especial se tiverem a semente no vosso interior.

Não podemos determinar com certeza a percentagem de pessoas que terão a semente dentro de si, nem quantas dessas poderão alimentá-la suficientemente para se tornarem do Nível 5. Mesmo aqueles entre a nossa equipa de pesquisa que identificaram o Nível 5 não sabem se conseguirão evoluir até aos seus píncaros. Mas, porém, todos aqueles de nós que trabalharam na descoberta ficaram inspirados pela ideia de se tentarem deslocar para o Nível 5. Darwin Smith, Colman Mockler, Alan Wurtzel e todos os outros líderes de Nível 5 de quem soubemos se tornaram modelos para nós. Quer atinjamos ou não o Nível 5, vale a pena tentar. Pois, como todas as verdades básicas acerca daquilo que é melhor nos seres humanos, quando temos um vislumbre dessa verdade, sabemos que as nossas vidas e todos aqueles que tocamos se tornarão melhores por fazerem o esforço para lá chegar.

Originalmente publicado em setembro de 2002. Reimpressão R0507M

Sete transformações de liderança

por David Rooke e William R. Torbet

A **A MAIORIA DOS PSICÓLOGOS DO DESENVOLVIMENTO** concorda com a ideia de que aquilo que diferencia os líderes não é tanto a sua filosofia de liderança, a sua personalidade, ou o seu estilo de gestão. Em vez disso, é a sua «lógica de ação» interna – como interpretam os seus ambientes e reagem quando o seu poder ou segurança são postos em causa. Relativamente poucos líderes, contudo, tentam compreender a sua própria lógica de ação e ainda menos exploraram a possibilidade de a modificar.

E deveriam, pois verificámos que os líderes que realizam de facto uma viagem pela compreensão e desenvolvimento pessoais conseguem transformar não apenas as suas capacidades, mas também as das suas empresas. Na nossa colaboração próxima com a psicóloga Susanne Cook-Greuter – e os nossos 25 anos de extensa consultoria baseada em inquéritos em empresas como o Deutsche Bank, a Harvard Pilgrim Health Care, a Hewlett-Packard, a NSA, a Trillium Asset Management, a Aviva e a Volvo – trabalhámos com milhares de executivos, enquanto eles procuravam melhorar as suas capacidades de liderança. A parte boa é que os líderes que fazem um esforço para compreender a sua lógica de ação conseguem melhorar a sua capacidade de liderança. Mas, para o fazerem, é importante compreenderem primeiro que tipo de líder já são.

As sete lógicas da ação

A nossa pesquisa baseia-se numa ferramenta de inquérito com frases para completar chamada Perfil de Desenvolvimento de Liderança. Ao usarmos esta ferramenta, pedimos aos participantes que completem 36 frases, que começam com afirmações como «Um bom líder...», em relações às quais as respostas variam enormemente:

> «...faz estalar o chicote».
> «...percebe que é importante alcançar um bom desempenho dos seus colaboradores».
> «...combina as forças concorrentes e assume a responsabilidade pelas suas decisões».

Ao pedirmos aos participantes que completem frases deste tipo, avaliadores altamente treinados conseguem estabelecer uma imagem de como os participantes interpretam as suas próprias ações e o mundo em seu redor; estas «imagens» revelam uma de sete lógicas de ação desenvolvimentistas – Oportunista, Diplomata, Conhecedor, Realizador, Individualista, Estratega, ou Alquimista –, presentemente funções da maneira de pensar dominante de um líder. Os líderes podem deslocar-se através destas categorias à medida que a suas capacidades se desenvolvem, portanto aplicar o Perfil de Desenvolvimento de Liderança de novo alguns anos mais tarde poderá revelar se a lógica da ação de um líder evoluiu.

Em resumo

Todas as empresas precisam de líderes que presidam à transformação – os que incitam mudanças que elevem a rendibilidade, expandam a quota de mercado e mudem as regras do jogo na sua área de atividade. Mas poucos executivos compreendem as forças únicas necessárias para se ser um líder desses. Resultado? Perdem a oportunidade de desenvolver essas forças. Eles e as firmas ficam a perder.

Como evitar este cenário? Reconhecendo que os grandes líderes se diferenciam não pela sua personalidade ou filosofia, mas pela sua **lógica de ação** – como interpretam o seu próprio comportamento e o comportamento dos outos e como mantêm o poder ou se protegem das ameaças.

Alguns líderes apostam em lógicas de ação que travam o desempenho organizacional. Os oportunistas, por exemplo, acreditam em ganhar de qualquer maneira e, frequentemente, exploram os outros para obter ganhos pessoais. Poucas pessoas os seguem durante muito tempo. Outros tipos de líderes mostram ser potentes agentes de mudança. Em particular, os Estrategas acreditam que todos os aspetos das suas organizações estão abertos à discussão e à transformação. A sua lógica de ação permite-lhes pôr em causa as perceções que constrangem as suas organizações e ultrapassar a resistência à mudança. Criam visões partilhadas e estimulantes e lideram iniciativas pragmáticas necessárias para realizar essas visões.

Embora os Estrategas sejam raros, as suas forças características *podem* ser desenvolvidas. Como? Diagnosticando a vossa lógica de ação presente e trabalhando para a atualizar. A compensação? Ajudarão a vossa empresa a executar as mudanças de que precisa para se tornar excelente.

Na prática

Sete tipos de lógica da ação

Tipo	Características	Forças	Fraquezas
Oportunista	*Ganha de qualquer maneira.* Orientação egoísta; manipulador; «força é poder».	Bom em emergências e na busca de vendas.	Poucas pessoas os querem seguir a longo prazo.
Diplomático	*Evita o conflito.* Quer pertencer; obedece às normas do grupo; não balança o barco.	Reforça as ligações das equipas.	Não consegue transmitir más notícias ou tomar as decisões difíceis para melhorar o desempenho.
Conhecedor	*Dirige através da lógica e da especialização.* Utiliza dados concretos para obter consenso e predominância.	Bom contribuidor individual.	Falta de inteligência emocional; falta de respeito pelas pessoas com menos conhecimento.
Realizador	*Alcança objetivos estratégicos.* Promove o trabalho de equipa; controla os deveres de gestão e reage às exigências do mercado para alcançar os objetivos.	Bem capacitado para trabalho de gestão.	Inibe o pensamento fora da caixa.
Individualista	*Opera de forma não-convencional.* Ignora as regras que considera irrelevantes.	Eficaz em cargos de associação e consultoria.	Irrita os colegas e os chefes ao ignorar os processos organizacionais fundamentais e as pessoas.
Estratega	*Gera a mudança organizacional e pessoal.* Altamente colaborativo; combina visão com iniciativas pragmáticas e oportunas; desafia os pressupostos existentes.	Gera transformações a curto e longo prazo.	Nenhuma.
Alquimista	*Gera transformações sociais (exemplo, Nelson Mandela).* Reinventa as organizações de forma historicamente significativa.	Lidera a mudança social.	Nenhuma.

Mudar o tipo de lógica de ação

Para mudarem o vosso tipo de lógica de ação, experimentem novos comportamentos interpessoais, forjem novos tipos de relacionamentos e aproveitem a vantagem das oportunidades de trabalho. Por exemplo:

Para avançar de...	Dar estes passos
Conhecedor para realizador	Focarem-se mais na obtenção do resultado do que no aperfeiçoamento dos conhecimentos: • Tornarem-se consciente das diferenças entre os vossos pressupostos e os dos outros. Por exemplo, praticar novas estratégias de conversação como «Pode ter razão, mas gostaria de perceber o que o leva a acreditar nisso.» • Participarem em programas de formação sobre tópicos como delegação eficaz e liderança de equipas de alto rendimento.
Realizador para Individualista	Em vez de aceitarem objetivos como dados a serem alcançados: • Refletirem sobre o valor dos próprios objetivos, com a finalidade de melhorar objetivos futuros. • Usarem o planeamento de desenvolvimento da liderança anual para estabelecer cuidadosamente os objetivos de maior impacto.
Individualista para Estratega	Empenharem-se no desenvolvimento par-a-par: • Estabelecerem aconselhamento mútuo com os membros da vossa rede profissional (membros da direção, gestores de topo, líderes empresariais) que poderão pôr em causa os vossos pressupostos e práticas, bem como os da vossa empresa e área de atividade. ***Exemplo:*** Um diretor executivo de uma empresa de higiene dentária pretende introduzir uma higiene dentária acessível em países em desenvolvimento. Explorou a ideia com os colegas por todo o país, acabando por propor uma iniciativa educacional e assistencial que a sua empresa sede concordou em financiar. Foi promovido a vice-presidente para as sociedades internacionais no interior da empresa sede.

Durante os últimos 25 anos, nós e outros investigadores aplicámos o inquérito de completação de frases a milhares de gestores e profissionais, a maioria com idades entre os 25 e os 55 anos, em centenas de empresas americanas e europeias (bem como agências não-lucrativas e governamentais) em diversas áreas de atividade. Aquilo que descobrimos é que os níveis de desempenho empresarial e individual variam de acordo com a lógica de ação. Nomeadamente, descobrimos que os três tipos de líderes associados ao desempenho empresarial abaixo da média (Oportunistas, Diplomatas e Conhecedores) representavam 55% da amostra. Eram significativamente menos eficazes a implementar as estratégias organizacionais do que os 30% da amostra que mediam os Realizadores. Além disso, apenas os finais 15% dos gestores da amostra (Individualistas, Estrategas e Alquimistas) mostravam a capacidade consistente de inovar e transformar com sucesso as suas organizações.

Para compreender como os líderes se distribuem por estas categorias e desempenhos empresariais distintos, vejamos com maior pormenor cada estilo de liderança em si, começando pelo menos produtivo (e menos complexo).

O oportunista

A nossa descoberta mais confortante foi que apenas 5% dos líderes na nossa amostra eram caracterizados pela desconfiança, pelo egocentrismo e pela manipulação. Chamamos a estes líderes Oportunistas, um título que reflete a sua tendência para se focarem nos ganhos pessoais e verem o mundo e as outras pessoas como oportunidades a serem exploradas. A sua abordagem ao mundo exterior é em grande parte determinada pela sua perceção do controlo – por outras palavras, a forma como reagirão a um acontecimento depende sobretudo de acharem que podem dirigir o resultado. Tratam as outras pessoas como objetos ou como competidores que também estão a tentar ganhar vantagens.

Os oportunistas tendem a encarar o seu mau comportamento como legítimo num mundo regido pelo olho por olho e dente por dente. Rejeitam as críticas, declinam a culpa e retaliam rudemente. Poderemos ver esta lógica de ação no trabalho inicial de Larry Ellison (agora diretor da Oracle). Ellison descreve o seu estilo de gestão no início da sua carreira como «gestão pelo ridículo». «Tem de se ser bom na intimidação intelectual e na humilhação retórica», disse uma vez a Matthew Symonds do *Economist*. «Eu justificava o meu comportamento dizendo a mim próprio que estava a ter "um debate franco e honesto". O facto é que eu não sabia fazer melhor do que isso».

Poucos Oportunistas se mantêm como gestores durante muito tempo, a menos que optem por lógicas de ação mais eficazes (como Ellison fez). O seu constante ripostar, o seu estilo de autoglorificação e as suas frequentes transgressões das regras são a antítese do tipo de líder com quem as pessoas querem trabalhar a longo prazo. Se já trabalharam para um Oportunista, de certeza o recordarão como uma altura difícil. Da mesma forma, os ambientes empresariais que alimentam o oportunismo raramente duram, embora os Oportunistas frequentemente sobrevivam mais do que deviam porque fornecem um ambiente excitante em que os executivos mais jovens, em especial, podem correr riscos. Como disse um dos ex-membros sénior da Enron: «Antes da queda, aqueles foram anos excitantes. Sentíamos que podíamos fazer tudo, conseguir tudo, escrever as nossas próprias regras. O ritmo era desenfreado e nós avançávamos com ele». Claro que os acionistas e os pensionistas da Enron sentiriam com razão que estavam a pagar demasiado pelo aventureirismo dos seus dirigentes.

O diplomata

O Diplomata dá sentido ao mundo à sua volta de uma forma mais benigna do que o Oportunista, mas a sua lógica de ação poderá ter também repercussões extremamente negativas, se o líder for um gestor sénior. Servindo lealmente o grupo, o Diplomata procura agradar aos colegas de estatuto mais elevado, evitando ao mesmo tempo o conflito. Esta lógica da ação foca-se na aquisição de controlo do próprio comportamento – mais do que na aquisição do controlo dos acontecimentos exteriores ou das outras pessoas. De acordo com a lógica de ação do Diplomata, um líder ganhará uma aceitação mais duradoura cooperando com as normas do grupo e executando bem as suas rotinas diárias.

Num cargo de apoio ou num contexto de equipa, este tipo de executivo tem muito para oferecer. Os Diplomatas providenciam a cola social aos seus colegas e asseguram que é dada atenção às necessidades dos outros, razão pela qual a grande maioria dos Diplomatas trabalha nos cargos juniores da gestão, em tarefas como supervisor da linha da frente, representante do serviço ao cliente, ou atendimento clínico. Na verdade, a investigação acerca de 497 gestores em diferentes áreas de atividade mostrou que 80% de todos os Diplomatas se encontravam em níveis juniores. Em contrapartida, 80% dos Estrategas estavam nos níveis seniores, sugerindo que os gestores que tornam as lógicas de ação mais eficazes – como a dos Estrategas – têm maior hipótese de ser promovidos.

Os diplomatas são muito mais problemáticos em cargos de liderança de topo por tentarem ignorar o conflito. Tendem a ser excessivamente polidos e amistosos e acham virtualmente impossível reagir criticamente aos outros. Iniciar uma mudança, com os seus inevitáveis conflitos, representa uma grave ameaça para os Diplomatas e estes evitá-la-ão a todo o custo, mesmo ao ponto de isso significar a sua própria destruição.

Consideremos um Diplomata que se tornou diretor executivo de transição numa organização em que o seu predecessor morreu subitamente de um aneurisma. Quando a direção se dividiu acerca da seleção de um sucessor permanente, pediu ao Diplomata para prosseguir. O nosso Diplomata apostou no seu papel de mestre de cerimónias e propunha-se como orador em acontecimentos públicos. Infelizmente, descobriu que as exigências conflituais do cargo eram menos do seu agrado. Não conseguiu, por exemplo, substituir um

Sete formas de liderar

DIFERENTES LÍDERES apresentam diferentes tipos de lógica de ação – formas pelas quais interpretam o seu meio ambiente e reagem quando o seu poder ou a sua segurança é ameaçada. Na nossa pesquisa de milhares de líderes, observámos sete tipos de lógica de ação. As menos eficazes para a liderança organizacional são as do Oportunista e do Diplomata; as mais eficazes são as do Estratega e do Alquimista. Conhecer a nossa própria lógica de ação poderá ser o primeiro passo para desenvolver um estilo de liderança mais eficaz. Se se reconhecerem como um Individualista, por exemplo, poderão trabalhar, tanto através de medidas formais como informais, no sentido de desenvolver os pontos fortes e as características de um Estratega.

Lógica de Ação	**Características**	**Forças**	**% do perfil desta lógica de ação na amostra da investigação**
Oportunista	*Ganha de qualquer maneira.* Orientação egoísta; manipulador; «força é poder».	Bom em emergências e na busca de vendas.	5%
Diplomata	*Evita o conflito.* Quer pertencer; obedece às normas do grupo; raramente balança o barco.	Bom como cola de apoio no interior de um gabinete; ajuda a juntar as pessoas.	12%
Conhecedor	*Dirige através da lógica e do conhecimento.* Procura a eficiência racional.	Bom contribuidor individual.	38%
Realizador	*Alcança objetivos estratégicos.* Alcança eficazmente objetivos através de equipas; controla os deveres de gestão e reage às exigências do mercado.	Bem capacitado para trabalho de gestão; orientado para a ação e os objetivos.	30%
Individualista	*Combina lógicas da ação pessoais e empresariais divergentes.* Cria estruturas inovadoras pontes para ultrapassar os fossos entre estratégia e desempenho.	Eficaz em cargos de associação e consultoria.	10%
Estratega	*Gera transformações organizacionais e pessoais.* Exerce o poder do controlo mútuo, da vigilância e da vulnerabilidade, tanto a curto como a longo prazo.	Eficaz como líder da transformação.	4%
Alquimista	*Gera transformações sociais.* Integra transformações materiais, espirituais e sociais.	Bom a liderar transformações a nível social.	1%

número de gestores seniores que tinham graves problemas de contínuo mau desempenho e que resistiam ao programa de mudanças que o seu predecessor iniciara. Como as mudanças eram controversas, o Diplomata evitava as reuniões, chegando mesmo a planear viagens de negócios nas alturas em que a equipa sénior se deveria reunir. Os membros da equipa ficaram tão frustrados com a atitude do Diplomata que acabaram por se demitir em bloco. Ele «resolveu» a crise agradecendo à equipa publicamente pela sua contribuição e nomeando novos membros para a equipa. Eventualmente, em face dos prejuízos crescentes resultantes desta medíocre gestão, a direção decidiu despromover o Diplomata para o seu anterior cargo de vice-presidente.

O conhecedor

A maior categoria de líderes é a dos Conhecedores, que representam 38% de todos os profissionais da nossa amostra. Em contraste com os Oportunistas, que se focam em tentar controlar o mundo à sua volta, e os Diplomatas, que se concentram em controlar o seu próprio comportamento, os Conhecedores tentam exercer o controlo aperfeiçoando o seu conhecimento, tanto nas suas vidas profissionais como privadas. Exercer um pensamento impermeável é extremamente importante para os Conhecedores. Não é surpreendente que muitos contabilistas, analistas de investimentos, pesquisadores de marketing, engenheiros de *software* e consultores operem segundo a lógica de ação do Conhecedor. Seguros dos seus conhecimentos, apresentam dados concretos e lógica nos seus esforços para ganhar consenso e aceitação das suas propostas.

Os conhecedores são excelentes contribuidores individuais devido à sua contínua busca de perpétuo melhoramento, eficiência e perfeição. Mas, como gestores, poderão ser problemáticos por estarem tão absolutamente seguros de que têm razão. Quando os subordinados falam de um tipo de chefe que diz «há duas maneiras: a minha e a errada», estarão provavelmente a falar acerca de alguém que opera segunda a lógica da ação de um Conhecedor. Os Conhecedores tendem a ver a colaboração como uma perda de tempo («Nem todas as reuniões são uma perda de tempo – algumas são canceladas!») e tratarão frequentemente a opinião de pessoas menos conhecedoras do que eles com desprezo. A inteligência emocional não é desejada nem apreciada. Como disse o diretor executivo da Sun Microsystems, Scott McNeally: «Não lido com sentimentos; deixo isso para o Barry Manilow».

Não foi por isso surpreendente que, após uma disputa inconclusiva para que fizesse uma redução em face dos prejuízos durante a derrocada *dotcom* de 2001 e 2002, quase uma dúzia da equipa de gestão sénior de McNealy se demitisse.

O realizador

Para aqueles que esperam vir um dia a trabalhar para um gestor que ao mesmo tempo os desafie e apoie e crie uma equipa positiva e uma atmosfera interdepartamental, a boa notícia é que uma larga proporção, 30%, dos gestores na nossa investigação revelaram-se Realizadores. Embora estes líderes criem um ambiente de trabalho positivo e foquem os seus esforços nos resultados, a vertente negativa é que o seu estilo inibe frequentemente o pensamento fora da caixa.

Os Realizadores têm uma compreensão mais complexa e integrada do mundo do que os gestores que apresentam as três anteriores lógicas de ação que descrevemos. Estão abertos às críticas e percebem que muitas das ambiguidades e conflitos da vida quotidiana se devem a diferenças de interpretação e formas de relacionamento. Sabem que transformar criativamente ou resolver confrontos exige sensibilidade às relações e habilidade para influenciar os outros de formas positivas. Os Realizadores poderão também seguramente liderar uma equipa para que implemente novas estratégias num período de um a três anos, equilibrando os objetivos imediatos e os de longo prazo. Um estudo sobre oftalmologistas em prática privada mostrou que aqueles que se revelaram como Realizadores tinham menor rotatividade de pessoal, delegavam mais responsabilidade e tinham práticas com lucros pelo menos duas vezes superiores às receitas anuais brutas do que os Conhecedores.

Os Realizadores encontram-se frequentemente em confronto com os Conhecedores. O subordinado Conhecedor, em particular, acha o líder Realizador difícil de aceitar porque não consegue negar a realidade do sucesso do Realizador, apesar de se sentir superior. Considere-se a Hewlett-Packard, onde os engenheiros de investigação tendem a revelar-se Conhecedores e os gestores de laboratório como Realizadores de elevado nível. Numa reunião de projeto, uma gestora de laboratório – uma decidida Realizadora – bateu com a chávena de café em cima da mesa e exclamou: «Eu *sei* que conseguimos incluir nisto 18 recursos, mas os clientes querem uma entrega ainda durante este século e os principais 8 recursos bastarão». «Filistina!» retorquiu um dos engenheiros, um Conhecedor. Mas este tipo de conflito nem sempre é destrutivo. De facto, fornece muito do combustível que alimentou – e sustentou – a competitividade de muitas das empresas de maior sucesso do país.

O individualista

A lógica de ação do Individualista reconhece que nem esta nem nenhuma das outras lógicas da ação são «naturais»; todas são construções de alguém e do mundo. Esta ideia aparentemente abstrata permite que 10% dos líderes Individuais contribuam com um valor prático único para as suas organizações; relativizam as personalidades e as formas de relacionamento e comunicam bem com as pessoas que têm outras lógicas de ação.

O que separa os Individualistas dos Realizadores é a sua consciência de um possível conflito entre os seus princípios e as suas ações, ou entre os valores das organizações e a sua implementação desses valores. Este conflito torna-se fonte de tensão, de criatividade e de um crescente desejo de ulterior desenvolvimento.

Os Individualistas tendem também a ignorar as regras que veem como irrelevantes, o que os torna frequentemente uma fonte de irritação tanto para os colegas como para os chefes. «Então o que é que acham?» perguntou-nos um dos nossos clientes, discutindo se deveria despedir uma das suas brilhantes empregadas, uma mulher que fora classificada como Individualista. Fora dito a Sharon (um nome fictício) para estabelecer uma função de serviço partilhado no estrangeiro, na República Checa, para fornecer apoio à Tecnologia de Informação de duas divisões separadas e internamente concorrentes que lá operavam. Ela formou uma equipa altamente coesa dentro do orçamento e tão adiantada à data-limite que brincou dizendo que «estava a fornecer serviços antes de o Group Business Risk ter entregado o seu relatório a dizer que isso podia ser feito».

O problema era que Sharon tinha a reputação dentro da organização mais alargada de ser uma carta fora do baralho. Apesar de mostrar uma grande astúcia política quando se tratava dos seus projetos individuais, desagradava a muitas pessoas na organização mais alargada por causa das suas formas de operar singulares e não-convencionais. O diretor executivo acabou por ser chamado (o que já não acontecia pela primeira vez) para resolver um problema criado por não ligar a processos organizacionais essenciais e a pessoas que não faziam parte da sua equipa.

Muitas das dinâmicas criadas pelas diferentes lógicas da ação são ilustradas por esta história e pelo seu resultado. O diretor executivo, cuja lógica de ação era a de um Realizador, não via como poderia fazer com que Sharon se desenvolvesse e passasse a um nível em que não criasse problemas daqueles. Apesar de estar dividido em relação a ela, decidiu mantê-la porque ela cumpria e porque a organização perdera recentemente vários gestores capazes, embora pouco convencionais.

Por isso Sharon ficou, mas apenas por pouco tempo. Acabou por deixar a empresa para estabelecer uma consultoria de estabelecimentos no estrangeiro. Quando examinarmos, na segunda parte deste artigo, como ajudar os executivos a transformarem as lógicas de ação, regressaremos a esta história para ver como tanto Sharon como o diretor executivo poderiam ter conseguido transformar as suas.

O estratega

Os Estrategas representam apenas 4% dos líderes. Aquilo que os separa dos Individualistas é o seu foco nos constrangimentos e nas perceções organizacionais, que tratam como discutíveis e transformáveis. Enquanto o Individualista domina a comunicação com os colegas que têm diferentes lógicas de ação, o Estratega domina o impacto organizacional de segunda ordem das ações e acordos. O Estratega é também adepto da criação de visões partilhadas que intersetam as diferentes lógicas de ação – visões que encorajam as transformações tanto pessoais como organizacionais. De acordo com a lógica de ação do Estratega, a mudança organizacional e social é um processo de desenvolvimento interativo que exige consciência e cuidada atenção da liderança.

Os Estrategas lidam com o conflito com maior à-vontade do que aqueles com outras lógicas de ação e são melhores a tratar da resistência instintiva das pessoas à mudança. Em resultado disso, os Estrategas são altamente eficazes como agentes de mudança. Encontrámos a confirmação disso no nosso recente estudo de dez diretores executivos em seis diferentes áreas de atividade. Todas as suas organizações tinham o objetivo expresso de se transformarem e envolveram consultores para as ajudarem nesse processo. Cada diretor executivo preencheu um Perfil de Desenvolvimento de Liderança, que mostrava que cinco deles eram Estrategas, ao passo que os outros caíam dentro de outras lógicas de ação. Os Estrategas conseguiram gerar uma ou mais transformações organizacionais num período de quatro anos; melhoraram a rendibilidade, a quota de mercado e a reputação das suas empresas. Em contrapartida, apenas dois dos outros cinco diretores executivos conseguiram transformar as suas organizações – apesar da ajuda dos consultores, eles próprios classificados como Estrategas.

Os estrategas são fascinados por três níveis distintos de interação social: os relacionamentos pessoais, as relações organizacionais e os desenvolvimentos nacionais e internacionais. Veja-se Joan Bavaria, uma diretora executiva que, já em 1985, se classificava como Estratega. Bavaria criou um dos primeiros fundos de investimento socialmente responsável, uma nova subdivisão da área dos investimentos, que no final de 2001 geria mais de 3 biliões de dólares em fundos. Em 1982, Bavaria fundou o Trillium Asset Management, uma empresa detida pelos trabalhadores, que continua a chefiar. Escreveu também em coautoria os Princípios Ambientais CERES, que dezenas das mais importantes empresas subscreveram. No final da década de 90, a CERES, trabalhando com as Nações Unidas, criou a Global Reporting Initiative, que apoia a transparência e a responsabilização financeira, social e ambiental em todo o mundo.

Aqui, vemos a lógica da ação do Estratega em funcionamento. Bavaria viu um momento único para fazer do investimento ético um negócio viável, depois estabeleceu a Trillium para executar o seu plano. Os Estrategas normalmente têm ideias de negócios socialmente conscienciosas que são realizadas de uma forma altamente colaborativa. Procuram combinar visões idealistas com iniciativas pragmáticas e oportunas e ações orientadas por princípios. Bavaria trabalhou para além dos limites da sua própria organização para influenciar a indústria de investimentos socialmente responsáveis como um todo e, mais tarde, transformou o desenvolvimento de padrões de responsabilização social e ambiental num empreendimento internacional, envolvendo as Nações Unidas. Muitos Realizadores usarão a sua influência para promoverem com sucesso as suas próprias empresas. O Estratega trabalha para criar princípios e práticas éticas que estão para além de si e da sua organização.

O alquimista

A derradeira lógica de ação da liderança para a qual possuímos dados e experiência é a do Alquimista. Os nossos estudos sobre os poucos líderes que identificámos como Alquimistas separam-nos dos Estrategas pela sua capacidade para se renovarem, e mesmo para se reinventarem, e também às suas organizações, de formas historicamente significativas. Enquanto os Estrategas passarão de um empreendimento a outro, o Alquimista tem uma extraordinária capacidade para lidar simultaneamente com muitas situações a múltiplos níveis. O Alquimista consegue falar ao mesmo tempo com reis e plebeus. Consegue lidar com prioridades imediatas sem contudo perder de vista os objetivos a longo prazo.

Os Alquimistas constituem 1% da nossa amostra, o que indica como é raro encontrá-los na área dos negócios, ou em qualquer outra parte. Através de um extenso processo de pesquisa, encontrámos seis Alquimistas dispostos a participar num estudo de acompanhamento das suas atividades quotidianas. Embora este seja obviamente um número muito pequeno que não poderá justificar estatisticamente a generalização, valerá a pena notar que todos os seis Alquimistas partilhavam determinadas características. Diariamente, todos estavam empenhados em múltiplas organizações e arranjavam tempo para lidar com questões suscitadas por cada uma delas. Contudo, não andavam sempre a correr – nem dedicavam horas sem fim a uma única atividade. Os Alquimistas são normalmente carismáticos e indivíduos extremamente conscientes, que se pautam por elevados padrões morais. Focam-se intensamente na verdade. Talvez ainda mais importante, são capazes de captar momentos únicos na história das suas organizações, criando símbolos e metáforas que falam aos corações e às mentes das pessoas. Numa conservadora empresa de serviços financeiros no Reino Unido, um diretor executivo recentemente nomeado apareceu no local de trabalho em fato de treino em vez do seu fato riscado, mas não comentou com ninguém. As pessoas interrogaram-se se seria aquele o novo código de vestuário. Semanas mais tarde, o diretor executivo falou publicamente sobre a sua roupa e da necessidade de deixar as convenções de lado e avançar com maior agilidade e velocidade.

Um exemplo mais famoso de um Alquimista é Nelson Mandela. Apesar de nunca termos obtido formalmente o perfil de Mandela, ele exemplifica a lógica de ação do Alquimista. Em 1995, Mandela simbolizava a unidade da nova África do Sul, quando assistiu ao jogo da final da Taça do Mundo de Rugby, em que jogava a Springbok, a equipa nacional de rugby sul-africana. O rugby fora o bastião da supremacia branca, mas Mandela assistiu ao jogo. Entrou no recinto usando o casaco de treino da Springbok, tão odiada pelos sul-africanos negros, exibindo ao mesmo tempo a saudação de punho erguido do ANC, apelando assim, de forma quase impossível, tanto aos sul-africanos negros como brancos. Como dele disse Tokyo Sexwale, ativista do ANC e administrador da província sul-africana de Gauteng: «Só Mandela poderia usar um casaco de treino do inimigo. Apenas Mandela poderia ali ir associado aos Springboks... Todos os anos de clandestinidade, nas trincheiras, de recusa, de abnegação, longe de casa, na prisão, valeram a pena. Era tudo o que queríamos ver».

Evoluindo como líder

A mais notável – e encorajadora – descoberta da nossa pesquisa é que os líderes podem transformar uma lógica de ação noutra. De facto, temos documentado um número de líderes que conseguiram transformar-se de Conhecedores em Realizadores, de Realizadores em Individualistas e de Individualistas em Estrategas.

Tomemos o caso de Jenny, uma das nossas clientes, que inicialmente foi avaliada como Conhecedora. Ficou desapontada com o seu papel no departamento de relações públicas na sua empresa e despediu-se para, como dizia, «perceber o que realmente queria fazer». Seis meses depois, juntou-se a outra empresa num cargo semelhante e, dois anos depois, fizemos de novo o seu perfil, continuando a classificar-se como Conhecedora. A sua decisão de se despedir, fazer umas «férias sabáticas» e depois juntar-se à segunda empresa não fizera qualquer diferença em relação à sua lógica de ação. Nessa altura, Jenny optou por se juntar a um grupo de colegas executivos empenhados em examinar os seus presentes padrões de liderança e em experimentar novas maneiras de agir. Este grupo favorecia a perspetiva do Estratega (e o fundador do grupo obtivera o perfil de Alquimista), o que no final ajudou o desenvolvimento de

Jenny. Ela aprendeu que o seu hábito de adotar consistentemente uma posição crítica, que considerava «utilmente objetiva», a isolava e gerava desconfiança. Em resultado das críticas dos seus colegas de grupo, começou uma série de pequenas e privadas experiências, como fazer perguntas em vez de criticar. Compreendeu que, em vez de ver os erros dos outros, tinha de ser clara em relação àquilo com que *ela* poderia contribuir e, ao fazê-lo, começou a deslocar-se de Conhecedora para Realizadora. Espiritualmente, Jenny aprendeu que precisava de uma permanente comunidade de reflexão no cento da sua vida e encontrou uma casa espiritual para prosseguir a reflexão em reuniões Quaker, que mais tarde apoiaram (e, na verdade, assinalaram) a sua transição de Realizadora para Individualista.

Dois anos mais tarde, Jenny deixou o seu segundo emprego para começar a sua própria empresa, altura na qual começou a adquirir o perfil de Estratega. Este foi um movimento altamente invulgar de três lógicas de ação durante tão pouco tempo. Tivemos apenas outros dois exemplos em que um líder se tenha transformado duas vezes em menos de quatro anos.

Como o caso de Jenny ilustra, existe um número de transformações pessoais que podem apoiar a transformação da liderança. Jenny experimentou a perda de fé no sistema e sentimentos de aborrecimento, irritabilidade, esgotamento, depressão e mesmo raiva. Começou a colocar questões existenciais. Mas outra indicação da prontidão de um líder para se transformar é uma atração crescente pelas qualidades que começa a intuir em pessoas com lógicas de ação mais eficazes. Jenny, como vimos, foi atraída e beneficiou imenso com o seu grupo de colegas Estrategas, bem como com um mentor que exibia a lógica de ação de um Alquimista. Esta procura de novas perspetivas manifesta-se frequentemente em transformações pessoais: o líder pronto a transformar-se começa a desenvolver novos relacionamentos. Poderá também explorar novas formas de prática espiritual ou novas formas de concentração e expressão pessoal, como tocar um instrumento musical ou fazer tai chi.

Os acontecimentos exteriores poderão também espoletar e apoiar a transformação. Uma promoção, por exemplo, poderá dar a um líder a oportunidade de expandir o seu leque de capacidades. Anteriormente, citámos a frustração dos engenheiros de investigação Conhecedores da Hewlett-Packard com a atitude de «produção e entrega» dos gestores de laboratório Realizadores. Passado um ano sobre a promoção de um dos engenheiros a gestor de laboratório, um cargo que exigia a coordenação dos outros e a cooperação entre departamentos, o anterior Conhecedor revelava-se um Realizador. Apesar de inicialmente ser um pouco insultado pelos seus antigos colegas («Vendido!»), esta nova consciência de Realizador significava que estava mais focado nas necessidades dos clientes e mais consciente dos prazos de entrega. Pela primeira vez, compreendeu a dança entre os engenheiros que tentavam aperfeiçoar a tecnologia e os gestores que tentavam entregar dentro do orçamento e dos prazos.

As mudanças nas práticas e no ambiente de trabalho de um gestor podem também facilitar a transformação. Numa empresa que estudámos, os líderes mudaram de Realizadores para Individualistas em parte devido a simples mudanças de organização e processos. Nas reuniões de gestores seniores da empresa, por exemplo, os executivos, para além do diretor executivo, tinham a oportunidade de dirigir as reuniões; estas oportunidades, que eram apoiadas pelo novo espírito de abertura, de retroação de discussão franca, incitaram o crescimento profissional entre muitos dos líderes da empresa.

Intervenções de desenvolvimento planeado e estruturado são outro meio de apoiar a transformação da liderança. Trabalhámos com uma empresa líder de exploração de petróleo e gás no desenvolvimento das já elevadas capacidades de um conjunto de futuros gestores seniores; foram feitos os perfis dos gestores que depois foram entrevistados por dois consultores que exploraram a lógica de ação de cada um dos gestores e como ela os constrangia ou lhes permitia desempenhar cargos atuais e recentes. Foram discutidos os desafios bem como uma perspetiva do potencial do indivíduo e um possível plano de desenvolvimento. Depois do exercício, vários gestores, cujas capacidades de Individualista e Estratega não tinham sido perfeitamente entendidas pela empresa, foram valorizados e colocados de forma diferente nos seus cargos. Além disso, a própria definição de talento de liderança da organização foi reequacionada, de forma a incluir as capacidades das lógicas da ação dos Individualistas e dos Estrategas. Isto, por sua vez, exigiu que a empresa revisse dramaticamente a sua estrutura de competências para incorporar expetativas como «ver as questões de múltiplas perspetivas» e «criar profunda mudança sem poder formal».

Agora que vimos de forma geral algumas das mudanças e intervenções que podem ajudar o desenvolvimento da liderança, voltemo-nos para alguns aspetos específicos sobre como as transformações mais comuns poderão ocorrer.

De conhecedor a realizador

Esta transformação é a mais vulgarmente observada entre os homens de negócios e aqueles que são formados nas áreas da gestão e administração. Durante a geração passada ou ainda mais, os departamentos de formação das grandes empresas têm apoiado o desenvolvimento de gestores de Conhecedores para Realizadores, executando programas com títulos como «Gestão por Objetivos», «Delegação Eficaz» e «Gerir Pessoas para Obter Resultados». Estes programas, vulgarmente, sublinham a obtenção de resultados através de estratégias flexíveis e não através de um método certo usado de uma maneira certa.

Os líderes conscienciosos e os formadores executivos conseguem também formular exercícios e questões bem estruturadas, relacionadas com o trabalho de todos os dias, para ajudar os Conhecedores a tomarem consciência dos diferentes pressupostos de que eles e outros poderão estar a partir. Estes esforços poderão ajudar os Conhecedores a praticarem novas estratégias de conversação como «Poderá ter razão, mas gostaria de compreender o que o leva a acreditar nisso». Além disso, aqueles que desejem empurrar os Conhecedores até ao nível seguinte deverão considerar recompensar as competências de Realizador como a entrega pronta de resultados, a capacidade de gerir para o desempenho e a capacidade de implementar prioridades estratégicas.

Nos cursos superiores de gestão, os programas MBA estão aptos a encorajar o desenvolvimento de Realizadores mais pragmáticos, frustrando os perfecionistas Conhecedores. As pesadas cargas de trabalho, a utilização de casos de estudo multidisciplinares e ambíguos e os pré-requisitos do trabalho de equipa promovem no seu conjunto o desenvolvimento de Realizadores. Em contrapartida, os programas de mestrado, em particular nas disciplinas como finanças e pesquisa de mercado, tendem a reforçar a perspetiva dos Conhecedores.

No entanto, a transição de Conhecedor para Realizador continua a constituir um dos mais dolorosos entraves na maioria das organizações. Todos ouvimos o eterno lamento de engenheiros, advogados e outros profissionais em que o sucesso dos Conhecedores os carregou de deveres de gestão, desviando-os do trabalho de que gostam. O seu desafio torna-se em trabalharem como Realizadores altamente eficazes que podem continuar a usar os seus conhecimentos em profundidade para terem sucesso como líderes e gestores.

De realizador a individualista

Apesar de as organizações e as escolas de gestão terem tido um relativo sucesso no desenvolvimento dos líderes até à lógica de ação do Realizador, mantêm um registo desanimador no reconhecimento, apoio e desenvolvimento *ativo* dos líderes para passarem da lógica de ação de Individualista à de Estratega, para já não falar da lógica do Alquimista. Isto não é surpreendente. Em muitas organizações, o Realizador, com o seu ímpeto e foco no resultado, é visto como o produto acabado do desenvolvimento: «Esta é uma área competitiva – precisamos de manter um agudo foco no resultado final».

O desenvolvimento dos líderes para lá da lógica da ação dos Realizadores exige uma abordagem muito diferente da necessária para obter a transformação de Conhecedor em Realizador. As intervenções têm de encorajar a autoconsciência por parte do líder em evolução, bem como uma maior consciência de outras visões do mundo. Tanto nas relações de negócios como nas pessoais, falar e ouvir deverão passar a ser experimentados não como formas necessárias e garantidas de comunicar ideias pré-determinadas, mas como ações intrinsecamente fomentadoras do pensamento e da criatividade. Os Realizadores usam a interrogação para determinar se (eles e as equipas e a organização a que pertencem) estão a realizar os seus objetivos e como poderão alcançá-los com maior eficácia. O Individualista em desenvolvimento, porém, começa a interrogar-se e a refletir sobre os próprios objetivos – com a finalidade de melhorar os objetivos futuros. Os planos de desenvolvimento anual que estabelecem novos objetivos, são gerados através de conversas preliminares, apoiados ativamente através de formação executiva e cuidadosamente revistos no final do ciclo, poderão ser auxiliares determinantes nesta altura. Contudo, poucas direções e diretores executivos percebem a que ponto este investimento de tempo poderá ser proveitoso e este acaba por ser facilmente sacrificado em prol de objetivos a curto prazo, o que poderá parecer mais premente a líderes cujas lógicas de ação estão menos desenvolvidas.

Regressemos ao caso de Sharon, a Individualista que descrevemos anteriormente, cujo diretor executivo Realizador não era capaz de gerir. Como poderia um formador ou um consultor ter ajudado o diretor executivo a sentir-se menos ameaçado por Sharon e mais capaz de apoiar o seu desenvolvimento, sendo ao mesmo tempo mais aberto em relação às suas próprias necessidades e potencial? Uma das formas teria sido tentar a interpretação de papéis, pedindo ao diretor executivo que fizesse de Sharon enquanto o formador ou consultor faria o papel de diretor executivo. A interpretação de papéis poderia ter corrido da seguinte forma:

«Sharon, quero falar consigo acerca do seu futuro aqui na nossa empresa. O facto de ter completado o projeto checo abaixo do orçamento e antes do prazo é mais um sinal de que tem a iniciativa, a criatividade e a determinação para pertencer à nossa equipa sénior. Por outro lado, tive de resolver uma série de problemas que deixou pelo caminho de que não deveria ter tido de me encarregar. Gostaria de que pensássemos em conjunto acerca da forma como a Sharon poderia abordar projetos futuros de modo a eliminar esses problemas e pusesse os principais intervenientes do seu lado. Depois, poderíamos encontrar-nos várias vezes durante o próximo ano, quando começasse a aplicar esses novos princípios que fôssemos estabelecendo. Isto parece-lhe ser uma boa forma de aplicar o seu tempo, ou tem uma perspetiva diferente sobre a questão?»

Note-se que o consultor no papel de diretor executivo apresenta um claro elogio, uma clara descrição de uma limitação, uma proposta de caminho para se seguir em frente e uma pergunta que dá o poder ao diretor executivo (no papel de Sharon) para reenquadrar o dilema, se quiser. Assim, em vez de dar ao diretor executivo um conselho fechado acerca daquilo que deveria fazer, o formador encena com ele um cenário dialógico, ilustrando um novo tipo de prática e deixando ao diretor executivo o juízo sobre se a relação encenada é positiva ou não. O ponto não consiste tanto em ensinar ao diretor executivo um novo repertório de conversação, mas pô-lo mais à-vontade com a forma como a Individualista vê e dá sentido ao mundo à sua volta e qual será o *feedback* que a poderá motivar a empenhar-se em novas aprendizagens. Experiências específicas como esta, sobre novas formas de ouvir e de falar, poderão dissolver gradualmente os receios associados à aprendizagem da transformação.

De estratega para cima

Os líderes que se deslocam para as lógicas de ação do Estratega e do Alquimista já não estão à procura sobretudo de capacidades pessoais que os tornem mais eficazes no interior de sistemas organizacionais existentes. Eles já dominam muitas dessas capacidades. Em vez disso, exploram disciplinas e iniciativas ligadas à criação de projetos, equipas, redes, alianças estratégicas e organizações inteiras na base do questionamento colaborativo. É esta prática continuada de questionamento do reenquadramento que os torna a eles e às suas corporações tão bem-sucedidos.

O caminho para as lógicas de ação do Estratega e do Alquimista é qualitativamente diferente de outros processos de desenvolvimento da liderança. Para começar, os Estrategas e os Alquimistas emergentes já não andam à procura de mentores que os ajudem a aperfeiçoar capacidades existentes e os guiem na direção de redes de influência (embora possam procurar orientação espiritual e ética de mentores). Em vez disso, procuram envolver-se em tutorias mútuas com os seus pares que façam já parte das suas redes (como membros da direção, gestores de topo, ou líderes no interior de uma disciplina científica). O objetivo destas redes de colegas mentores seniores não é, em termos convencionais, aumentar as hipóteses de sucesso, mas criar uma comunidade sustentável de pessoas que possam pôr em causa os pressupostos e práticas emergentes do líder e os da sua empresa, negócio ou outra área de atividade.

Testemunhámos exatamente este tipo de desenvolvimento entre colegas quando um cliente sénior ficou preocupado porque ele, a sua empresa e a sua área de atividade como um todo estavam a operar ao nível do Realizador. Esta preocupação, evidentemente, era em si própria um sinal da sua disponibilidade para se transformar para além dessa lógica. Este executivo – o diretor executivo de uma empresa de higiene oral – e a sua empresa encontravam-se entre as mais bem-sucedidas das subsidiárias da empresa-mãe. No entanto, percebendo que ele e aqueles à sua volta continuavam a persistir numa atitude passiva, optou por iniciar um projeto de investigação – a introdução de higiene dentária acessível em países em desenvolvimento – que era decididamente não-convencional para ele e para a corporação.

A iniciativa do diretor executivo foi na hora certa e ele usou a oportunidade para se envolver num questionamento colaborativo com colegas por todo o país. Acabou por propor uma iniciativa educacional e assistencial que a sua empresa sede concordou em financiar. O executivo foi promovido a uma nova vice-presidência para associações internacionais com a empresa-mãe – um cargo que exerceu com um crescente sentido de colaboração e com uma maior sentimento de responsabilidade social pela sua empresa em mercados emergentes.

A educação formal e os processos de desenvolvimento podem também orientar os indivíduos para uma lógica da ação do Estratega. Os programas em que os participantes agem como líderes e põem em causa os seus pressupostos convencionais acerca da liderança e da organização são muito eficazes. Esses programas poderão ser a longo prazo (um ou dois anos), ou experiências repetidas e intensas que alimentam a consciência momento-a-momento dos participantes, fornecendo sempre o choque da dissonância que os estimule a reexaminar as suas visões do mundo. Programas inovadores deste tipo poderão ser encontrados nalgumas universidades e consultoras em todo o globo. A Universidade de Bath, no Reino Unido, por exemplo, oferece um grau de mestrado de dois anos sobre responsabilidade e prática de negócios em que os estudantes trabalham em conjunto durante seis reuniões de uma semana. Estes programas envolvem equipas de pequenas aprendizagens, escrita autobiográfica, psicodrama, experiências profundas na natureza e um projeto de negócios de um ano que envolve ação e reflexão. É interessante que muitas pessoas que frequentam estes programas relatem que estas experiências tiveram de facto o poder transformador de um acontecimento que lhes alterou as vidas, como uma carreira, uma crise existencial ou um novo casamento.

Equipas de liderança e culturas de liderança no interior das organizações

Até aqui, a nossa discussão centrou-se nos estilos de liderança dos indivíduos. Mas verificámos que as nossas categorias de estilos de liderança podem ser usadas para descrever também equipas e organizações. Agora, falaremos brevemente acerca das lógicas de ação das equipas.

A longo prazo, as equipas mais eficazes são aquelas que têm uma cultura de Estratega, em que o grupo vê os desafios do negócio como oportunidades de crescimento e aprendizagem tanto por parte dos indivíduos como da organização. Uma equipa de liderança numa das empresas com quem trabalhámos decidiu convidar gestores dos vários departamentos para participarem em equipas de novos produtos prontos para o mercado. Visto como uma arriscada distração, poucos gestores se voluntariaram, exceto alguns Individualistas e Estrategas em germinação. No entanto, a gestão sénior forneceu apoio suficiente e retroação para assegurar o sucesso inicial da equipa. Cedo os primeiros participantes foram promovidos e passaram a liderar as suas próprias equipas transdepartamentais. Os Realizadores da organização, vendo que os outros estavam a ser promovidos, começaram a voluntariar-se para essas equipas. Gradualmente, mais pessoas no interior da organização estavam a experimentar a liderança partilhada, a testagem mútua dos princípios e práticas uns dos outros e os desafios individuais que contribuíam para o seu desenvolvimento como líderes.

Infelizmente, poucas empresas usam equipas desta forma. A maior parte das equipas de gestão sénior opera segundo a lógica de ação do Realizador – preferem alvos não-ambíguos e prazos para cumprir e trabalhar com estratégias, táticas e planos claros, frequentemente contra prazos apertados. Florescem num clima de adversidade («Quando as coisas aquecem, os duros resolvem») e retiram um grande prazer em resolver e cumprir. Tipicamente, os líderes e vários outros membros das equipas serão Realizadores, com vários Conhecedores e talvez um ou dois Individualistas e Estrategas (que geralmente se sentem ignorados). Estas equipas Realizadoras mostram impaciência se tiverem de abrandar para refletir, estão prontas a despachar as questões sobre objetivos e pressupostos como um «infindo filosofar» e em geral reagem com humor hostil aos exercícios criativos, apelidando-os de «diversões de recreio». Estes comportamentos acabarão por limitar o sucesso de uma equipa de Realizadores.

A situação é pior em empresas grandes e maduras, onde as equipas de gestão sénior operam como Conhecedoras. Aqui, os vice-presidentes veem-se como chefes e as suas «equipas» como uma formalidade de informação e relato. A vida de equipa é desprovida de busca partilhada de solução de problemas, de tomada de decisão, ou de esforços de formulações estratégicas. As equipas seniores limitadas pela lógica da ação do Diplomata são ainda menos funcionais. São caracterizadas por acentuadas diferenças de estatuto, normas indiscutíveis e cerimónias rituais «de corte», cuidadosamente encenadas.

As equipas individualistas, com maior probabilidade de se encontrarem em organizações criativas, de consultoria e não-lucrativas, são relativamente raras e muito diferentes das equipas de Realizadores, Conhecedores e Diplomatas. Em contraste com as equipas de Realizadores, poderão ser fortemente reflexivas; de facto, poderá ser gasto demasiado tempo a rever objetivos, pressupostos e práticas de trabalho. Como as preocupações e as contribuições individuais são muito importantes para estas equipas, poderá ser difícil a tomada de decisões rápida.

Mas, tal como as pessoas individuais, as equipas podem mudar de estilo. Por exemplo, vimos diretores executivos Estrategas a ajudarem equipas seniores Individualistas a equilibrar a ação e o questionamento, transformando-se assim em equipas Estrategas. Outro exemplo é uma equipa sénior Realizadora, numa empresa de serviços financeiros, com quem trabalhámos, que estava a emergir de dois anos de severos cortes de despesas durante uma crise do mercado. Para se adaptar a um mercado de serviços financeiros em mudança e crescimento, a empresa precisou de se tornar significativamente mais visionária e inovadora e aprender a empenhar a sua força de trabalho. Para liderar esta transformação, a equipa teve de começar por ela própria. Trabalhámos com ela para ajudar os membros da equipa a compreenderem as limitações da orientação Realizadora, o que exigiu um número de intervenções ao longo do tempo. Começámos por trabalhar sobre a forma como a equipa discutia as questões e acompanhando os membros individuais, incluindo o diretor executivo. À medida que a equipa evoluía, tornou-se evidente que a sua composição tinha de mudar: dois executivos seniores, que inicialmente tinham parecido idealmente adequados para o grupo devido às suas realizações, tiveram de ser substituídos quando se tornou claro que não estavam dispostos a empenhar-se e a experimentar a nova abordagem.

Durante esta reorientação, que durou ligeiramente mais de dois anos, a equipa tornou-se um grupo Individualista, com capacidades Estratégicas emergentes. O diretor executivo, que se classificara como Realizador/Individualista, era agora um Estratega e a maioria dos outros membros da equipa apresentava o avanço de um nível no seu desenvolvimento. O impacto disto sentiu-se também no comportamento da equipa e da organização: antes funcionalmente dividida, a equipa aprendeu a aceitar e a integrar as diversas opiniões dos seus membros. Os inquéritos ao pessoal mostraram um empenho crescente em toda a empresa. No exterior, a empresa começou a ser vista como estando acima da curva, o que significava que a organização estava mais capaz de atrair o talento de topo. No terceiro ano, tanto os resultados líquidos como os brutos estavam claramente acima dos concorrentes da sua área de atividade.

*

A jornada do desenvolvimento do líder não é fácil. Algumas pessoas pouco mudam durante a sua vida; algumas mudam substancialmente. Apesar do papel inegavelmente crucial da genética, a natureza humana não é fixa. Aqueles que estão dispostos a trabalhar para se desenvolverem e se tornar mais conscientes poderão quase de certeza evoluir com o tempo até serem líderes verdadeiramente transformadores. Poucos se poderão transformar em Alquimistas, mas muitos terão o desejo e o potencial para se tornarem Individualistas e Estrategas. As corporações que ajudem os seus executivos e equipas de liderança a examinar as suas lógicas de ação poderão recolher grandes recompensas.

Originalmente publicado em abril de 2005. Reimpressão R0504D

À descoberta da vossa liderança autêntica

por Bill George, Peter Sims, Andrew N. McLean e Diana Mayer

DURANTE OS ÚLTIMOS 50 ANOS, os estudiosos da liderança dirigiram mais de mil estudos numa tentativa de determinar os estilos definitivos, as características, ou os traços de personalidade dos grandes líderes. Nenhum destes estudos produziu um perfil claro do líder ideal. Felizmente. Se os académicos tivessem produzido um estilo de liderança claramente definido, os indivíduos iriam estar sempre a imitá-los. Transformar-se-iam em personagens, não em pessoas, e os outros aperceber-se-iam imediatamente disso.

Ninguém pode ser autêntico a tentar imitar os outros. Poderão aprender com a experiência dos outros, mas de forma alguma conseguirão ter sucesso tentando ser como eles. As pessoas confiam em vós quando são genuínos e autênticos e não uma réplica de outro. O diretor executivo e presidente da Amgen, Kevin Sharer, que adquiriu uma inestimável experiência ao trabalhar como assistente de Jack Welch na década de 80, viu o lado negativo do culto da personalidade nesses dias. «Todos queriam ser como o Jack», explica.

«A liderança tem muitas vozes. Têm de ser quem são e não tentar imitar outra pessoa».

Durante os últimos cinco anos, as pessoas desenvolveram uma profunda desconfiança pelos líderes. É crescentemente evidente que precisamos de um novo tipo de líder de negócios no século XXI. Em 2003, o livro de Bill George, *Authentic Leadership: Rediscovering the Secrets to Creating Lasting Value*, desafiou uma nova geração a liderar com autenticidade. Os líderes autênticos demonstram paixão pelas suas finalidades, praticam consistentemente os seus valores e lideram tanto com os corações como com as cabeças. Estabelecem relações de longo prazo e significativas e têm a autodisciplina necessária para obter resultados. Sabem quem são.

Muitos leitores de *Authentic Leadership*, incluindo vários diretores executivos, indicaram que tinham um verdadeiro desejo de se tornarem líderes autênticos e queriam saber como. Em resultado disso, a nossa equipa de investigação procurou responder à pergunta: «Como poderão as pessoas tornar-se e manter-se líderes autênticos?» Entrevistámos 125 líderes para saber como tinham desenvolvido as suas capacidades de liderança. Estas entrevistas constituem o maior estudo em profundidade alguma vez realizado sobre desenvolvimento da liderança. Os nossos entrevistados discutiram aberta e honestamente como compreenderam o seu potencial e partilharam com franqueza as histórias das suas vidas, as lutas pessoais, os fracassos e os triunfos.

As pessoas com quem falámos variavam entre os 23 e os 93 anos de idade, não menos de 15 por década. Foram escolhidas com base na sua reputação de autenticidade e eficácia como líderes, bem como o conhecimento pessoal que tínhamos deles. Solicitámos também recomendações de outros líderes e académicos. O grupo resultante inclui mulheres e homens de uma variedade de formações raciais, religiosas e socioeconómicas e de nacionalidades. Metade deles são diretores executivos e a outra metade inclui um leque de líderes de empresas lucrativas e não-lucrativas, líderes de carreiras intermédias e jovens líderes apenas a começar as suas carreiras.

Depois de entrevistarmos estes indivíduos, acreditamos que compreendemos a razão pela qual mais de 1000 estudos não produziram o perfil de um líder ideal. Ao analisar 3000 páginas de transcrições, a nossa equipa ficou admirada ao constatar que estas pessoas não identificavam quaisquer características universais, traços, capacidades, ou estilos que tivessem conduzido ao seu sucesso. Em vez disso, a sua liderança emergia da sua história de vida. Consciente e subconscientemente, testavam-se constantemente através das suas experiências no mundo real e reenquadravam as suas histórias de vida para compreender quem eram no seu verdadeiro âmago. Ao fazê-lo, descobriam o propósito da sua liderança e aprendiam que serem autênticos os tornava mais eficazes.

Estas descobertas são extremamente encorajadoras: não é preciso nascer-se com características específicas ou traços de um líder. Não é preciso esperar por uma revelação. Não tem de se estar no topo da organização. Em vez disso, poderão descobrir o vosso potencial precisamente agora. Como uma das nossas entrevistadas, a presidente e diretora executiva da Young & Rubicam, Ann Fudge, disse: «Todos nós temos cá dentro a chama da liderança, quer seja em relação às empresas, ao governo, ou ao voluntariado. O desafio é compreendermo-nos suficientemente bem para descobrirmos onde poderemos usar os nossos talentos de liderança para servirmos os outros».

Descobrirem a vossa liderança autêntica exige um compromisso com o vosso próprio desenvolvimento. Como os músicos e os atletas, têm de dedicar-se a uma vida inteira a realizarem o vosso potencial. A maioria das pessoas que o diretor executivo da Kroger, David Dillon, viu tornarem-se bons líderes foram autodidatas. Disse Dillon: «O conselho que dou às pessoas na nossa empresa é que não esperem que a empresa lhes entregue um plano de desenvolvimento. É preciso que assumam a responsabilidade pelo seu próprio desenvolvimento».

Nas páginas que se seguem, inspiramo-nos nas lições dos nossos entrevistados para descrever como as pessoas se tornam líderes autênticos. Em primeiro lugar e sobretudo, enquadram as histórias das suas vidas de forma a verem-se não como observadores passivos das suas vidas, mas como indivíduos que conseguem desenvolver a sua autoconsciência a partir das suas experiências. Os líderes autênticos agem com a consciência de praticarem os seus valores e princípios, por vezes com um substancial risco pessoal. São cuidadosos no equilíbrio das suas motivações, de modo a serem igualmente conduzidos por estes valores internos e pelo desejo de compensações ou reconhecimento exteriores. Os líderes autênticos mantêm também uma forte equipa de apoio em seu redor, assegurando que têm vidas integradas e alicerçadas.

Aprender com a história da vossa vida

A jornada para a liderança autêntica começa pela compreensão da história da vossa vida. A história da vossa vida fornece o contexto para as vossas experiências e, através dela, poderão encontrar a inspiração para causar impacto no mundo. Como o romancista John Barth uma vez escreveu: «A história da vossa vida não é a vossa vida. É a vossa história». Por outras palavras, é a vossa narrativa pessoal que importa, não os meros factos da vossa vida. A narrativa da vossa vida é como uma gravação permanente que toca dentro da vossa cabeça. Uma e outra vez, repetem os acontecimentos e as interações pessoais que são importantes na vossa vida, tentando dar-lhes sentido para encontrarem o vosso lugar no mundo.

Embora as histórias de vida dos líderes autênticos cubram todo o espetro de experiências – incluindo o impacto positivo dos pais, dos treinadores desportivos, dos professores e dos mentores – muitos líderes disseram que a sua motivação surgiu de uma experiência difícil nas suas vidas. Descreveram os efeitos transformadores da perda de um emprego; de uma doença pessoal; da morte inesperada de um amigo próximo ou de um familiar; e sentimentos de exclusão, de discriminação e de rejeição pelos outros. Porém, em vez de se verem como vítimas, os líderes autênticos usaram essas experiências formativas para dar sentido às suas vidas. Reenquadraram esses acontecimentos para se erguerem acima dos seus desafios e descobrirem a sua paixão por liderar.

Foquemo-nos agora num líder em particular, o presidente e diretor executivo da Novartis, Daniel Vasella, cuja história de vida foi uma das mais difíceis de todas as pessoas que entrevistámos. Ele emergiu de desafios extremos na sua juventude para atingir o pináculo da indústria farmacêutica global, uma trajetória que ilustra as provações por que muitos líderes têm de passar nas suas jornadas para a liderança autêntica.

Vasella nasceu em 1953 no seio de uma família modesta em Friburgo, na Suíça. Os seus primeiros anos de vida foram repletos de problemas de saúde, que espoletaram a sua paixão por ser médico. As suas primeiras recordações foram de um hospital onde deu entrada aos quatro anos, quando sofreu de envenenamento alimentar. Ao ficar doente com asma aos cinco anos, foi enviado sozinho para as montanhas da Suíça oriental durante dois verões. Achou as suas separações da família durante quatro meses particularmente difíceis porque a sua cuidadora tinha problemas com o álcool e não queria saber das suas necessidades.

Aos oito anos, Vasella teve tuberculose, seguida de meningite, e foi enviado para um sanatório durante um ano. Só e com saudades de casa, sofreu muito durante esse ano e os seus pais raramente o visitavam. Ainda recorda a dor e o medo quando as enfermeiras o seguravam por causa das punções lombares, para que não se mexesse. Um dia, chegou um novo médico que teve o cuidado de lhe explicar cada passo do procedimento. Vasella perguntou ao médico se a enfermeira não poderia apenas dar-lhe a mão, em vez de o segurar. «O espantoso é que, daquela vez, o procedimento não doeu», recorda Vasella. «Em seguida, quando o médico me perguntou como tinha corrido, aproximei-me dele e dei-lhe um grande abraço. Estes gestos humanos de perdão, cuidado e compaixão fizeram uma profunda impressão em mim e no tipo de pessoa em que eu me queria tornar».

Ao longo dos seus primeiros anos, a vida de Vasella continuou a conhecer abalos. Quando tinha dez anos, a sua irmã de 18 faleceu, depois de padecer com um cancro durante dois anos. Três anos mais tarde, o pai morreu durante uma operação. Para sustentar a família, a mãe foi trabalhar numa cidade distante e só ia a casa de três em três semanas. Deixado por sua própria conta, ele e os amigos davam festas com cerveja e envolviam-se em lutas frequentes. Isto durou três anos, até ele conhecer a sua primeira namorada, cujo afeto lhe mudou a vida.

Aos 20 anos, Vasella entrou na faculdade de medicina, licenciando-se mais tarde com distinção. Durante a faculdade, procurou ajuda psicoterapêutica para conseguir lidar com as suas experiências de infância e não se sentir vítima. Através da análise, reenquadrou a história da sua vida e compreendeu que queria ajudar um leque mais alargado de pessoas do que poderia como médico privado. Depois de completar o seu internato, candidatou-se a médico chefe na Universidade de Zurique; contudo, a comissão de investigação considerou-o demasiado novo para o cargo.

Desapontado mas não surpreendido, Vasella decidiu usar as suas capacidades para aumentar o seu impacto sobre a medicina. Nessa altura, tinha um crescente fascínio pelas finanças e os negócios. Falou com o diretor da divisão farmacêutica da Sandoz, que lhe ofereceu a oportunidade de se juntar à filial da empresa nos EUA. Nos seus cinco anos nos Estados Unidos, Vasella floresceu no ambiente estimulante, primeiro como representante de vendas e mais tarde como gestor de produtos, e progrediu rapidamente através da organização de marketing da Sandoz.

Quando a Sandoz se fundiu com a Ciba-Geigy em 1996, Vasella foi nomeado diretor executivo das empresas combinadas, agora chamadas Novartis, apesar da sua juventude e limitada experiência. A partir do momento em que se achou no cargo de diretor executivo, Vasella floresceu como líder. Visou a oportunidade de construir uma grande empresa de cuidados de saúde global, que poderia ajudar as pessoas através de novos medicamentos capazes de lhes salvar as vidas, como o Gleevec, que provou ser altamente eficaz para pacientes com leucemia mieloide crónica. Inspirando-se nos modelos de médicos da sua juventude, construiu uma cultura completamente nova na Novartis, centrada na compaixão, na competência e na competição. Estas mudanças estabeleceram a Novartis como uma gigante da indústria e Vasella como um líder compassivo.

A experiência de Vasella é apenas uma entre dezenas, que traçaram a sua inspiração diretamente das histórias das suas vidas. Quando se lhes perguntava o que lhes dera a força para a liderança, estes líderes respondiam consistentemente que a tinham encontrado nas suas experiências transformadoras. Essas experiências permitiram-lhe compreender a sentido mais profundo da sua liderança.

Conheçam o vosso autêntico eu

Quando pediram aos 75 membros da Stanford Graduate School do Business's Advisory Council que recomendassem a capacidade mais importante para os líderes desenvolverem, as suas respostas foram quase unânimes: autoconsciência. Contudo, muitos líderes, em especial os que se encontram no início de carreira, esforçam-se tanto por se estabelecerem no mundo que lhes resta pouco tempo para a autoexploração. Debatem-se para alcançar o sucesso de formas tangíveis que são reconhecidas no mundo externo – dinheiro, fama, poder, estatuto, ou a subida do preço das ações. Frequentemente, o seu ímpeto permite-lhes o sucesso profissional durante algum tempo, mas são incapazes de sustentar esse sucesso. À medida que envelhecem, poderão achar que lhes está a faltar algo nas suas vidas e compreendem que se estão a desviar da pessoa que queriam ser. Conhecerem os seus verdadeiros eus exige coragem e honestidade para se abrirem e examinarem as suas experiências. Ao fazê-lo, os líderes tornam-se mais humanos e dispostos a ser vulneráveis.

De todos os líderes que entrevistámos, David Pottruck, antigo diretor executivo da Charles Schwab, conheceu uma das mais persistentes jornadas em direção à autoconsciência. Jogador de futebol da primeira liga universitária, Pottruck tornou-se o jogador mais valioso da sua equipa da Universidade da Pensilvânia. Depois de ter completado o seu MBA em Wharton e um estágio no Citigroup, juntou-se à Charles Schwab como chefe de marketing, mudando-se de Nova Iorque para San Francisco. Trabalhador extremamente esforçado, Pottruck não conseguia compreender a razão pela qual os seus novos colegas se ressentiam das suas longas horas de trabalho e da sua agressividade na busca de resultados. «Pensava que as minhas realizações falassem por si», disse. «Nunca me ocorreu que o meu nível de energia intimidasse e ofendesse as outras pessoas, pois no meu espírito eu estava a tentar ajudar a empresa».

Pottruck ficou chocado quando o chefe lhe disse: «Dave, os seus colegas não confiam em si». Conforme recorda, «Aquela crítica foi como um punhal no meu coração. Eu estava em negação, pois não me via como os outros me viam. Tornara-me no centro da ação. Mas não fazia ideia de como os outros me achavam egoísta». Pottruck percebeu que não conseguiria ter sucesso se não identificasse e ultrapassasse os seus pontos fracos.

A negação poderá ser o maior obstáculo para os líderes que procuram a autoconsciência. Todos têm egos que precisam de ser contidos, inseguranças que precisam de ser suavizadas, receios que precisam de ser acalmados. Os líderes autênticos percebem que têm de desejar escutar as críticas – em especial aquelas que não querem ouvir. Foi apenas depois do seu segundo divórcio que Pottruck foi por fim capaz de reconhecer que tinha ainda muitos pontos fracos: «Depois de o meu segundo casamento se desmoronar, achei que tinha um problema na seleção das minhas mulheres». Depois, trabalhou com um conselheiro que lhe revelou algumas verdades difíceis: «A boa notícia é que não tem um problema com a escolha das mulheres; a má notícia é que tem um problema de comportamento como marido». Pottruck fez então um esforço determinado para mudar. Descreveu-o assim: «Foi como um sujeito que tivesse tido três ataques cardíacos e finalmente percebesse que tem de deixar de fumar e de perder peso».

Hoje em dia, Pottruck tem um casamento feliz e ouve com atenção a esposa quando esta lhe faz críticas positivas. Reconhece que regressa por vezes aos seus velhos hábitos, em particular em situações de elevada tensão, mas agora desenvolveu formas de lidar com essa tensão. «Tive suficiente sucesso na vida para ter esse alicerce de respeito próprio, para conseguir aceitar as críticas e não as negar. Aprendi finalmente a tolerar os meus fracassos e desapontamentos e a não me supliciar».

Pratiquem os vossos valores e os vossos princípios

Os valores que formam a base da liderança autêntica são derivados das vossas crenças e convicções, mas não saberão quais são os vossos verdadeiros valores até serem testados sob pressão. É relativamente fácil listar os vossos valores e viver segundo eles quando as coisas correm bem. Quando o vosso sucesso, a vossa carreira ou mesmo a vossa vida está presa por um fio, ficam a saber aquilo que é mais importante, aquilo que estão preparados para sacrificar e que cedências estão dispostos a fazer.

Os princípios da liderança são valores traduzidos em ação. Ter uma base sólida de valores e testá-los sob fogo permite-vos desenvolver os princípios que usarão na liderança. Por exemplo, um valor como «preocupação com os outros» poderá ser traduzido num princípio de liderança como «criar um ambiente de trabalho onde as pessoas sejam respeitadas pelas suas contribuições, que forneça segurança no trabalho e que permita realizar o seu potencial».

Consideremos Jon Huntsman, fundador e presidente da Huntsman Corporation. Os seus valores morais foram profundamente desafiados quando trabalhou para o governo de Nixon em 1972, pouco antes do caso Watergate. Depois de uma breve estada no Ministério da Saúde, Educação e Segurança Social dos EUA, aceitou um cargo chefiado por H. R. Haldeman, o poderoso chefe de gabinete do presidente Nixon. Huntsman disse que a experiência de receber ordens de Haldeman era «muito ambígua. Eu não estava preparado para me darem ordens, independentemente de serem ou não ética ou moralmente corretas». Explicou: «Tivemos alguns confrontos, pois muitas coisas que Haldeman queria fazer eram questionáveis. Havia uma atmosfera amoral que permeava a Casa Branca».

Um dia, Haldeman mandou Huntsman ajudá-lo a armadilhar um congressista californiano que se opunha a uma iniciativa da Casa Branca. O congressista era um dos donos de uma fábrica que supostamente empregava trabalhadores sem identificação legal. Para recolher informação que embaraçasse o congressista, Haldeman disse a Huntsman que dissesse ao gestor de uma fábrica que era dele que colocasse alguns trabalhadores sem documentação na fábrica do congressista, numa operação secreta.

«Há alturas em que reagimos demasiado depressa para percebermos de imediato o que está certo e o que está errado», recorda Huntsman. «Aquela foi uma dessas alturas em que não pensei como deve ser. Sabia instintivamente que era errado, mas levou alguns minutos até que a ideia assentasse. Passados quinze minutos, a minha bússola moral interna veio ao de cima e permitiu-me reconhecer que aquilo não era a coisa certa a fazer. Os valores que me tinham acompanhado desde a infância irromperam. A meio da minha conversa com o nosso gestor de fábrica, disse-lhe: "Não vamos fazer nada disto. Não quero entrar neste jogo. Esqueça que lhe telefonei"».

Huntsman disse a Haldeman que não usaria os seus empregados daquela forma. «Ali estava eu a dizer que não à segunda pessoa mais poderosa do país. Ele não gostava de reações daquelas, pois via-as como sinais de deslealdade. Era a mesma coisa que estar a dizer adeus. Foi o que aconteceu. Fui-me embora passados seis meses».

Equilibrem as vossas motivações extrínsecas e intrínsecas

Uma vez que os líderes autênticos têm de manter elevados níveis de motivação e manter as suas vidas em equilíbrio, é criticamente importante que compreendam o que os incita. Existem dois tipos de motivação – a extrínseca e a intrínseca. Apesar de terem relutância em admiti-lo, muitos líderes são propulsionados para a realização medindo o seu sucesso em relação aos parâmetros do mundo exterior. Gostam do reconhecimento e do estatuto que advêm das promoções e dos prémios financeiros. As motivações intrínsecas, por outro lado, são derivadas da sua compreensão do sentido da vida. Estão ligadas de perto à história da vida da pessoa e da forma como esta a interpreta. Os exemplos incluem o crescimento pessoal, a ajuda ao desenvolvimento das outras pessoas, a assunção de causas sociais e fazer a diferença no mundo. A chave é encontrar o equilíbrio entre os vossos desejos de validação externa e as motivações internas que fornecem a realização no vosso trabalho.

Muitos entrevistados aconselhavam os aspirantes a líderes a precaverem-se contra a dependência das expetativas sociais, dos colegas ou das famílias. Debra Dunn, que trabalhou em Silicon Valley durante décadas como executiva da Hewlett-Packard, reconheceu as constantes pressões das fontes externas: «O caminho de acumular posses materiais está claramente desenhado. Sabem como hão de medi-lo. Se não seguirem por esse caminho, as pessoas interrogar-se-ão sobre o que haverá de errado convosco. A única forma de evitarmos ser agarrados pelo materialismo é compreendendo onde encontramos a felicidade e a realização pessoal».

Afastarmo-nos da validação externa do sucesso pessoal nem sempre é fácil. Os líderes orientados para a realização acostumam-se de tal modo aos sucessivos sucessos ao longo dos seus primeiros anos que é preciso coragem para perseguirem as suas motivações intrínsecas. Mas, a determinado ponto, a maioria dos líderes reconhece que precisa de lidar com questões mais difíceis de forma a perseguir um sucesso verdadeiramente significativo. Alice Woodwark, da McKinsey, que aos 29 anos alcançara já um notável sucesso, refletiu: «A minha versão da realização era bastante ingénua, nascida de coisas que aprendi cedo na vida acerca de ser cumprimentada e valorizada. Mas, se andarem só atrás da cenoura, não se estarão a dirigir para nada de significativo».

O vosso desenvolvimento como líder autêntico

Conforme forem lendo este artigo, pensem sobre a base do desenvolvimento da vossa liderança e do caminho que precisam de percorrer para se tornarem líderes autênticos. Depois coloquem-se estas perguntas:

1. **Que pessoas e experiências no início da vossa vida tiveram o maior impacto?**
2. **Que ferramentas utilizam para se tornarem autoconscientes?** Qual é o vosso autêntico eu? Quais são os momentos em que dizem para vocês próprios: este é o meu verdadeiro eu?
3. **Quais são os vossos valores mais profundos?** De onde vieram? Os vossos valores mudaram significativamente desde a vossa infância? Como é que os vossos valores moldam as vossas ações?
4. **O que é que vos motiva extrinsecamente?** Quais são as vossas motivações intrínsecas? Como é que equilibram a motivação extrínseca e intrínseca na vossa vida?
5. **Que tipo de equipa de apoio possuem?** Como é que a vossa equipa de apoio poderá fazer de vocês um líder mais autêntico? Como deverão diversificar a vossa equipa para alargar a vossa perspetiva?
6. **A vossa vida é integrada?** São capazes de ser a mesma pessoa em todos os aspetos da vossa vida – pessoal, no trabalho, na família e na comunidade? Se não for o caso, o que é que vos impede?
7. **O que significa ser autêntico na vossa vida?** São mais eficazes como líderes quando se comportam autenticamente? Alguma vez pagaram pela vossa autenticidade como líderes? Valeu a pena?
8. **Que passos poderão dar hoje, amanhã e durante o próximo ano para desenvolver a vossa liderança autêntica?**

As motivações intrínsecas são congruentes com os vossos valores e são mais satisfatórias do que as motivações extrínsecas. John Thain, diretor executivo da Bolsa de Valores de Nova Iorque, disse: «Sou motivado por fazer um trabalho realmente bom independentemente do que faça, mas prefiro multiplicar o meu impacto na sociedade através de um grupo de pessoas». Ou como Ann Moore, presidente e diretora executiva da *Time*, observa: «Vim para aqui há 25 anos apenas porque adorava revistas e o mundo editorial». Moore teve uma dúzia de ofertas de emprego depois da escola de administração, mas aceitou o menos remunerado na *Time* por causa da sua paixão pela edição.

A construção da vossa equipa de apoio

Os líderes não conseguem ter sucesso sozinhos; mesmo os líderes mais abertamente confiantes precisam de apoio e conselhos. Sem relações fortes que forneçam perspetiva, é muito fácil perderem-se no caminho.

Os líderes autênticos constroem extraordinárias equipas de apoio que os ajudam a manterem-se no caminho certo. Essas equipas aconselham-nos em tempos de incerteza, ajudam-nos em tempos de dificuldade e celebram com eles em alturas de sucesso. Depois dos seus dias mais difíceis, os líderes encontram conforto ao estarem com as pessoas em quem podem confiar de modo a poderem ser abertos e vulneráveis. Durante os pontos baixos, acarinham os amigos que os apreciam por aquilo que são como pessoas e não como chefes. Os líderes autênticos encontram nas suas equipas de apoio afirmação, conselho, perspetiva e chamadas à correção do caminho quando são necessárias.

Como é que se faz para construir uma equipa de apoio? A maioria dos líderes autênticos tem uma estrutura de apoio multifacetada que inclui os seus cônjuges ou semelhantes, as famílias, os mentores, os amigos próximos e os colegas. Constroem as suas redes ao longo do tempo, à medida que as experiências, as histórias partilhadas e a abertura com as pessoas que lhes são próximas criam a firmeza e a confiança de que precisam em alturas de provação e incerteza. Os líderes têm de dar tanto aos seus apoiantes como aquilo que deles obtêm, para que se possam desenvolver relações mutuamente benéficas.

Começa por haver pelo menos uma pessoa na vossa vida com quem possam ser completamente vocês próprios, com todos os vossos defeitos, sendo mesmo assim aceites incondicionalmente. Frequentemente, essa é a única pessoa que vos poderá dizer a verdade tal e qual ela é. A maioria dos líderes tem as relações mais próximas com os cônjuges, embora alguns desenvolvam estes laços com outro membro da família, um amigo próximo, ou um mentor de confiança. Quando os líderes podem confiar num apoio incondicional, têm maior probabilidade de se aceitar tal como são.

Muitas relações crescem com o tempo através de uma expressão de valores partilhados e de um objetivo comum. Randy Komisar, da empresa de capitais de investimento Kleiner Perkins Caufield & Byers disse que o seu casamento com Debra Dunn, da Hewlett-Packard, é duradouro porque está enraizado em valores semelhantes. «A Debra e eu somos muito independentes mas extremamente harmoniosos em termos das nossas aspirações pessoais, valores e princípios. Temos um forte acordo em questões como "Qual é o legado que deixas a este mundo?" É importante estar em sintonia acerca daquilo que fazemos com as nossas vidas».

Muitos líderes tiveram um mentor que lhes mudou as vidas. As melhores interações de tutoria espoletam uma aprendizagem mútua, a exploração de valores semelhantes e uma realização partilhada. Quando as pessoas estão apenas à espera de um empurrão por parte dos seus mentores e não se interessam também pelas vidas deles, essas relações não duram muito. É a natureza da conexão nos dois sentidos que a sustém.

Os grupos de apoio pessoais e profissionais podem tomar muitas formas. Tad Piper, da Piper Jaffray, é membro do grupo dos Alcoólicos Anónimos. Observou: «Estes não são diretores executivos. São apenas um grupo de pessoas simpáticas e trabalhadores esforçados que estão a tentar permanecer sóbrios, levar vidas boas e trabalhar uns com os outros para serem abertos, honestos e vulneráveis. Reforçamos o comportamento uns dos outros falando acerca da nossa dependência química de uma forma disciplinada, à medida que percorremos os 12 passos. Sinto-me abençoado por estar rodeado por pessoas que estão a pensar acerca desse tipo de questões e que estão a fazer realmente qualquer coisa e não apenas a falar sobre elas».

As experiências de Bill George ecoam as de Piper: em 1974, juntou-se a um grupo de homens que se formou após um fim de semana de retiro. Mais de trinta anos depois, o grupo continua a encontrar-se todas as quartas-feiras de manhã. Depois de um período de abertura para a atualização das vidas uns dos outros e de se lidar com qualquer situação difícil com que algum deles se confronte, um dos oito membros do grupo dirige uma discussão sobre um tópico que selecionou. Estas discussões são abertas, inquisitivas e frequentemente profundas. A chave para o seu sucesso é que as pessoas dizem aquilo em que realmente acreditam sem receio de julgamento, crítica ou represália. Todos os membros consideram o grupo como constituindo um dos aspetos mais importantes das suas vidas, permitindo-lhes clarificar as suas crenças, valores e compreensão de questões vitais, servindo-lhes também como fonte de crítica honesta quando dela mais precisam.

Integrar a vossa vida mantendo as raízes

Integrar a sua vida é um dos maiores desafios que um líder enfrenta. Para levarem uma vida equilibrada, é preciso que juntem todos os seus elementos constituintes – o trabalho, a família, a comunidade e os amigos – de modo a poderem ser a mesma pessoa em cada um dos ambientes. Pensem na vossa vida como uma casa, com um quarto para a vossa vida pessoal, um escritório para a vossa vida profissional, uma sala de jantar para a vossa família e uma sala de estar para partilharem com os vossos amigos. Conseguirão derrubar as paredes que separam estas divisões e ser a mesma pessoa em cada uma delas?

Como John Donahoe, presidente da eBay Marketplaces e antigo gerente administrativo da Bain, sublinhou, ser autêntico significa mantermos o sentimento do eu independentemente do sítio onde nos encontramos. E avisou: «O mundo poderá moldar-vos, se deixarem. Para terem um sentimento do eu à medida que forem vivendo, terão de fazer opções conscientes. Por vezes, as escolhas são verdadeiramente difíceis e cometem-se uma série de erros».

Os líderes autênticos têm uma presença calma e confiante. Não se manifestam como uma pessoa num dia e outra noutro. A integração requer disciplina, em particular durante alturas de tensão, quando é fácil tornarmo-nos reativos e regressar a maus hábitos. Donahoe sente fortemente que integrar a sua vida lhe permitiu tornar-se um líder mais eficaz. «Não existe nirvana», disse. «A luta é constante, pois os compromissos não se tornam mais fáceis à medida que envelhecemos». Mas, para os líderes autênticos, as vidas pessoais e profissionais não são um jogo de tudo ou nada. Como Donahoe disse: «Não tenho hoje qualquer dúvida de que os meus filhos me tornaram um líder mais eficaz no local de trabalho. Ter uma vida pessoal forte fez toda a diferença».

Liderar é uma tarefa de alta tensão. Não há forma de aliviar a tensão quando se é responsável por pessoas, organizações, resultados e pela gestão das constantes incertezas do mundo em redor. Quanto mais alto forem, maior será a vossa liberdade para controlarem o vosso destino, mas também maior será o nível de tensão. A questão não é se conseguem evitar a tensão, mas como podem controlá-la de modo a manterem o vosso sentido de equilíbrio.

Os líderes autênticos estão constantemente cientes da importância de se manterem enraizados. Para além de empregarem o tempo com as suas famílias e amigos próximos, os líderes autênticos fazem exercício físico, empenham-se em práticas espirituais, prestam serviço comunitário e regressam aos sítios onde cresceram. Tudo isso é essencial para a sua eficácia como líderes, permitindo-lhes sustentar a sua autenticidade.

Fortalecer as pessoas para a liderança

Agora que já discutimos o processo da descoberta da vossa liderança autêntica, vejamos como os líderes autênticos fortalecem as pessoas nas suas organizações para conseguirem resultados a longo prazo, que é a aspiração de todos os líderes.

Os líderes autênticos reconhecem que a liderança não diz respeito ao seu sucesso nem a conseguirem subordinados leais que os sigam. Sabem que a chave para uma organização de sucesso é ter líderes fortalecidos a todos os níveis, incluindo aqueles com os quais não têm relações diretas. Eles não só inspiram aqueles que estão em seu redor, como dão força aos indivíduos que se chegam à frente e lideram.

A reputação de construir relações e fortalecer as pessoas foi instrumental para que a presidente e diretora executiva Anne Mulcahy conseguisse a espantosa recuperação da Xerox. Quando pediram a Mulcahy que tomasse as rédeas da empresa do seu fracassado predecessor, a Xerox estava a dever 18 mil milhões de dólares e todas as linhas de crédito estavam exauridas. Com o preço das ações em queda livre, o moral estava completamente em baixo. Para tornar as coisas piores, a Comissão de Títulos e Câmbio estava a investigar as práticas de reconhecimento de receitas da empresa.

A nomeação de Mulcahy surpreendeu toda a gente – incluindo a própria Mulcahy. Veterana da Xerox, trabalhara na área das vendas e do pessoal durante 25 anos, mas não nas finanças, nem na investigação e desenvolvimento, ou no fabrico. Como poderia Mulcahy lidar com aquela crise sem ter experiência financeira? Ela levou consigo para o cargo de diretora executiva as relações que construíra ao longo de 25 anos, uma compreensão impecável da organização e, acima de tudo, a sua credibilidade como líder autêntica. Sofrera pela Xerox e todos sabiam. Por causa disso, estavam dispostos a um esforço extra por ela.

Depois da sua nomeação, Mulcahy reuniu-se pessoalmente com os 100 executivos de topo da empresa, para lhes perguntar se continuariam na empresa apesar dos desafios que tinham pela frente. «Eu sabia que havia pessoas que não tinham vontade de me dar o seu apoio», disse. «Por isso, confrontei alguns deles e disse-lhes: "Trata-se da empresa"». As duas primeiras pessoas com quem Mulcahy falou, ambas gestoras de grandes unidades da empresa, decidiram ir embora, mas as restantes 98 comprometeram-se a ficar.

Ao longo da crise, as pessoas na Xerox foram incitadas por Mulcahy a avançar e liderar de modo a devolverem a empresa à sua anterior excelência. No final, a sua liderança permitiu à Xerox evitar a falência, tendo pago 10 mil milhões de dólares de dívida e recuperado o crescimento das receitas e da rendibilidade com uma combinação de poupanças nas despesas e novos produtos inovadores. Em resultado disso, o valor das ações triplicou.

★

Como Mulcahy, todos os líderes têm de apresentar resultados finais. Ao criarem um círculo virtuoso em que os resultados reforçam a eficácia da sua liderança, os líderes autênticos são capazes de sustentar esses resultados ao longo dos bons e dos maus tempos. O seu sucesso permite-lhes atrair pessoas talentosas e alinhar as atividades dos trabalhadores com objetivos partilhados, ao mesmo tempo que incitam os outros da sua equipa a liderarem assumindo maiores desafios. Na verdade, os resultados superiores durante um período sustentado de tempo são a derradeira marca de um líder autêntico. Poderá ser possível obter resultados a curto prazo sem se ser um líder autêntico, mas a liderança autêntica é a única forma que conhecemos de criar resultados sustentáveis a longo prazo.

Para os líderes autênticos, existem recompensas especiais. Nenhuma realização pessoal poderá igualar os prazeres de liderar um grupo até alcançar um objetivo relevante. Quando se passa a linha da meta em conjunto, toda a dor e sofrimento por que poderão ter passado rapidamente se desvanece. São substituídos por uma profunda satisfação interior por terem fortalecido os outros e terem assim feito do mundo um lugar melhor. É esse o desafio e a realização da liderança autêntica.

Originalmente publicado em fevereiro de 2007. Reimpressão R0702H

Louvor do líder imperfeito

por Deborah Ancona, Thomas W. Malone, Wanda J. Orlikowski e Peter M. Senge

ESPERAMOS GRANDES COISAS DOS NOSSOS LÍDERES. É comum pensar-se que os líderes de topo deverão ter a capacidade intelectual para dar sentido a questões inimaginavelmente complexas, o poder da imaginação para pintar uma visão do futuro que gere o entusiasmo de toda a gente, o conhecimento operacional para traduzir a estratégia em planos concretos e as competências interpessoais para incitar o desempenho a tal ponto que poderá custar o emprego a alguém, caso falhe. Infelizmente, nenhuma pessoa só por si poderá alguma vez satisfazer esses padrões.

Chegou a altura de acabar com o mito do líder completo: a pessoa sem falhas lá no topo que já tem tudo concebido. De facto, quanto mais cedo os líderes deixarem de tentar ser todas as coisas para todas as pessoas, melhor as suas organizações estarão. No mundo de hoje, a tarefa do executivo já não é comandar e controlar, mas cultivar e coordenar as ações dos outros a todos os níveis da organização. Só quando os líderes se virem a si próprios como imperfeitos – como tendo tanto pontos fortes como fracos – serão capazes de compensar a sua ausência de capacidades confiando nos outros.

As corporações têm-se tornado menos hierarquizadas e mais colaborativas desde há décadas, evidentemente, à medida que a globalização e a crescente importância do trabalho do conhecimento foram exigindo que a responsabilidade e a iniciativa fossem distribuídas de forma mais alargada. Além disso, é agora possível que grandes grupos de pessoas coordenem as suas ações, não só levando grandes quantidades de informação até alguns locais centralizados, mas também levando grandes quantidades de informação até muitos lugares através de redes crescentes no interior e no exterior da empresa. A absoluta complexidade e ambiguidade dos problemas derrotam a arrogância. Cada vez mais decisões são tomadas no contexto dos mercados globais e das forças financeiras, sociais, políticas, tecnológicas e ambientais em rápida – e, por vezes, radical – mudança. Todas as partes interessadas, como os ativistas, os reguladores e os empregados, têm algo a dizer sobre as organizações.

Nenhuma pessoa sozinha poderia alguma vez estar em cima de tudo. Mas o mito do líder completo (e o correspondente medo de parecer incompetente) faz com que muitos executivos tentem fazer precisamente isso, ficando exaustos e prejudicando com isso as suas organizações. O líder imperfeito, em contrapartida, sabe quando delegar: quando deve deixar que aqueles que conhecem o mercado local façam o plano de publicidade, ou quando deve deixar que a equipa de engenharia vá em frente com a sua ideia sobre as necessidades do cliente. O líder imperfeito sabe também que a liderança existe através da hierarquia organizacional – onde quer que se encontrem a competência, a visão, as novas ideias e o empenho.

Trabalhámos com centenas de pessoas que se debateram sob o peso do mito do líder completo. Durante os últimos seis anos, o nosso trabalho no MIT Leadership Center incluiu o estudo da liderança em muitas organizações e o ensino do tópico a executivos seniores, a gestores intermédios e a estudantes MBA. Nos nossos programas de carácter prático, analisámos numerosos relatos de

Em resumo

Alguma vez fingiram confiança em relação aos superiores ou aos relatórios? Esconderam o facto de estarem confusos por causa dos últimos resultados da empresa, ou confundidos pela ação do concorrente? Se isso aconteceu, acreditaram no **mito do líder perfeito**: o ser sem falhas lá no topo que tem já tudo resolvido.

É um mito sedutor. Mas no mundo de hoje, com problemas crescentemente complexos, nenhum ser humano poderá satisfazer este padrão. Os líderes que o tentam só se desgastam, colocando em perigo as suas organizações.

Ancona e os seus coautores sugerem uma melhor forma de liderar: aceitar que se é humano, com força e fraquezas. Compreender as quatro competências de liderança de que todas as organizações precisam:

- Dar sentido – interpretar os desenvolvimentos no meio dos negócios.
- Relacionar – construir relações de confiança.
- Visionar – comunicar uma imagem entusiasmante do futuro.
- Inventar – descobrir novas formas de fazer as coisas.

Depois, descobrir e trabalhar com outros que possam fornecer as competências que vos faltam.

Ao adotarem esta abordagem, promoverão a liderança ao longo da vossa organização, libertando a competência, a visão e as novas ideias de que a vossa empresa precisa para se tornar excelente.

mudança organizacional e observámos líderes a debaterem-se para combinar iniciativas estratégicas hierarquizadas com ideias vibrantes do resto da organização.

Todo este trabalho nos conduziu a desenvolver um modelo de liderança distribuída. Este enquadramento, que sintetiza a nossa própria pesquisa com ideias de outros estudiosos da liderança, entende a liderança como um conjunto de quatro capacidades: *dar sentido* (compreender o contexto em que uma empresa e as suas pessoas operam), *relacionar* (construir relações no interior e entre as organizações), *visionar* (criar uma imagem entusiasmante do futuro) e *inventar* (desenvolver novas formas de concretizar a visão).

Embora de algum modo simplificadas, estas capacidades abrangem as capacidades intelectuais e interpessoais, racionais e intuitivas e concetuais e criativas exigidas no mundo dos negócios atual. Raramente, se é que alguma vez, alguém será igualmente capacitado em todos os quatro domínios. Portanto, os líderes imperfeitos diferem dos líderes incompetentes na medida em que compreendem aquilo em que são bons e aquilo em que não são e fazem uma boa avaliação acerca de como poderão trabalhar com os outros para maximizarem os seus pontos fortes e compensarem as suas limitações.

Por vezes, os líderes precisam de desenvolver as capacidades em que são mais fracos. Os textos laterais ao longo deste artigo fornecem algumas sugestões para quando e como o deverão fazer. Outras vezes, porém, é mais importante que os líderes encontrem e trabalhem com os outros para compensar as suas fraquezas. As equipas e as organizações – não apenas os indivíduos – podem usar este enquadramento para diagnosticar as suas forças e fraquezas e encontrar formas de equilibrar os seus conjuntos de competências.

Dar sentido

A expressão «dar sentido» foi cunhada pelo psicólogo organizacional Karl Weick e significa exatamente aquilo que expressa: dar sentido ao mundo à nossa volta. Os líderes estão constantemente a tentar compreender os contextos nos quais operam. De que forma as novas tecnologias reconfigurarão a atividade? Como é que as mudanças nas expetativas culturais deslocarão o papel da atividade na sociedade? Como é que a globalização dos mercados de trabalho afeta os planos de recrutamento e expansão?

Weick comparou o processo de dar sentido à cartografia. Aquilo que mapeamos depende do que estamos à procura, dos fatores que escolhemos para nos focarmos e que aspetos do terreno decidimos representar. Uma vez que estas escolhas moldarão o tipo de mapa que produzimos, não existe um mapa perfeito de um terreno. Portanto, dar sentido é mais do que um ato de análise; é um ato de criatividade. (Ver o intertexto «Empenhem-se em Dar Sentido».)

A chave para os líderes é determinarem aquilo que será um mapa útil dados os seus objetivos particulares e em seguida desenhar um que represente adequadamente a situação que a organização enfrenta nesse momento. Os executivos que são fortes nesta competência sabem captar rapidamente as complexidades do seu meio e explicá-las aos outros em termos simples. Isto ajuda a garantir que todos trabalham segundo o mesmo mapa, o que torna muito mais fácil discutir e planear o caminho que os espera. Os líderes precisam de ter a coragem de apresentar um mapa que sublinhe as características que acreditem ser cruciais, mesmo que o mapa não se conforme à perspetiva dominante.

Quando John Reed era diretor executivo do Citibank, a empresa encontrava-se numa verdadeira crise imobiliária. Nessa altura, todos diziam que o Citibank precisaria de um resgate de 2 mil milhões de dólares, mas Reed não tinha a certeza. Desejava uma melhor compreensão da situação e assim, para poder mapear o problema, encontrou-se com os reguladores federais e também com os seus gestores, com a direção, com potenciais investidores, economistas e especialistas em imobiliário. Não parava de perguntar: «O que é que aqui me está a escapar?». Depois dessas reuniões, tinha uma compreensão muito mais forte do problema e recalculou o resgate em 5 mil milhões de dólares – o que se revelou ser uma estimativa muito mais exata. Mais tarde, após três trimestres do programa de oito trimestres do banco para lidar com a crise, Reed percebeu que o progresso tinha parado. Começou a falar com outros diretores executivos, conhecidos pelas suas competências em gestão da mudança. Este processo informal de *benchmarking* levou-o a conceber um redesenho organizacional.

Ao longo da crise, as avaliações do imobiliário, os requisitos dos investidores, as exigências da direção e as expetativas das equipas de gestão mudavam constantemente e tinham de ser reavaliados.

Na prática

Os líderes imperfeitos encontram pessoas nas suas empresas que podem complementar as suas forças e compensar as suas fraquezas. Para o fazerem, é preciso que compreendam as quatro competências de liderança de que as organizações precisam. Depois, é preciso diagnosticar o vosso ponto forte em cada uma delas:

Competência	**O que significa**	**Exemplo**	**Procurem ajuda nesta competência se...**
Dar sentido	Compreender constantemente as mudanças no meio dos negócios e interpretar as suas ramificações para a vossa atividade e para a empresa.	Um diretor executivo pergunta: «Como é que as novas tecnologias reconfigurarão a nossa atividade?» «Como é que a globalização dos mercados do trabalho afeta a nossa estratégia de recrutamento?»	• Sentirem fortemente que têm sempre razão. • Ficarem frequentemente confundidos com as mudanças na vossa empresa ou atividade. • Ficarem ressentidos quando as coisas mudam.
Relacionar	Construir relações de confiança, equilibrando a apologia (a explicação dos vossos pontos de vista) com a inquirição (escutar para compreender os pontos de vista dos outros) e cultivar redes de confidentes apoiantes.	O antigo diretor executivo da Southwest Airlines, Herb Kelleher, é excelente a construir relações de confiança. Não teve receio de dizer aos empregados que os adorava e reforçou esses laços emocionais com compensações equitativas e partilha dos lucros.	• Culparem os outros pelos projetos falhados. • Sentirem que os outros estão constantemente a desapontá-los ou que não podem confiar neles. • Experimentarem com frequência interações desagradáveis, frustrantes ou argumentativas com os outros.

Visionar	Criar imagens credíveis e entusiasmantes de um futuro desejado que as pessoas na organização queiram criar em conjunto.	O fundador da eBay, Pierre Omidyar, visionou uma nova forma de fazer retalho em larga escala: uma comunidade online onde os utilizadores assumiam a responsabilidade por aquilo que acontecia e tinham acesso igual à informação.	• Perguntarem frequentemente «Porque estamos a fazer isto?», ou «Isto importa realmente?». • Não se lembrarem da última vez em que se sentiram entusiasmados com o vosso trabalho. • Sentirem que vos falta o sentido de um objetivo mais alargado.
Inventar	Criar novas formas de abordar tarefas ou de ultrapassar problemas aparentemente insuperáveis, transformando as visões em realidade.	A diretora executiva da EBay, Meg Whitman, ajudou a concretizar a visão de Omiday da venda online inventando formas de lidar com a segurança, a fiabilidade dos vendedores e a diversificação dos produtos.	• Tiverem dificuldade em relacionar a visão da empresa com o que estão a fazer hoje. • Notarem fossos entre as aspirações da vossa empresa e a forma como o trabalho está organizado. • Acharem que as coisas tendem a voltar à normalidade habitual.

Empenhem-se em dar sentido

1. Obtenham dados de múltiplas fontes: clientes, fornecedores, empregados, concorrentes, outros departamentos e investidores.

2. Envolvam outros na vossa atribuição de sentido. Digam aquilo que pensam estar a ver e comparem-no com pessoas que tenham perspetivas diferentes da vossa.

3. Usem observações iniciais para moldar pequenas experiências para testar as vossas conclusões. Procurem novas formas de articular alternativas e melhores formas de compreender as opções.

4. Não apliquem simplesmente esquemas existentes, mas, em vez disso, abram-se a novas possibilidades. Tentem não descrever o mundo de formas estereotipadas, como bons e maus, vítimas e opressores, ou vendedores e engenheiros.

Os bons líderes compreendem que dar sentido é um processo contínuo; deixam que o mapa emerja a partir de uma mistura de observações, dados, experiências, conversas e análises. Nas organizações saudáveis, esta espécie de dar sentido processa-se durante o tempo inteiro. As pessoas têm contínuos diálogos acerca das suas interpretações dos mercados e das realidades organizacionais.

Na IDEO, uma empresa de produção de design, dar sentido é o primeiro passo para todas as equipas de design. De acordo com o fundador David Kelley, os membros das equipas têm de agir como antropólogos que estudem uma cultura estranha para compreenderem o produto potencial sob todos os pontos de vista. Quando entram em *brainstorm* para um novo design, as equipas da IDEO consideram múltiplas perspetivas – isto é, constroem múltiplos mapas para conterem o seu processo criativo. Uma das equipas da IDEO foi encarregada de criar um novo design para uma enfermaria de emergências. Para compreenderem melhor a experiência do interessado – o paciente –, os membros da equipa fixaram uma câmara à cabeça do paciente e captaram a sua experiência na enfermaria de emergências. Resultado: quase dez horas inteiras de um filme do teto. O dar sentido provocado por esta perspetiva levou a um redesenho do teto que o tornou esteticamente mais agradável e pronto a exibir informações importantes para o paciente.

Relacionar

Muitos executivos que tentam incentivar a confiança, o otimismo e o consenso obtêm raiva, cinismo e conflito. Isso acontece por terem dificuldade em relacionar-se com os outros, em especial com aqueles que não dão sentido ao mundo da mesma forma que eles. As imagens tradicionais da liderança não conferem grande valor aos relacionamentos. Os líderes sem falhas não deveriam precisar de procurar conselhos fora do seu estreito círculo, prossegue esse raciocínio, já que se espera que profiram éditos e não que se relacionem ao nível emocional. Os tempos mudaram, claro, e, nesta era de redes, ser capaz de construir relações de confiança é um requisito da liderança eficaz.

Três formas essenciais de o fazer são a *inquirição*, a *apologia* e a *ligação*. Os conceitos de inquirição e apologia derivam do trabalho dos especialistas em desenvolvimento organizacional Chris Argyris e Don Schön. Inquirir significa ouvir com a intenção de compreender genuinamente os pensamentos e os sentimentos do locutor. Aqui, o ouvinte suspende o julgamento e tenta compreender o como e o porquê de o orador se ter deslocado dos dados das suas experiências para interpretações e conclusões particulares.

A apologia, como o termo implica, significa explicar o nosso ponto de vista. É o outro lado da moeda da inquirição e é assim que os líderes tornam claro para os outros como chegaram às suas interpretações e conclusões. Os bons líderes distinguem as suas observações das suas opiniões e juízos e explicam o seu raciocínio sem agressividade nem posições defensivas. As pessoas com fortes capacidades de relacionamento são em geral aquelas que encontraram

---

Construir relações

1. Empregar tempo a tentar compreender as perspetivas dos outros, escutando com espírito aberto e sem juízos.
2. Encorajar os outros a darem as suas opiniões. Com que é que se preocupam? Como interpretam o que se passa? Porquê?
3. Antes de expressarem as vossas ideias, tentem antecipar como os outros reagirão e a melhor forma de lhes explicar.
4. Quando expressarem as vossas ideias, não apresentem apenas o resultado; expliquem o vosso processo de raciocínio.
5. Avaliem os pontos fortes das vossas atuais ligações: a que ponto se relacionam bem com os outros quando recebem conselhos? Quando dão conselhos? Quando pensam para resolver problemas difíceis? Quando pedem ajuda?

---

um equilíbrio saudável entre a inquirição e a apologia: tentam compreender ativamente as opiniões dos outros, mas são capazes de se impor. (Ver o intertexto «Construir Relações».)

Vimos inúmeras relações corroídas por as pessoas preferirem desproporcionadamente a apologia à inquirição. Mesmo apesar de os gestores fingirem dar importância à compreensão mútua e ao empenho partilhado no decurso de uma ação, muitas vezes focam-se em ganhar a discussão em vez de fortalecerem a relação. Pior, em muitas organizações o desequilíbrio vai tão longe que a prevalência de determinado ponto de vista é confundida com liderança.

O relacionamento eficaz não significa evitar de todo o conflito interpessoal. Argyris e Schön verificaram que «manter uma superfície suave» de convivialidade e aparente acordo é uma das mais comuns rotinas defensivas que limita a eficácia de uma equipa. Equilibrar a inquisição e a apologia é, em última análise, mostrar respeito, desafiar opiniões, colocar perguntas difíceis e tomar posição.

Consideremos a Twynstra Gudde (TG), uma das maiores empresas de consultoria independentes da Holanda. Há alguns anos, substituiu o cargo de diretor executivo por uma equipa de quatro diretores de gestão que partilham as responsabilidades da liderança. Dada esta estrutura única, é vital que estes diretores se relacionem eficazmente uns com os outros. Adotaram regras simples, como a exigência de que cada líder dê a sua opinião sobre todos os assuntos, a votação por maioria e o poder de veto de cada diretor.

Claramente, para que o modelo de equipa sénior da TG funcione, os membros terão de ter a capacidade de se envolver em diálogo em conjunto. Praticam continuamente tanto a inquirição como a apologia e, como cada um dos diretores pode vetar uma decisão, cada um deles tem de explicar pormenorizadamente o seu raciocínio para convencer os outros dos méritos da sua perspetiva. Não é fácil alcançar este nível de respeito e confiança mútuos mas, com o tempo, a vontade dos membros da equipa criarem ligações honestas uns com os outros recompensou largamente. Apesar de nem sempre chegarem a consenso, são capazes de estabelecer um curso de ação. Desde que esta nova forma de liderança foi introduzida, a TG tem florescido: os lucros da empresa duplicaram e os níveis de satisfação dos empregados melhoraram. O que é mais importante, a estrutura de liderança da TG serviu de modelo para a cooperação dentro da organização, bem como para a relação da empresa com os seus clientes.

O terceiro aspeto do relacionamento, da conexão, envolve o investimento numa rede de confidentes que podem ajudar um líder a alcançar um vasto leque de objetivos. Os líderes que são fortes nesta competência têm muitas pessoas a quem podem recorrer para os ajudar a pensar em problemas difíceis ou os apoiar nas suas iniciativas. Compreendem que o tempo empregue na construção e manutenção destas ligações é tempo investido nas suas capacidades de liderança. Como uma única pessoa nunca poderá ter todas as respostas, ou, na verdade, nem sequer conhecer todas as perguntas certas, é crucial que os líderes possam recorrer a uma rede de pessoas capazes de preencher as falhas.

Visionar

A dar sentido e relacionar podemos chamar as capacidades possibilitadoras da liderança. Ajudam a estabelecer as condições que motivam e apoiam a mudança. As duas capacidades de liderança seguintes – a que chamamos «visionar» e inventar – são orientadas para a criatividade e a ação: produzem o foco e a energia necessários para fazer com que a mudança aconteça.

Visionar implica criar imagens entusiasmantes do futuro. Enquanto dar sentido desenha um mapa daquilo que é, visionar produz um mapa do que poderia ser e, mais importante, daquilo que um líder quer que o futuro seja. Consiste em mais do que pregar uma declaração da visão na parede. Na verdade, uma visão partilhada não é uma coisa estática – é um processo continuado. Tal como dar sentido, o visionar é dinâmico e colaborativo, um processo de articulação daquilo que os membros de uma organização querem criar em conjunto.

Fundamentalmente, visionar dá às pessoas uma sensação de sentido no seu trabalho. Os líderes competentes nesta capacidade são capazes de entusiasmar as pessoas com a sua visão do futuro, ao mesmo tempo que convidam os outros a cristalizar essa imagem. (Ver o intertexto «Criar uma Visão».) Se constatam que as outras pessoas não estão a aderir ou a acreditar na visão, não se limitam a aumentar o volume; empenham-se num diálogo acerca da realidade que esperam produzir. Usam histórias e metáforas para pintarem uma animada imagem daquilo que a visão alcançará, mesmo que não possuam um plano detalhado para lá chegar. Sabem que, se a visão for suficientemente credível e entusiasmante, os outros gerarão ideias para fazer com que avance.

Na África do Sul, no início da década de 90, era popular a seguinte anedota: dados os aterradores desafios do país, as pessoas tinham duas opções: a prática e a miraculosa. A prática era toda a gente rezar para que descesse do céu um exército de anjos para resolver as coisas. A miraculosa era as pessoas falarem umas com as outras até conseguirem descobrir um caminho em frente. No famoso discurso de F. W. de Klerk em 1990 – o seu primeiro discurso depois de assumir a liderança –, apelou a uma África do Sul não-racista e sugeriu que a negociação era a única forma de conseguir uma transição pacífica. Esse discurso espoletou um conjunto de mudanças que levaram à libertação de Nelson Mandela da cadeia de Robben Island e o regresso ao país de líderes políticos anteriormente exilados.

Poucos líderes da África do Sul concordavam com muito, ou com alguma coisa, em relação ao futuro do país. Parecia, na melhor das hipóteses, uma aposta no vazio que um processo do planeamento de um cenário de um professor negro da Universidade de Western Cape e concretizado por um canadiano branco da Royal Dutch Shell fosse capaz de provocar qualquer espécie de mudança. Mas eles, juntamente com membros do Congresso Nacional Africano (ANC), do radical Congresso Pan-africanista (PAC) e da comunidade empresarial branca foram encarregados de forjar um novo caminho para a África do Sul.

Quando os membros da equipa se encontraram pela primeira vez, focaram-se em dar sentido coletivamente. As suas discussões evoluíram depois para o visionamento do processo durante um ano. No seu livro, *Solving Tough Problems*, Adam Kahane, o facilitador, diz que o grupo começou por contar histórias de «revolução de extrema-esquerda, de golpes de extrema-direita e de utopias de mercado livre». Eventualmente, a equipa de liderança esboçou um conjunto de cenários que descreviam os muitos caminhos para o desastre e aquele que apontava para um desenvolvimento sustentável.

Usaram metáforas e imagens claras para transmitir os vários caminhos numa linguagem fácil de compreender. Um dos cenários negativos, por exemplo, foi chamado «Avestruz»: um governo branco não-representativo enterra a cabeça na areia, tentando evitar um acordo negociado com a maioria negra. Outro cenário negativo foi apelidado «Ícaro»: um governo negro sem constrangimentos constitucionais chega ao poder com intenções nobres e embarca numa aventura de enormes e insustentáveis despesas públicas que afunda a economia. Este cenário contradizia a crença popular em que o país era rico e podia simplesmente redistribuir a riqueza dos brancos pelos negros. O cenário Ícaro preparou o palco para uma mudança fundamental (e controversa) no pensamento económico do ANC e de outros partidos de esquerda – uma mudança que conduziu o governo do ANC a uma «disciplina fiscal estrita e consistente», segundo Kahane.

O único cenário positivo do grupo implicava que o governo adotasse um conjunto de políticas sustentáveis que colocariam o país num caminho de crescimento inclusivo para reconstruir a economia com sucesso e estabelecer a democracia. Esta opção foi chamada «Flamingo», invocando a imagem de um bando de belas aves a levantarem voo em conjunto.

Este processo de visionamento espoletou um extraordinário sentido coletivo de possibilidade na África do Sul. Em vez de falarem daquilo que as outras pessoas deveriam fazer para avançarem uma agenda qualquer, os líderes falaram sobre aquilo que poderiam fazer para criar um futuro melhor para todos. Não tinham exatamente um plano de implementação já pronto, mas, ao criarem uma visão credível, prepararam o caminho para outros se juntarem e ajudarem a fazer da sua visão uma realidade.

Os líderes que são excelentes no visionamento transmitem autenticidade; trabalham para incorporar os valores essenciais e as ideias contidas na visão. Darcy Winslow, a diretora global da Nike para os ténis de senhora, é um bom exemplo. Veterana há 14 anos na Nike, Winslow ocupou anteriormente o cargo de gestora geral das oportunidades de negócio sustentáveis no gigante dos ténis e material desportivo. O seu trabalho nesse cargo refletiu os seus valores essenciais, incluindo a sua paixão pelo ambiente. «Tivemos de compreender que a saúde dos nossos clientes e a nossa própria capacidade para competir eram inseparáveis da saúde do meio ambiente», diz ela. Assim, iniciou o conceito do design de produtos ecologicamente inteligentes. A equipa de Winslow trabalhou na determinação da composição química e dos efeitos ambientais de cada material e processo que a Nike usava. Visitaram fábricas na

---

Criar uma visão

1. Pratiquem a criação de uma visão em muitos cenários, incluindo na vossa vida profissional, na vossa vida familiar e em grupos comunitários. Perguntem a vocês mesmos: «O que quero criar?»
2. Desenvolvam uma visão acerca de algo que vos inspire. O vosso entusiasmo motivar-vos-á e aos outros. Oiçam o que eles acham excitante e importante.
3. Não esperem que todos compartilhem a vossa paixão. Estejam preparados para explicar a razão pela qual as pessoas se deveriam interessar pela vossa visão e aquilo que poderá ser alcançado através dela. Se as pessoas não entenderem, não ponham o volume mais alto. Tentem construir uma visão partilhada.
4. Não se preocupem se não souberem como hão de concretizar a visão. Se for entusiasmante e credível, os outros descobrirão muitas formas de torná-la real – formas que não poderiam ter imaginado.
5. Usem imagens, metáforas e histórias para transmitir situações complexas que permitirão aos outros agir.

China e recolheram amostras de borracha, couro, nylon, poliéster e espumas para desenvolverem uma lista de materiais «positivos» – aqueles que não eram prejudiciais ao ambiente – que esperavam vir a usar em mais produtos da Nike. A «sustentabilidade ambiental» já não era uma expressão abstrata na declaração de uma visão; a equipa sentia-se agora mandatada para realizar a visão.

Inventar

Até a mais entusiasmante das visões perderá o seu poder se flutuar, desligada, acima da realidade quotidiana da vida organizacional. Para transformar uma visão do futuro numa realidade do presente, os líderes precisam de imaginar processos que lhes deem vida. Esta inventividade é aquilo que desloca uma atividade do mundo abstrato das ideias para o mundo concreto da implementação. De facto, inventar é semelhante a executar, mas o termo «inventar» sublinha que este processo exige criatividade para ajudar as pessoas a descobrirem novas formas de trabalhar em conjunto.

Para concretizar uma nova visão, em geral as pessoas não podem continuar a fazer as mesmas coisas que faziam até aí. Precisam de conceber, planificar e pôr em prática novas formas de interação e organização. Alguns dos mais famosos exemplos de inovação organizacional em larga escala vêm da indústria automóvel: a conceção de Henry Ford da fábrica com produção em linha e o famoso sistema de produção integrada da Toyota.

Mais recentemente, Pierre Omidyar, o fundador da eBay, inventou através da sua empresa uma nova forma de venda a retalho em larga escala. A sua visão era a de uma comunidade online em que os utilizadores seriam os responsáveis pelo que acontecesse. Numa entrevista de 2001 à BusinessWeek Online, Omidyar explicava: «Tinha a ideia de criar um mercado eficiente e um campo de interação nivelado onde todos tivessem igual acesso à informação. Queria devolver o poder do mercado aos indivíduos, não apenas às grandes corporações. Foi essa a motivação que conduziu inicialmente à criação da eBay».

Consequentemente, a eBay passou a contratar a maioria das funções do retalho tradicional – compras, ordens de encomenda e serviço ao consumidor, por exemplo – aos vendedores independentes em todo o mundo. A empresa calcula que mais de 430 000 pessoas ganhem a sua vida a vender bens na eBay. Se esses indivíduos fossem todos empregados da eBay, seria o segundo maior empregador privado dos Estados Unidos, a seguir ao Wal-Mart.

As pessoas que trabalham a partir da eBay são essencialmente donos de lojas independentes e, como tal, têm uma enorme quantidade de autonomia na forma como fazem o seu trabalho. Decidem o que hão de vender, quando vender, os seus preços e como anunciar. Acoplada a esta liberdade individual existe a escala global. A infraestrutura da eBay permite-lhes vender os seus produtos em todo o

Cultivar a inventividade

1. Não assumam que a forma como as coisas sempre se fizeram é a melhor maneira de serem feitas.
2. Quando surge uma nova tarefa ou um esforço da mudança, encorajem formas criativas de o fazer.
3. Experimentem formas diferentes de organizar o trabalho. Encontrem métodos alternativos para agrupar e ligar as pessoas.
4. Quando se esforçarem por compreender o vosso atual ambiente, perguntem-se: «Que outras opções são possíveis?»

mundo. O que torna a invenção da eBay tão radical é representar uma nova relação entre uma organização e os seus parceiros. Ao contrário da comercialização tradicional, a eBay não paga aos retalhistas – são eles que pagam à empresa.

Inventar não tem de ocorrer a uma tão grande escala. Acontece sempre que uma pessoa cria uma forma de abordar uma tarefa, ou imagina como suplantar um obstáculo previamente inultrapassável. No seu livro *Car Launch*, George Roth e Art Kleiner descrevem uma equipa de desenvolvimento de produto altamente bem-sucedida na indústria automóvel que se debatia para completar os seus projetos a tempo. Grande parte da origem do problema, concluíram os membros da equipa, derivava da estrutura organizacional vertical que enformava a divisão de desenvolvimento de produto. Apesar de serem uma equipa «colocada no terreno», dedicada a planear um novo carro em comum, os membros estavam divididos pelas suas diferentes competências técnicas, experiência, linguagem e normas de trabalho.

Quando a equipa inventou um dispositivo prototípico mecânico que complementava as suas ferramentas de design geradas por computador, os membros do grupo descobriram que tal facilitava uma forma completamente nova de colaborarem. Múltiplos grupos no interior da equipa podiam rapidamente criar maquetes físicas de ideias de design para serem testadas pelos diferentes engenheiros das diferentes especialidades da equipa. O grupo chamava ao dispositivo a «viola da harmonia», pois ajudava as pessoas a separarem-se das suas confortáveis especializações de engenharia e a resolverem juntas problemas de planeamento interdependentes. O desenvolvimento de uma maquete física de «corpo inteiro» do novo carro permitiu aos engenheiros andarem em volta do protótipo, fornecendo um ponto focal para as suas interações. Permitiu-lhes identificar mais facilmente e suscitar questões multifuncionais e isso facilitou a mútua resolução de problemas e a coordenação.

Em suma, os líderes deverão ser capazes de inventar e isso exige ao mesmo tempo atenção ao pormenor e criatividade. (Ver o intertexto «Cultivar a Inventividade».)

Equilibrar as quatro capacidades

Dar sentido, relacionar, visionar e inventar são interdependentes. Sem dar sentido, não existe uma perspetiva comum da realidade para se poder começar. Sem o relacionamento, as pessoas trabalham isoladas ou, pior, esforçam-se por objetivos diferentes. Sem visionar, não existe uma direção partilhada. E, sem inventar, uma visão mantém-se ilusória. Nenhum líder, contudo, será excelente em todas as quatro capacidades em igual medida.

Em geral, os líderes são fortes numa ou duas capacidades. O presidente da Intel, Andy Grove, é um modelo a dar sentido, por exemplo, com um dom para reconhecer inflexões estratégicas que podem ser exploradas para ganhar supremacia concorrencial. Herb Kelleher, antigo diretor executivo da Southwest Airlines, é excelente no relacionamento. Observou na revista *Leader to Leader* que «não temos medo de falar com o nosso pessoal com emoção. Não temos medo de lhes dizer "Adoramos-vos". Porque é verdade». Juntamente com esta ligação emocional vem uma compensação justa e uma partilha dos lucros.

O diretor executivo da Apple, Steve Jobs, é um visionário cujos ambiciosos sonhos e a capacidade de persuasão catalisaram notáveis sucessos para a Apple, a Next e a Pixar. Meg Whitman, a diretora executiva da eBay, ajudou a dar vida à visão de Pierre Omidyar das vendas online inventando formas de lidar com a segurança, a credibilidade do vendedor e a diversificação dos produtos.

A partir do momento em que os líderes diagnosticam as suas próprias capacidades, identificando o seu exclusivo conjunto de forças e fraquezas, terão de procurar outros que forneçam as coisas que lhes faltam. (Ver o intertexto «Exame das Vossas Capacidades de Liderança».) Os líderes que escolhem apenas pessoas que são o seu espelho provavelmente inclinarão a sua organização numa única direção, falhando uma ou mais capacidades essenciais para sobreviver num mundo em mudança e complexo. É por isso que é importante examinar a organização como um todo, para se certificarem que está adequadamente equilibrada. É da responsabilidade do líder criar um ambiente que deixe que as outras pessoas complementem as forças umas das outras e compensem as suas fraquezas. Desta forma, a liderança fica distribuída por múltiplas pessoas ao longo da organização.

★

Há anos, um de nós assistiu a uma reunião sobre liderança com 15 gestores de topo de diferentes empresas. No encerramento, foi pedido aos participantes que refletissem acerca das suas experiências como líderes. Um dos executivos, responsável por mais de 50 000 pessoas na sua divisão de uma corporação manufatora, desenhou duas imagens num quadro. A imagem da esquerda era aquilo que projetava para o mundo exterior: era um rosto grande, intimidante, erguendo um enorme punho. A imagem da direita representava a forma como se via a si próprio: um pequeno rosto de olhos muito abertos, de cabelo espetado e uma expressão de puro terror.

Acreditamos que a maioria dos líderes experimenta essa profunda dicotomia todos os dias e é um pesado fardo. Quantas vezes fingiram

Exame das vossas capacidades de liderança

Poucas pessoas acordam de manhã e dizem «Sou fraco a dar sentido», ou «Não consigo relacionar-me com os outros». Tendem a experimentar as suas fraquezas mais como crónicas ou inexplicáveis falhas da organização ou daqueles que estão à sua volta. As seguintes descrições ajudá-los-ão a reconhecer as oportunidades para desenvolverem as vossas capacidades de liderança e a identificar os ensejos para trabalhar com os outros.

Sinais de fraca capacidade de dar sentido

1. Sentem fortemente que em geral têm razão e os outros normalmente estão errados.
2. Sentem que as vossas opiniões descrevem corretamente a realidade, mas as dos outros não.
3. Sentem-se frequentemente confundidos pelas mudanças na vossa organização ou na área da vossa atividade.
4. Quando as coisas mudam, em geral ficam ressentidos. (Isto não devia ser assim!)

Sinais de fraca capacidade de relacionamento

1. Culpam os outros pelos projetos falhados.
2. Sentem que os outros estão constantemente a desapontar-vos ou a ficar aquém das vossas expetativas.
3. Verificam que muitas das vossas interações no trabalho são desagradáveis, frustrantes, ou quezilentas.

confiança em relação aos superiores ou a relatórios em momentos em que estavam verdadeiramente inseguros? Alguma vez se sentiram à-vontade para admitir que ficaram confundidos com os últimos resultados ou apanhados desprevenidos por um movimento da concorrência? Alguma vez admitirão sentir-se incapazes de lidar

4. Acham que muitas das pessoas com quem trabalham não são dignas de confiança.

Sinais de fraca capacidade de visionar

1. Sentem que o vosso trabalho envolve a gestão de uma infindável série de crises.
2. Sentem que andam de um lado para o outro, sem qualquer sentido de um objetivo mais alargado.
3. Perguntam frequentemente «Porque é que estamos a fazer isto?», ou «O que é que isto interessa?»
4. Não se conseguem lembrar da última vez que falaram com entusiasmo com a vossa família ou com um amigo acerca do vosso trabalho.

Sinais de fraca capacidade de inventar

1. A visão da vossa organização parece-vos abstrata.
2. Têm dificuldade em relacionar a visão da vossa empresa com aquilo que estão hoje a fazer.
3. Reparam em fossos disfuncionais entre as aspirações da vossa organização e a forma como o trabalho está organizado.
4. Sentem que as coisas tendem a regressar à forma habitual de fazer as coisas.

com as complexas questões que a vossa empresa enfrenta? Qualquer pessoa que se identifique com estas situações sabe em primeira mão como é estar aprisionado pelo mito do líder perfeito – a pessoa no topo sem quaisquer falhas. Já é altura de eliminar esse mito, não apenas para o bem dos líderes frustrados, mas também para a saúde das organizações. Mesmo os líderes mais talentosos precisam da contribuição da liderança dos outros, construtivamente solicitada e criativamente aplicada. Chegou a altura de louvar o líder imperfeito – ou seja, humano.

Originalmente publicado em fevereiro de 2007. Reimpressão R0702E

Acerca dos autores

DEBORAH ANCONA é Professora Honorária Seley de Gestão na Sloan School of Management do MIT.

WARREN G. BENNIS foi Professor Universitário na Universidade da Califórnia do Sul.

JIM COLLINS conduz um laboratório de investigação sobre gestão em Boulder, no Colorado.

PETER F. DRUCKER foi professor de ciências sociais e gestão na Universidade Claremont Graduate, na Califórnia.

BILL GEORGE é professor de práticas de gestão na Harvard Business School.

DANIEL GOLEMAN é codiretor do *Consortium for Research on Emotional Intelligence in Organizations*, inserido na Universidade de Rutgers.

ROBERT GOFFEE é professor de comportamento organizacional na London Business School.

RONALD A. HEIFETZ é codiretor do Centro de Liderança Pública na Kennedy School of Government, da Universidade de Harvard.

GARETH JONES é membro efetivo do Centro para o Desenvolvimento da Gestão na London Business School.

JOHN P. KOTTER é Professor Emérito Konosuke Matsushita de Liderança, na Harvard Business School.

DONALD L. LAURIE é fundador e sócio-gerente da Oyster International, uma empresa consultora com sede em Boston.

THOMAS W. MALONE é Professor Patrick J. McGovern de Gestão na Sloan School of Management do MIT.

DIANA MAYER foi executiva do Citigroup em Nova Iorque.

ANDREW N. MCLEAN é investigador associado na Harvard Business School.

WANDA J. ORLIKOWSKI é Professora Eaton-Peabody de Ciências da Comunicação na Sloan School of Management, no MIT.

DAVID ROOKE é um dos diretores da Harthill Consulting em Hewelsfield, Inglaterra.

PETER M. SENGE é conferencista sénior da Sloan School of Management, no MIT.

PETER SIMS estabeleceu a cadeira «Perspetivas sobre a Liderança», na Stanford Graduate School of Business, na Califórnia.

ROBERT J. THOMAS é professor convidado de liderança na Escola de Direito e Diplomacia Fletcher, na Universidade Tufts.

WILLIAM R. TORBERT é Professor Emérito de liderança na Faculdade de Gestão Carroll, no Boston College.

Índice remissivo

3M, 71
Abbott Laboratories, 159, 160
aceleradores tecnológicos, 155
ações
  converter conhecimento em, 38-39
  limitações às, 41
  traduzir planos em, 42-50
acontecimentos transformadores, 147
Adams, Gerry, 111
Adams, Henry, 153
adversidade
  formas de lidar com a, 123
  transcender a, 141-142
afabilidade, 31-32
África do Sul, terríveis desafios para a, 226-228
alarmistas, 79, 88
alimentadores, 137
Alcoólicos Anónimos, 210
Alinhar as pessoas, 52
Alquimistas, 183-185
  características, 172
  empenhados em múltiplas organizações, 184
  forças, 172, 177
  fraquezas, 172
  indivíduos carismáticos e conscientes, 184
  lidando simultaneamente com muitas situações, 184
  mentores mútuos com os colegas, 191-193
  momentos únicos nas histórias das organizações, 183-185
  renovação e reinvenção de si próprios e das organizações, 183
  transformar líderes em, 191-193
  verdade, 184
Altman, Liz, 129-130
American Express, 54
  TRS (Travel Related Services), 60
American Heritage Dictionary, 136
Amgen, 197
ANC (Congresso Nacional Africano), 185, 227, 228
antissemitismo, 131

apologia, 223-225
Apple, 233
aprendizagem
a partir da diferença, 129-136
a partir da história da vida, 200--203
fome de, 136
inteligência emocional, 18-20
liderança como, 96-99
aproveitamento da singularidade, 104
Argyris, Chris, 223, 224
Arquidiocese Romano-Católica de Nova Iorque, 47
aspetos essenciais da liderança, 140--142
aspirações, como a era influencia as, 134
atenção disciplinada, 76, 79, 84, 86
atividade física, 136
atmosfera colaborativa, 103
autenticidade, 114
autoconhecimento, 10-12, 15-17, 20-22, 25, 26, 32
autoconfiança, 22
autodisciplina realista, 21-22
características, 12, 15
compreensão das capacidades, 22
crédito pela, 22
definição, 12, 15
exames de desempenho, 21
franqueza, 21-22
honestidade, 16
Individualistas e, 189-190
negação, 204
processo de contratação, 21
Realizadores e, 189
sentido de humor autocrítico, 21
valores e objetivos, 21
Authentic Leadership (George), 198
autoavaliação realista, 12, 15, 17
autoconfiança, 22
autoconfiança coletiva, 79, 88,
autodesenvolvimento, 43-45, 136
autodisciplina, 11-12, 22, 31
ambiguidade e mudança, 12, 15, 23, 25
características, 12, 15
definição, 12, 15
efeito de contaminação, 22-23
integridade, 23-25
juízo precipitado, 22-23
razões concorrentes, 22-23
reflexão e ponderação, 23-25
sentimentos e impulsos, 22-23
autodisciplina e reuniões produtivas, 49-50
autoridade, descentralização da, 86-87
autorreflexão, 126, 128, 147, 167
Aviva, 169

Bain, 211
Barnard, Chester, 45
Barth, John, 200
Bavaria, Joan, 182-183
BBC, 107, 115, 118
Bell Pottinger Communications, 113
Berlin, Isaiah, 155
Bethlehem Steel, 164
Blair, Tony, 111
boa gestão, 52-53
boas empresas que se tornam excelentes, 148-153
Bolivar Mirror, 125

Bolsa de valores de Nova Iorque, 148, 208
Both, Hennie, 92, 94
BP (British Petroleum), 107, 110
Branson, Richard, 103, 104
British Airways, 10, 78-82
British Petroleum. *Ver* BP
burocracias, 57, 61, 109, 155
BusinessWeek, 157
BusinessWeek Online, 230

Cain, George, 159-160
Calvin Klein Cosmetics, 115
Caminhante Outward Bound, 136
capacidade adaptativa, 127, 141
capacidade de vendas, 97-98
capacidade social, 11, 13, 31-34
  afabilidade, 31-32
  âmbito das relações, 32-33
  características, 13, 15
  controlar as emoções, 31-32
  definição, 13, 15
  equipas de gestão, 31-32
  motivação, 31-32
  parecer não trabalhar, 32-33
  relacionamento, 31-32
capacidades, 9-11
capacidades cognitivas, 11, 14
capacidades técnicas, 9-14
captar o contexto, 127
Car Launch (Roth e Kleiner), 231
carisma, 25, 35, 37, 51, 52, 146, 159, 166
Carlzon, Jan, 57, 85, 87, 88
Carter, Jimmy, 128
Centro para a Pesquisa sobre Preços das Participações da Universidade de Chicago, 148
cérebro, sistema límbico e neocórtex do, 18
Charles Schwab, 203, 204
China comunista, 133
Chrysler, 158
Ciba-Geigy, 202
Circuit City, 163
Citibank, 219
clarificação dos pressupostos, 78
Coca-Cola, 141, 143
colaboração, 79
  Conhecedores e, 179
  demonstrar a necessidade de, 85
colaboradores, 33
colegas mentores seniores, 191-193
Coleman, Jack, 127, 140, 141
Collins, Jim, 145
Common Cause, 140
complexidade, lidar com a, 53-54, 56
comunicar, responsabilidade por, 39, 45
conceito de Ouriço, 147, 155
conexão, 225
confiança
  ambiente de, 23
  ao longo da organização, 77-81
  exposição das fraquezas, 104
  KPMG Netherlands, 90-96
  outros, 86-87
  relações, 223-225
conflitos
  como indícios, 80
  Estrategas e, 182
  gestão dos, 82
  relacionais, 69
  trabalhar de forma construtiva, 93-95

Congresso Nacional Africano. *Ver* ANC
Conhecedores, 178-179
  características, 172, 177
  choque com os Realizadores, 180
  colaboração, 178-179
  completamente seguros de que estão certos, 178-179
  contribuidores individuais, 178
  equipas, 194
  exercer o controlo pelo aperfeiçoamento do conhecimento, 178
  forças, 172,177
  fraquezas, 172
  pensamento impermeável, 178
  programas de mestrado, 189
  transformação em Realizadores, 188-189
conhecimento
  converter ação em, 38-39
  obter o necessário, 36-41
Coniston Partners, 153
Consórcio para a Investigação sobre Inteligência Emocional nas Organizações, 18
constrangimentos, 182, 227
construção de normas, 83
construir um volante de balanço de inovação, 147, 154, 155
construir uma equipa de apoio, 209-211
contexto, talento para captar o, 142
controlo e solução de problemas, 55
converter conhecimento em ação, 38-39
Cook-Greuter, Susanne, 169
corporações
  com excesso de gestão e falta de liderança, 51, 62-63
  mais colaborativas, 215-216
  menos hierarquizadas, 215-216
  relações informais, 68-69
cortisol, 137
cotas, 134
Crandall, Bob, 58-59
credibilidade, 64, 92, 120, 213, 233
Credit Suisse, 10
crença no
  aperfeiçoamento do homem, 84
  progresso, 84
crianças, 132, 136-137
criatividade aplicada, 141
Cross, Noah B., 124
Cullman, Joseph F., III, 163,167
cultivar a inventividade, 231
cultura
  confrontar a existente, 92-93
  de disciplina, 155
  de liderança, 69-72, 193-196
  mapear a desejada, 92-93
curiosidade, 89, 95, 136
Cutting Edge (McKibben), 167

dar poder às pessoas para liderarem, 212-214
dar sentido, 218-223
  interdependência, 232
  mapear objetivos, 218-219
  processo contínuo, 218
decisões
  considerar os sentimentos dos empregados, 28-29
  pessoas afetadas por, 43

pessoas que têm de ser informadas de, 43
prazo, 43
responsabilidade pelas, 39, 42-45
revisão periódica das, 44
tomadas a todos os níveis, 45
trabalhadores com conhecimento, 45
de Klerk, F.W., 227
«Delegação Eficaz», 188
delegar tarefas, 40
desafios, 125
antissemitismo, 131
ao encontro de grandes expetativas, 138
aprender com a diferença, 129-133
construir confiança, 130
dissonância de culturas, 131
doença ou violência, 133-138
evitando a violência, 140
Japão e mulheres, 129-130
mentores, 138-139
morte de empregado, 140
oportunidades para a reinvenção, 136-137
positivos, 126
preconceito, 129-133
preconceitos, 140
prevalecer sobre a escuridão, 133-138
profunda autorreflexão forçada, 126
sensação de forças e capacidades pessoais, 130-131
tipos, 126-127
treinar um fuzileiro durante a Segunda Guerra Mundial, 140
violentos e ameaçadores da vida, 128
desafios adaptativos, 74, 75, 80, 81, 91, 96, 98
adultos, retenção das características juvenis, 136-137
atenção disciplinada, 76, 79, 84-86
como problemas técnicos, 96
confiança ao longo da organização, 77-81
conflitos como indícios, 80
contraintuitivos, 75
devolver o trabalho aos empregados, 79, 86-88
diários, 98-99
empregados, 75
identificar os, 77-81
incorporação dos, 81
KPMG Netherlands, 90-96
líderes, 75
mobilizar as organizações para se adaptarem aos, 74
ouvir as ideias e preocupações, 80
proteger as vozes de liderança vindas de baixo, 79, 88-90
regular a perturbação, 78-79, 81-84
responsabilidade pela solução de problemas, 74
reuniões *ad hoc*, 49
soluções, 75
subir ao balcão, 76-77, 78
descentralizar a autoridade, 86-87
desconfiança, 174, 186, 198
desempenho eficaz e inteligência emocional, 10

determinação inabalável, 159-163
detetores
 problemas, 111-112
 sentimentos não-expressos, 105-112
 transformarem-se em, 105-112
 verdade e, 111-112
Deutsche Bank, 169
diálogo transcultural e empatia, 28-31
Dickerson, J. Maynard, 138-139
diferenças
 aprender com as, 129-133, 134
 aproveitar as, 116, 117
 conhecer e usar as, 117-119
 estilo de vestuário ou aspeto físico, 118
 manter a distância social, 117-118
 motivar os outros para um melhor desempenho, 119
 poderosos efeitos da subtileza, 119
 revelar as, 103, 106
diferenças de género, 117
Dillon, David, 199
Diplomatas, 175-178
 agradar aos colegas de elevado estatuto, 176
 Atenção dada às necessidades dos outros, 176
 características, 172, 177
 cola social para os colegas, 176
 evitar o conflito, 176
 forças, 172, 177
 fraquezas, 172
 maioria dos cargos juniores de gestão, 176
 mudança, 175-176
direção, 83
disciplina, cultura de, 155
Disney, Walt, 148
distinta, voz persuadora, 121, 127
Divisão de Aparelhos Kodak, 59
Donahoe, John, 211-212
Dunlap, Al, 150, 157
Dunn, Debra, 207, 210
DuPont, 40
Dyke, Greg, 107, 115, 118

Eastman Kodak, 58-59
Eaton, Bob, 158
eBay Marketplaces, 211
eBay, 221, 230, 231, 233
Economist, 175
ego gigantesco, 157-158
empenho na organização, 27
empresas
 familiares ou dirigidas pelas famílias, 40-41
 iniciativas de reengenharia e de restruturação dos negócios empresariais, 97
 ligadas a necessidades educacionais, 126
enfrentar
 a complexidade, 53-56
 a mudança, 68-69
egocentrismo, 158, 162, 166, 174
Eichmann, Adolf, 109
Ellison, Larry, 175
Emerson, Ralph Waldo, 20
emoções
 controlo e direcionamento, 22-23
 domínio das, 25
 impulsos biológicos, 22

empatia, 11, 12, 28-31
  características, 11,12
  considerar os sentimentos dos empregados, 28-29
  definição, 12, 15
  diálogo transcultural, 29-30
  equipas e, 29
  formação, 30
  globalização, 30
  mentores, 30
  motivação para a mudança, 18-20
  reter o talento, 29-31
empatia dura, 104, 107, 110, 112-116, 121
  as pessoas que se importam profundamente com algo, 116
  dar às pessoas aquilo de que precisam e não o que querem, 113
  equilibrar o respeito, 113
  incentivar os líderes a correrem riscos, 115
empenhar os outros num sentido partilhado, 127
empregados
  considerar os sentimentos dos, 28-29
  debater questões, 78-79
  desafios adaptativos, 75
  devolver o trabalho aos, 79
  gerir com empatia dura, 102-103
empresa, o que está certo para a, 38-41
empresas
  a estratégia em segundo lugar, 154
  aceleradores tecnológicos, 155
  as pessoas primeiro, 154
  conceito do Ouriço, 155
  construir um volante de balanço de inovação, 154-155
  cultura de disciplina, 155
  de boas a excelentes, 148-153
  desafios adaptativos, 73-74
  fatores múltiplos para a excelência, 154-155
  não conseguir ser excelente, 148
  o paradoxo de Stockdale, 154
empresas consultoras, 97
empresas familiares ou dirigidas pela família, 40-41
energia para fazer melhor as coisas, 25
Enron, 175
ensino gerido pelos estudantes, 124, 126
equipa de apoio, construção da, 209-211
equipas
  Conhecedores e, 194
  cultura dos Estrategas, 193-195
  especialistas em persuasão, 19
  gerir, 31-32
  Individualistas e, 194
  mudança de estilo das, 195-196
  Realizadores e, 194
equipas de liderança, 193-196
erguer a fasquia do desempenho, 25-27
especialistas em persuasão, 31
estabelecer a direção, 54-63
Estaline, 109
estereótipos de mulheres, 117
Estrategas, 171, 182-183
  características, 172, 177
  conflito, 182

constrangimentos e perceções organizacionais, 182
desenvolvimentos nacionais e internacionais, 182
deslocação entre compromissos, 183
equipas, 193-195
forças, 172, 177
fraquezas, 172
ideias para negócios socialmente responsáveis, 182-183
impacto organizacional das ações e acordos, 182
mentores mútuos com os colegas, 191-193
mudança organizacional e social, 182
níveis seniores de gestão, 176
princípios éticos e práticas, 183
processos de educação formal e desenvolvimento, 193
relações organizacionais, 182
relações pessoais, 182
resistência à mudança, 182
transformações organizacionais, 182
transformar líderes em, 191-193
visões partilhadas por diferentes lógicas de ação, 182
estratégias, 56-63
incapacidade para implementar, 96-98
perspetivas ignoradas, 97-98
segundas, 154-156
eu autêntico, conhecer o, 203-205
evolução como líderes, 185-188
exames de desempenho e autoconsciência, 17
excelente conhecimento, 97-98
executivos, 144
eficazes, 35-40
seguidores, 101
executivos eficazes, 37, 40, 42, 43, 45-47, 50
autodesenvolvimento, 43-45
concentração numa tarefa, 36-40
converter o conhecimento em ação, 38-39
definir resultados desejados, 41
destinar as melhores pessoas aos cargos apropriados, 45, 47
empresas familiares ou dirigidas pela família, 40-41
espalhar a responsabilização pela empresa, 39
estabelecer prioridades, 37
foco nas oportunidades, 39, 46-47
foco nas tarefas que fazem especialmente bem, 40
gestão do tempo, 43
limites à ação, 42-43
não tolerar indivíduos com fraco desempenho, 44
o que está certo para a empresa, 38-41
o que precisa de ser feito, 36-41
obter o conhecimento necessário, 36-41
pensar e dizer «nós», 39, 50
planos de ação, 35, 37-39, 42, 45
práticas, 35-36
regras, 37
relações de confiança, 223-225
responsabilidade pela comunicação, 39, 45

responsabilidade pelas decisões, 38, 43-45
reuniões produtivas, 39, 47-50
rever as decisões periodicamente, 43-44
traduzir planos em ação, 43-50
verificar os resultados em relação às expetativas, 41-42
expetativas, comparar os resultados com as, 41-42

fábrica de câmaras de vídeo Sony, 129
feedback e líderes autênticos, 204-205
FitzGerald, Niall, 114
foco nas oportunidades, 39, 46-47
Ford, Henry, 230
fortalecer e alinhar as pessoas, 64-66
Fortune 500, 145, 148, 165
France Telecom, 112
fraquezas
consideradas força, 105
reveladas, 103-105
selecionadas, 101, 104-105
fraquezas selecionadas, 101, 104-105
franqueza, 17, 22, 198
Freud, Sigmund, 108
Friends World College, 124
Friends World Program, 124
Fudge, Ann, 199
futuro, imagens entusiasmantes do, 226
Fuzileiros, 113, 140

Gardner, John W., 140
Gates, Bill, 120
Gault, Stanley C., 150, 162, 163
Geeks and Geezers, 134
Gehry, Frank, 136, 140
General Electric, 36, 38, 71, 143, 148
General Motors, 39, 49
George, Bill, 197, 198, 211
«Gerir Pessoas para Obter Resultados», 188
Gerstner, Lou, 54, 60-61
gestão
boa, 53
controlo e solução de problemas, 52, 56, 65-69
fraca, 51
lidar com a complexidade, 53-56
organização e recrutamento, 63-65
participativa, 124-125
planeamento e orçamentação, 52, 56-62
previsibilidade, 52, 54
processos de segurança de falhas e ausência de riscos, 65-66
versus liderança, 52-56
gestão de conflitos, 82
gestão do tempo, 42
gestão fraca, 51
gestão participativa, 124
«Gestão por Objetivos», 188
gestores
organização e recrutamento, 63-65
perspetivas concorrentes, 81
práticas de trabalho e mudanças ambientais, 187
questões divisoras, 79
venda de soluções, 97

gestores competentes, 144
Gillette, 153-156
Glaxo Wellcome, 120-121
Gleevec, 202
Global Reporting Initiative, 183
globalização, ritmo rápido da, 30--31
Goizueta, Roberto, 141
grandes formadores, 115
Grove, Andy, 232
Guerra Fria, 110

Haldeman, H.R., 205-206
Harman International, 124, 128
Harman Kardon, 124, 126
Harman, Sidney, 123-128, 140
Harvard Pilgrim Health Care, 169
Harvey-Jones, John, 118
Haverford College, 140
Heineken, 111
Heineken, Freddie, 111
HEW (Ministério da Saúde, Educação e Segurança Social dos EUA), 205
Hewlett-Packard, 71, 127, 142-143, 169, 180, 187, 207, 210
história da vida
  aprender com, 200-203
  contexto para experiências, 200--203
  motivação, 200-203
  motivações intrínsecas, 206-209
  recordar, 200-201
Hitler, Adolph, 109
Horton, Robert, 107, 119
Humer, Franz, 106, 118
humildade, 143-146, 153, 159, 166
humildade pessoal, 159
Huntsman Corporation, 205
Huntsman, Jon, 205-206

Iaccoca, Lee, 120, 145, 150, 158
ICI, 118
idade
  a era afetando o estilo e a, 134
  inteligência emocional e, 18
identificação dos desafios adaptativos, 77-81
identificação dos líderes, 9-34
IDEO, 222
Iluminismo, 108
implicações de como ocuparão o vosso tempo, 38
impulsividade, 25
impulsos biológicos e emoções, 22
Individualistas, 180-181
  autoconsciência, 189-190
  características, 172, 177
  conflito entre princípios e ações, 180
  equipas, 194-195
  forças, 172, 177
  fraquezas, 172
  ignorar regras irrelevantes, 180--181
  transformar Realizadores em, 189-191
  valor prático único para as organizações, 180
indivíduo altamente capaz, 144
indivíduos com fraco desempenho, 43-44
informação, organizações mantidas unidas pela, 45-46
inovações, 155
inquirição, 220, 223-225

inspiração, 68
integrar a vida, 211-212
integridade, 12, 15, 24, 25, 64, 127, 141
  aumentar, 24
Intel, 232
intelecto, 14
inteligência emocional, 9-16, 138
  aprender a, 18-20
  aptidão social, 11, 13, 31-34
  autoconhecimento, 11, 12, 15, 16-22
  autodisciplina, 11, 12, 22-25
  avaliação da, 10-16
  componente genética da, 18
  construir, 19-20
  desempenho eficaz e, 10-11
  desempenho forte, 16
  empatia, 11, 12, 28-31
  fortalecimento, 13
  idade e, 18
  importância da, 11
  motivação, 11, 12, 25-27
intensa vontade profissional, 147-151
interdependência, 63
International Harvester, 151
intuição, 88, 102, 104
inventar, 180-181, 183, 191-193 216-218, 221, 229-232
  interdependência, 231, 232
  sinais de fraqueza, 234-235
  suplantar um obstáculo inultrapassável, 230-232
inventividade, cultivo da, 231
Irlanda do Norte, situação política na, 111
Iverson, Ken, 164
Ivester, M. Douglas, 141

J. Lyons & Company, 41
Jaffray, Piper, 210
janela e o espelho, a, 163-165
Japão e mulheres, 129-130
Jobs, Steve, 115, 233
Johnson & Johnson, 71
Johnson, Earvin «Magic», 76
Jones, Nathaniel R., 138-139
Jordan, Vernon, 126-127, 132-133, 141
Jorndt, Dan, 160
jovens empregados, oportunidades desafiadoras para os, 70-71
judeus, 131, 140
juízo precipitado, 22-23
justiça, ambiente de, 23

Kafka, Franz, 109
Kahane, Adam, 227-228
Kelleher, Herb, 220, 232
Kelley, David, 222
Kerkorian, Kirk, 158
Kimberly-Clark, 143-145, 151-152, 157, 161
Klein, Max S., 139
Klein, Michael, 127, 139, 141
Kleiner Perkins Caufield & Byers, 210
Kleiner, Art, 231
Koedijk, Ruud, 90-94
Komisar, Randy, 210
KPMG Netherlands, 76
  autonomia e desenvolvimento de novos talentos, 91-92
  confiança, 93-94
  conflitos, 93-95

confrontar a cultura existente, 92-93
criatividade, 94
desafios adaptativos, 90-96
divertimento, 95
equipa de integração estratégica, 92
estrutura inibidora da mudança, 91
lançamento de iniciativa estratégica através do diálogo, 91-92
mapear a cultura desejada, 92-94
medição do sucesso, 91
missões com instruções limitadas, 93-94
premiar os subordinados, 91
reuniões ao estilo de Oprah Winfrey, 94
reuniões no exterior, 95
sanções desencorajadoras de comportamentos não pretendidos, 94
símbolos, 94-95
transformar a atitude dos parceiros, 90
Kroger, 199

Legal & General, 118
Levitt, Arthur, Jr., 136
Levy, Alain, 112-113
liderança
alinhar as pessoas, 56, 63-65
aprender a partir das situações mais difíceis, 123
autenticidade, 114, 116, 198, 208, 212, 228
carisma e visão, 52
como aprendizagem, 96-99
conhecimento excelente, 97
credibilidade, 64, 92, 120, 213, 233
culturas, 69-72, 193-196
dar sentido, 217
de muitas fontes, 69
de Nível 5, 143–168
desenvolver as pessoas para a, 71-72
desenvolvimento dos atributos necessários, 70
diariamente, 98
dificuldade da, 70
em ação, 120-121
estabelecer a direção, 55, 56-63
estilo democrático, do tipo «então, pessoal, tudo bem?», 109
forte, 51
gerir padrões de carreira, 70
hierarquia organizacional e, 216
história da, 103, 108-110
histórias de vida, 198-203, 207
inventar, 216
lidar com a adversidade, 123, 125, 127, 141, 194
lidar com a mudança, 53-54, 56, 68, 69
mitos da, 114-115
modelo distribuído, 216-217
modelos de competência, 10
motivar as pessoas, 54, 56, 65-69
mudanças pessoais para a transformação, 186
obsessão com a, 108
pontos essenciais da, 140-142
produzir mudança, 54-57, 69-70
proteger as vozes vindas de baixo, 76, 79, 88

recrutar pessoas com potencial, 70
redes de relações, 69-70
relacionar, 217, 220-221, 223--225
relações informais, 69
sentido em acontecimentos negativos, 123
soluções, 74-75
tarefas profissionais alargadas, 70
teoria da contingência, 108, 110
trabalho adaptativo, 75
vendas, 97
versus gestão, 51-56
visionar, 205
visões, 63-64, 97-98
liderança autêntica, 197-214
aprender com a história da vida, 200-203
conhecer o verdadeiro eu, 203--205
criação de uma equipa de apoio, 209-211
desenvolvimento, 208
equilíbrio das motivações extrínsecas e intrínsecas, 206-209
integrar a vida mantendo-se enraizado, 211-212
praticar valores e princípios, 205--206
liderança de Nível 5, 143-168
ausência de, 153
não é aquilo de que se estaria à espera, 147-152
liderança forte, 27, 33, 52, 72
líderes
acontecimentos externos e transformação, 186-187
alinhar as pessoas, 56, 58, 98
Alquimistas, 183-185
autenticidade, 114
autoconfiança coletiva, 88
capacidade adaptativa, 127, 141
colaboração, 85-86
colocar perguntas difíceis, 75, 76, 224
conflito, 82
Conhecedores, 178-179
contexto para a mudança, 77--78
debate nascido ou formado, 18, 165-168
desafios adaptativos, 74, 75, 80, 81, 91, 96, 98
desconfiança dos, 197-198
Diplomatas, 175-178
direção, 79, 83
distinção através das qualidades, 116
eficazes, 109-110
egocentrismo, 158, 162, 166, 174
entrega de resultados finais, 114, 214
evoluindo como, 185-188
extrema humildade pessoal, 145, 159
femininos, 117
inteligência emocional, 9-16
intervenções de desenvolvimento, 187-188
lógica da ação, 169, 171
orientados para a realização, 207
ousar ser diferente, 116-119
perfeito, 215-218, 235-236
Realizadores, 179-180
tipificação das capacidades, 10-14

todos podem ser, 114
tornando-se detetores, 105-112
voz distinta e persuasiva, 127, 140
acontecimentos negativos e, 123, 125
aprender com a diferença, 129-133, 134
aprender com os triunfos e os fracassos, 69-70
de Nível 1, 144
de Nível 2, 144
de Nível 3, 144
de Nível 4, 144
de Nível 5, 144
desconfiança, 174-175
ego gigantesco, 157-158
estilos pessoais, 9
grandes formadores, 115
identificação dos, 9-34
imperfeitos, 215-236
impulsividade, 25
Individualistas, 180-181
integridade, 127, 140-141
intensa vontade profissional, 147-151
intuição, 88, 102, 104
juízos, 21-22
maiores do que a vida, 147-150, 166
manipulação, 174-175
mapear objetivos, 218-219
meio ambiente, 177, 228
mentores, 210
motivação das pessoas, 65-69
oportunidades para tentar liderar, 70
Oportunistas, 174-175
orientação, 80-81
perder contacto com os seguidores, 119
pessoas que chegam ao topo, 115
potencial, 88-89
putos e cotas, 134
QI, 9
sensibilidade excessiva, 112
autoaprendizagem, 199-200
autoconhecimento, 114-115
capacidades técnicas, 9
compreensão das forças e capacidades pessoais, 130-131
confiar nos outros para levantar questões, 89-90
empatia dura, 104, 107, 110, 112-116, 121
esquivar ao trabalho, 85
estimular as pessoas à adaptação, 75-76
Estrategas, 182-183
levar a empresa de meramente boa a excelente, 143
negociações duras, 84
nível produtivo de tensão, 82
normas formadoras, 83
padrões, 215
perguntas difíceis, 75, 76
presença e postura, 84-85
prisioneiros do sistema, 77
proteção, 83
reconhecimento e recompensa do sucesso, 65-66
reenquadramento das questões, 85
responsabilidades, 83
revelar diferenças, 102
revelar fraquezas, 102-106
risco de perder seguidores, 111

sentido partilhado, 127, 140
sequência e ritmo de trabalho, 81-84
sete lógicas de ação, 170-173
stress, 211-212
sucesso tangível, 203
tentar ser todas as coisas para toda a gente, 215
teoria do estilo, 109-110
teoria dos traços, 108-110
tomada de risco, 70, 114-115
transformadores, 109, 196
visionar padrões, 78-79
líderes autênticos
atingir resultados finais, 214
dar poder às pessoas para liderarem, 212-214
estrutura de apoio multifacetada, 209
feedback, 191
motivação a partir de experiências difíceis, 200-203
presença constante e confiante, 211-212
relações mais próximas, 209-211
Líderes de Nível 1, 144
Líderes de Nível 2, 144
Líderes de Nível 3, 144
Líderes de Nível 4, 144
não conseguem preparar a empresa para um sucesso duradouro, 161-162
Líderes de Nível 5, 143-144
a janela e o espelho, 163-165
acontecimentos transformadores, 151
ambição para as companhias, 161-162
as pessoas primeiro, 147, 154
autorreflexão, 147, 167
conceito do Ouriço, 147, 155
construir um volante de balanço de inovação, 147, 154-155
desenvolver, 146-147
determinação inabalável, 159-163
dualidade, 153
estratégia em segundo lugar, 147, 154
experiências de vida significativas, 167-168
humildade pessoal, 159
humildade, 153-156
intolerante da mediocridade, 146, 160
modéstia inspiradora, 157-159
não esperados, 152
nascidos ou formados, 165-168
o yin e yang dos, 157, 159
organizações de sucesso, 153
paradoxo de Stockdale, 147, 154
produzindo grandes resultados, 146
profunda humildade pessoal, 146-148
sorte e, 163-164
subjugar as necessidades a uma ambição maior, 166
sucessor certo, 146, 163
vontade profissional, 152-153, 159
vontade, 153-156
líderes femininas, 117
líderes imperfeitos, 215-236
capacidades equilibradoras, 232-233

compreender aquilo em que são bons e aquilo em que não são, 218
dar sentido, 218-223
existência de liderança ao longo de toda a organização, 216
inventar, 229-232
relacionar, 223-225
visionar, 226-229
líderes maiores do que a vida, 147--150, 166
líderes orientados para a realização, 207
líderes perfeitos, 215-216, 235
líderes potenciais, 88-89
líderes transformadores, 171
ligação, 136-137
Lincoln, Abraham, 153, 156
lobos, 136
lógica de ação, 169, 171
mudança de tipo, 173
sete tipos, 172
transformação, 185-188
Lucent Technologies, 10
Luvs Delux, 67

macartismo, 109
Maddox, Robert F., 126, 132
Mancuso, Paulanne, 115
Mandela, Nelson, 172, 184, 185, 227
Manilow, Barry, 179
manipulação, 174
manutenção do registo, 26-27
Mao Tsé-tung, 109
Mao Zedong, 133
Marinha dos EUA, 115
Markham, Edwin, 133
Marshall, Colin, 78-81
Marshall, Thurgood, 138
McClelland, David, 14, 16
McKibben, Gordon, 167
McKinsey & Company, 207
meio ambiente, 177, 228
membro de equipa colaborativo, 144
mentores, 126, 138, 139, 167, 186, 192, 200, 209, 210
Merck, 160
Merck, George, 148
Ministério da Saúde, Educação e Segurança Social. *Ver* HEW
MIT Leadership Center, 216
Mitchell, George, 111
Mockler, Colman M., 153-157, 167-168
modelo da liderança distribuída, 217
modelos de competência, 10
modéstia reveladora, 157-158
Moments of Truth (Carlzon), 87
Moore, Ann, 209
motivação, 10-12, 15, 18, 25-27, 32, 33, 52, 55, 65, 68, 134, 200, 206, 208, 230
capacidade social, 31
definição, 12, 15
empenho na organização, 15
energia para fazer melhor as coisas, 25
equilibrar extrínseca e intrínseca, 206-209
erguer a fasquia do desempenho, 25-26
experiências difíceis, 200-203
história da vida, 200-203

influência da era, 134
manter registo da, 26-27
marcos, 12, 15
novas abordagens ao trabalho, 25
otimismo e, 12, 15
paixão pelo trabalho em si, 25
motivações extrínsecas, 206-209
motivações intrínsecas, 207, 208
motivar e inspirar, 55-56, 66-67
Motorola, 129-130, 136
mudança
como oportunidade, 46
compreender a dor da, 84-85
contexto para a, 77
dificuldade na adaptação a uma rápida, 65
Diplomatas e, 176
fazer ocorrer a, 73-76
lidar com a, 53-54, 56, 68, 69
mudança rápida, dificuldade de ajustamento à, 64-65
Mulcahy, Anne, 213-214
mulheres
estereótipos de, 117
o Japão e as, 129-130
Muriel Siebert & Company, 131, 132
Napoleão e plano de ação, 42
negação e autoconsciência, 204
neocórtex, 18-19
neotenia, poder da, 136-137
nepotismo, 160
New Deal, 36, 110
Newell, 161-162
Next, 233
Nicolosi, Richard, 55, 66-67
Nike, 228-229
nível de tensão produtivo, 81-82
normas
concorrentes, 81
moldar as, 81
«nós» e não «eu», 39
Novartis, 201-203
NSA, 169
Nucor, 163-164

objetivos, compreensão dos, 20-21
Omidyar, Pierre, 221, 230, 233
O Pequeno Comboio que Conseguia, 134
oportunidades
demografia, 46
foco nas, 27, 32-33
inovação no processo, no produto, ou no serviço, 46
jovens empregados, 71
mudança como, 46
mudanças de estado mental, valores, perceção, ou significativas, 46
mudanças na estrutura da atividade e na estrutura do mercado, 46
novo conhecimento ou nova tecnologia, 46
o que é e o que poderia ser, 46
recrutamento, 47
reinvenção, 136-137
Oportunistas, 174-175
características, 172, 177
forças, 172, 177
fraquezas, 172
mau comportamento e, 175
perceção de controlo, 175
transformar em lógicas de ação eficazes, 175

o que está certo para a empresa, 38-41
o que precisa de ser feito, 36-41
Oracle, 175
Orange, 112
organizações
compromisso com as, 26-27
confiança ao longo das, 77-81
culturas de liderança, 193-196
dar voz a todas as pessoas, 88-90
equipas de liderança, 193-196
esquivar ao trabalho, 85
inovação, 229-232
interdependência, 62-64
juntar através da informação, 45
organizar
para atingir objetivos, 65
recrutar e, 63-65, 70
«Outwitted», 133
orientação, 83
Orr, Bobby, 76-77
otimismo e motivação, 26-27
ousadia, 127, 141, 142, 153
ouvir primeiro, falar depois, 50
oxitocina, 137

PAC (Congresso Pan Africano), 117
Packard, David, 148
paixão pela vida, 136
paixão pelo trabalho, 15, 25, 32
paradoxo de Stockdale, 147, 154
Pearl Insurance, 118
pensar e dizer «nós», 50
Perelman, Ronald, 153-156
Perfil de Desenvolvimento da Liderança, 170-174, 182-183
permanecer enraizado, 211-212
Persil Power, 113
perspetivas concorrentes, 84-85
perturbação, regulação da, 78-79, 81-84
pessoas
alinhar as, 63-65
as melhores na posição certa, 44
devolver o trabalho às, 86-88
estimular para se adaptarem, 74-76
fortalecer para liderarem, 212-215
motivar, 65-69
primeiro, 154
quem chega ao topo, 115
responsabilidade, 86
Pfizer, 160
Philip Morris, 164
Piper, Tad, 210-211
Pixar, 233
planeamento
de curto prazo, 62-63
de longo prazo, 62-63
limitar o enquadramento temporal, 62-63
objetivos de qualidade razoáveis, 65-66
orçamentação e, 53-56
planeamento de curto prazo, 62-63
planeamento de longo prazo, 62
Plano Marshall, 36
planos de ação
base para a gestão do tempo, 42
declaração de intenções, 41
definir os resultados desejados, 41
desenvolver, 38
limitações à ação, 41
necessidade de flexibilidade, 42

sistema para verificar os resultados em relação às expetativas, 41-42
traduzir para a ação, 42-50
poder da neotenia, 136-137
Polygram, 112
pontos de verificação, 38, 41
posses materiais, acumulação de, 207
postura, 84
Pottruck, David, 203-204
praticar princípios e valores, 205--206
preconceito, 129-133
Japão e mulheres, 129-130
judeus, 130-132
transformadores, 131-133
preconceitos, 41, 140
presença, 84-85
pressupostos, clarificação dos, 78
Princesa Diana, 105
Princípios Ambientais CERES, 183
princípios, práticas, 205-207
prioridades, estabelecimento de, 37
prisioneiro do sistema, 79
problemas
discutir, 47
não são oportunidades esmagadoras, 46-47
não se focar nos, 39
processo de controlo, identificação de lapsos de qualidade, 65-66
processo de recrutamento e autoconhecimento, 17
Procter & Gamble, 55, 66, 143, 151, 152
profunda humildade pessoal, 145
programas de mestrado e Conhecedores, 189
programas MBA e Realizadores, 189
progresso, 108
Prosser, David, 118-119
proteção, 83
proteger as vozes de liderança vindas de baixo, 76, 88-90
protetores, 137
putos, 134
QI, 10, 11, 14, 33
questões
definir as essenciais, 78-79
divisoras, 79
reenquadramento, 85-86
questões e gestores divisores , 79
questões-chave e valores, definição de, 79

racionalidade, 108
racionalidade técnica, 108
raposas, 137
razão, ceticismo acerca do poder da, 109
realização, 25
Realizadores, 179-180
abertura à crítica, 179
ações criativas, 189
autoconsciência, 190
características, 172, 177
choque com os Conhecedores, 180
compreensão do mundo complexa e integrada, 179
delegar mais responsabilidade, 160
equipas, 194
forças, 172, 177
fraquezas, 172

liderar a equipa para implementar novas estratégias, 159
lucros anuais brutos, 160
programas MBA, 189
promoção bem sucedida de empresas, 183
revolucionar os cargos inferiores, 160
transformar Conhecedores em, 188-189
transformar em Individualistas, 189-191
transformar ou resolver criativamente os choques, 159
recrutamento e oportunidades, 47
rede de relações, 70
Reed, John, 219
reenquadramento das questões, 85
regular a perturbação, 78-79, 81-84
reinvenção, oportunidades para a, 136-137
relacionamento, 31-32, 216-218
apologia, 223-225
conflito interpessoal, 223-225
inquirição, 223-225
interdependência, 232-233
ligação, 225
sinais de fraqueza, 120-121
relações
âmbito das, 32-33
conflitos, 69
construir, 224
gerir, 31-32
informais, 69
rede de, 70
relações informais, 69
relações organizacionais, 182
relações pessoais, 182-183
responsabilidade
levar as pessoas a assumirem as, 86-87
pela comunicação, 38-39, 45
pelas decisões, 38, 42-45
restrições à ação, 41
resultados desejados, 38, 41, 43
Resultados finais, 214
resultados, verificação em relação às expetativas, 41-42
retenção do talento, 28-30
reuniões
ad hoc, 49
de seguimento, 49
informar executivos designados, 49
permitir participantes na presença de executivos, 49
preparar declaração, anúncio ou comunicado à imprensa, 48
produtivas, 47-50
relatório de vários membros, 48
relatórios de um membro, 48
reuniões de seguimento, 49-50
reuniões produtivas, 36, 37, 39, 47-49
revelar
diferenças, 102
fraquezas, 103-105
revista *Forbes*, 156
revista *Fortune*, 162, 163
revista *Leader to Leader*, 232
Rittenberg Associates, 135
Rittenberg, Sidney, 133, 135, 138, 142
Roche, 106, 118
Roth, George, 231
Royal Dutch Shell, 227

Rubbermaid, 161-163

Sandoz, 202
SAS (Scandinavian Airlines System), 57, 85, 87
Satterwaite, Chris, 113
Schön, Donald, 223, 224
Scott Paper, 143, 152, 157-158
SEC (Securities and Exchange Commission), 136
seguidores, 101
sentido de humor autocrítico, 21
sentido partilhado, 127, 142
sentimento do eu, 211-212
sentimentos, prisioneiros de, 21-22
sete lógicas de ação, 170-174
Sexwale, Tokyo, 185
Sharer, Kevin, 197
Siebert Financial Corporation, 142
Siebert, Muriel («Mickie»), 131, 142
Silo, 163
sinais de fraqueza, 234
singularidade, aproveitamento da, 104, 106, 116-119
sistema límbico, 18-19
Sloan, Alfred, 39, 49-50
Smith, Darwin E., 143-145, 150--152, 157, 161, 167, 168
  a decisão mais dramática de, 151
  ausência de fingimento, 150-151
  determinação em relação à vida, 150-151
  economia e concorrência a nível mundial, 151, 152
  vontade de ferro, 151
solução de problemas e desafios adaptativos, 74-76
Solving Tough Problems (Kahane), 227
Southwest Airlines, 220, 232
Spellman, Cardeal Francis, 47, 49
Stanford Graduate School of Business's Advisory Council, 203, 238
Stockdale, James, 154
stress e líderes, 211-212
subir ao balcão, 76-78, 90
sucesso, reconhecimento e recompensa do, 68
Sun Microsystems, 179
suplantar obstáculos inultrapassáveis, 230-231
Surface, Richard, 118
Sykes, Richard, 120-121
Symonds, Matthew, 175

talento, retenção do, 30
tarefas
  concentração numa das, 36-40
  delegação de, 40
  mais adequadas para realizar, 38--40
  priorização, 39-40
teoria da contingência, 108, 110
teoria do estilo, 109
teoria dos traços, 109
TG (Twynstra Gudde), 225
Thain, John, 208
The Functions of the Executive (Barnard), 45
Time, 209
tomada de risco, 113-116
Toyota, 230
trabalhadores do conhecimento e decisões, 45

trabalho
devolver às pessoas o, 79, 86-88
esquivar ao, 85
novas abordagens ao, 25
sequência e ritmo do, 81-84
transformar a lógica de ação
acontecimentos exteriores que despoletam e apoiam, 186-187
de Conhecedores em Realizadores, 188-189
de Realizadores em Individualistas, 189-191
Estrategas e Alquimistas, 191-193
intervenções de desenvolvimento planeadas e estruturadas, 186-188
mudanças pessoais, 186
práticas de trabalho de gestão e mudanças ambientais, 187
Transoft Networks, 141
Travel Related Services. *Ver* TRS
treino e sistema límbico, 18
Tribunal da Relação do Sexto Círculo dos EUA, 138
Trillium Asset Management, 169, 183
Trimble, David, 111
Trowbridge, Chuck, 58-59
TRS (Travel Related Services), 60
Truman, Harry, 35, 36
tutoria, 139, 210
Twynstra Gudde. *Ver* TG

Ultra Pampers, 67
Unilever, 113
Universidade de Bath (Reino Unido), 193
Universidade de Western Cape, 227

valores
compreensão dos, 17-18
concorrentes, 80-81
definição dos essenciais, 79
praticar os, 205-206
testar sob pressão, 205
traduzir para a ação, 205
van Schaik, Ray, 111
Vasella, Daniel, 201-203
venda de fábricas, 151-152, 161
verdade e Alquimistas, 184
Vernon Can Read! A Memoir (Jordan), 132
vida
integrar a, 211-212
paixão pela, 136
Virgin, 103-104
visão partilhada, 55, 171, 182, 226, 229
visionar, 216-217, 221, 226-229
imagens entusiasmantes do futuro, 226
interdependência, 231
sensação coletiva da possibilidade na África do Sul, 228
sensação do sentido, 226
sinais de fraco, 235
valores essenciais e ideias contidas em, 228-229
visões, 54, 57, 68, 69, 95, 171, 182, 183, 190, 193, 221, 229
alinhar as pessoas com as, 68, 97-98
criação de, 229
esforços dos empregados para realizar as, 68

futuro alternativo, 63-64
interesses de importantes envolvidos, 57-63
ligadas e compatíveis, 69
más, 57-62
partilhadas, 226
processos que dão vida às, 229-232
realizar, 68
remotas e concorrentes, 69
valores da audiência, 68
Vodafone, 112
Voltaire, 108
Volvo, 169
vontade, 153-156
vontade profissional, 144, 145, 159

Walgreen, Charles R. «Cork», III, 160-161
Walgreens, 160-161
Wall Street Journal, 151
Weaver, Robert C., 138
Weber, Max, 108-110
Weick, Karl, 218
Welch, Jack, 36, 38, 40, 148, 150, 197
melhores tarefas a realizar, 38-40
o que precisa de ser feito, 36-41
priorização das tarefas, 40
White, Walter, 138
Whitman, Meg, 221, 233
Wilke, Jeff, 142
Wilkins, Roy, 138
Winslow, Darcy, 228
Woodwark, Alice, 207
Wurtzel, Alan L., 163, 168

Xerox, 213-214

yin e yang dos líderes de Nível 5, 157, 159
Young & Rubicam, 199